主　　编　毕　玥　薛文革
副 主 编　韦　玮　王庆英　朱　岩
参编人员　夏　琛　洪梓桉　阮思坤　胡公钦　赵轶凡

企业合规
操作实务

毕玥 薛文革 | 主编
韦玮 王庆英 朱岩 | 副主编

Corporate Compliance
Operation Manual for
Law-Practice

中国法制出版社
CHINA LEGAL PUBLISHING HOUSE

前　言

企业合规是一个庞大的体系，涉及企业经营管理的方方面面。中国经济在经历了快速增长后，对企业规范、精细化经营提出了更高的要求，以往粗放式的发展模式显然已不能适应当下经济环境。因此，企业的合规经营就显得尤其重要，通过规范及标准化的制度、流程来实现全面合规，已经是无法改变的趋势。《外商投资法》[①]《公司法》（2023年修订）等从立法层面对公司的合规经营提出了新的要求及规范。

随着新的商业模式和热点不断涌现，如网络直播、短视频、大数据、人工智能等，对数据合规、广告合规、知识产权合规等提出了新的要求及挑战。这些新的商业模式，往往都伴随着"可复制、短时间内迅速扩张"的特点，若合规方面存在疏漏，由此产生的错误、漏洞也会被无限放大和复制，可能造成巨大的负面效果。

我们认为，企业合规不应当仅限于央企、国企，对于民营企业而言也同样重要。只有实现全面合规，才能一步一个脚印稳步发展，才能不断做大做强，靠"风口"野蛮增长的时代已经过去了。民营企业同样需要重视合规制度的建立及发展，建立合规意识，逐步完善相应的制度和规范。

上海日盈律师事务所是一家专注于企业服务、企业合规的综合性律

[①] 为便于阅读，本书中相关法律文件名称中的"中华人民共和国"字样都予以省略。

师事务所，本部设立在上海，并在苏州、南京、成都、芜湖、宁波设立分所，律所业务涵盖金融、刑事、争议解决服务、公司、涉外、海商海事、知识产权及艺术娱乐、资本市场、建设工程、劳动争议、税务专项、风控合规、不正当竞争与反垄断等领域。正是由于日盈律师事务所在各个专业领域都有相应的专业团队，才确保律师团队的专业能力可以覆盖合规所需要的各个专业领域。

日盈律师事务所致力于在企业合规方面继续探索，也希望与各行业专业人士开展交流与沟通。一本书无法涵盖企业合规的全部内容，仅以此书抛砖引玉，为企业合规事业发展贡献绵薄之力。书中内容如有错误，欢迎批评指正。

毕玥

2024 年 3 月

目 录

第一编　企业全面合规建设

第一章　企业合规概论 / 2
　　第一节　企业合规的起源 / 2
　　第二节　企业合规在我国面临的新形势及发展趋势 / 4

第二章　企业合规管理综述 / 6
　　第一节　企业合规管理基础知识 / 6
　　第二节　合规管理体系建设工作方案 / 10
　　第三节　构建合规管理组织架构 / 13

第三章　合规制度的制定 / 18
　　第一节　合规管理基本制度 / 18
　　第二节　合规专门制度 / 27
　　第三节　合规专项制度 / 74
　　第四节　其他制度的合规内容 / 79

第四章　运行与保障机制 / 84
　　第一节　合规义务清单制定 / 86
　　第二节　合规风险预警 / 89

第三节　合规风险评估与防范 / 90

第四节　"三道防线"与大监督体系 / 96

第五节　重点岗位合规职责清单的制作 / 99

第六节　流程管控清单的制作 / 112

第七节　合规审查机制建设 / 114

第八节　合规报告机制 / 118

第九节　合规监督机制建设 / 121

第十节　合规考核与队伍建设 / 126

第十一节　合规培训与文化宣贯 / 130

第十二节　合规信息化、数字化 / 135

第十三节　合规管理有效性评估与闭环管理 / 140

第五章　企业合规管理的其他问题 / 145

第一节　合规管理资料库 / 145

第二节　全员合规——商业行为准则 / 147

第二编　企业合规不起诉

第一章　刑事合规的兴起 / 166

第二章　中国企业合规不起诉的发展及趋势 / 169

第一节　中国企业合规不起诉的发展 / 169

第二节　中国企业合规不起诉发展趋势探讨 / 171

第三章　企业合规不起诉操作实务 / 175

第一节　企业合规不起诉程序 / 175

第二节　合规计划必须涉及的内容——以商标合规为例 / 180

第三节　企业合规不起诉中的有效刑事合规 / 200

目 录

第三编 专项合规

第一章 反贿赂合规 / 206
  第一节 概 述 / 206
  第二节 反贿赂合规管理 / 207

第二章 反垄断合规 / 211
  第一节 概 述 / 211
  第二节 反垄断合规管理 / 213

第三章 个人信息与数据保护合规 / 217
  第一节 个人信息保护合规 / 218
  第二节 数据安全保护合规 / 230

第四章 知识产权合规 / 240
  第一节 专利权合规 / 241
  第二节 商标权合规 / 249
  第三节 著作权合规 / 255
  第四节 商业秘密合规 / 260

第五章 广告合规 / 269
  第一节 概 述 / 269
  第二节 广告合规管理 / 271

第六章 劳动人事合规 / 282
  第一节 概 述 / 282
  第二节 劳动人事合规管理 / 285

第四编　律师合规业务开展

第一章　合规管理体系建设 / 305

第二章　合规认证 / 315

第三章　合规业务 / 317

第一节　合规调查业务 / 317

第二节　合规评价业务 / 325

第三节　合规培训业务 / 327

第四节　危机应对业务 / 329

第五节　刑事合规业务 / 331

第六节　商业合作伙伴合规管理业务 / 336

第七节　合规咨询业务 / 345

第八节　合规顾问业务 / 346

第一编

企业全面合规建设

第一章 企业合规概论

第一节 企业合规的起源

合规即企业为避免违规风险而建立的内部防控机制。合规对于企业的特殊重要性，不仅在于可以帮助企业避免经济损失和信誉损失，更在于通过建立预防违规风险的内控机制，保障企业安全运营，实现可持续发展。合规在表现形式上既可以体现为整体性和全方位的合规管理体系，也可以体现为突出重点的专项合规，如反欺诈合规、反腐败合规、反垄断合规、环境保护合规、知识产权保护合规等。

在合规制度的创建方面，与1929年开始的经济大萧条相对应，美国的合规制度主要集中于反垄断和证券业两大领域。

进入20世纪80年代，美国的合规制度得到进一步发展。具体表现为：一是1988年出台的《内幕交易与证券欺诈施行法》确立了明确具体的企业合规义务。二是美国各州的环保立法不断出台，环保合规成为企业经营中必须重点关注的事项。三是合规制度在法律实务和企业管理领域开始受到关注。1977年美国出台了《反海外腐败法》。随后，巴林银行事件、安然事件、世通公司事件等一系列因公司或公司职员违反商业道德而导致公司崩溃破产案例的出现，使人们越来越意识到企业道德与合规的重要性。

企业合规主要涉及如下国际规则和组织。

1.《联合国反腐败公约》

在国际层面推动企业合规建设多数与反腐败联系在一起，其次是反垄断合规。2006年2月12日对我国生效的《联合国反腐败公约》是联合国唯一一份具有法律约束力的国际性反腐败文件。该公约规定，各缔约国均应当努力制定和促进各种预防腐败的有效做法；定期评估有关法律文书和行政措施，以确定其能否有效预防和打击腐败。对于企业，该公约要求成员国制定确保私营企业根据其结构和规模实行有助于预防和发现腐败的充分内部审计控制制度。这包括企业合规制度。

2. 经济合作与发展组织

经济合作与发展组织（OECD，以下简称经合组织）在反腐败方面也做出了很大的努力。经合组织早在1997年11月21日就通过了《禁止在国际商业交易中贿赂外国公职人员公约》。该公约对缔约国具有法律约束力，并且定期通过同行评审监督机制监督各个成员国落实和执行该公约的情况。经合组织在2009年通过了《关于进一步打击国际商业交易中贿赂外国公职人员行为的建议》，在刑事惩罚、税收、举报、会计和内控方面提出预防和发现贿赂行为的建议；在2010年通过了《内控、道德与合规最佳行为指南》，对反贿赂合规体系构建提出了有力建议。

3. 国际商会

国际商会提出了一些反腐败和反垄断方面的合规管理体系的建议。例如，2013年国际商会印制的《ICC反腐败道德与合规培训手册》是一本实践者写给实践者的手册，全方位地展现了反腐败合规实践，为合规从业人员提供了指导。国际商会于2013年颁布的《国际商会反垄断合规工具包》则是指导企业完善反垄断合规管理体系的手册。

4. 国际标准化组织

国际标准化组织于2016年组建309技术委员会专门研究组织治理问题，制定与组织相关的管理、监督、责任指南。其中包括《反贿赂管理体

系 要求及使用指南》《组织治理指南》《举报管理体系指南》等。国际标准化组织于 2021 年 4 月发布《合规管理体系 要求及使用指南》（ISO 37301:2021），取代其于 2014 年 12 月发布的《合规管理体系指南》（ISO 19600:2014），为企业建立、实施、维护和改进有效的合规管理体系提供认证标准。

第二节　企业合规在我国面临的新形势及发展趋势

从合规的起源来讲，合规的世界潮流浩浩荡荡、不可阻挡。从中国的发展形势来看，合规更是进入了一个新时代。企业合规管理关注的是经营中的法律和道德风险，新时代是一个企业经营的风险高发时代。

2015 年 8 月 24 日，中共中央、国务院发布的《关于深化国有企业改革的指导意见》中明确指出，完善企业内部监督体系，明确监事会、审计、纪检监察、巡视以及法律、财务等部门的监督职责，完善监督制度，增强制度执行力。进一步发挥企业总法律顾问在经营管理中的法律审核把关作用，推进企业依法经营、合规管理。

2015 年 12 月 8 日，国务院国资委印发了《关于全面推进法治央企建设的意见》，提出"加快提升合规管理能力，建立由总法律顾问领导，法律事务机构作为牵头部门，相关部门共同参与、齐抓共管的合规管理工作体系，研究制定统一有效、全面覆盖、内容明确的合规制度准则，加强合规教育培训，努力形成全员合规的良性机制"。2016 年 4 月 18 日，国务院国资委印发《关于在部分中央企业开展合规管理体系建设试点工作的通知》，将中国石油、中国移动、东方电气集团、招商局集团、中国铁路等五家企业列为合规管理体系建设试点单位。2016 年 6 月 24 日，国资委、财政部出台了《企业国有资产交易监督管理办法》；2016 年 8 月 23 日，国务院办公厅印发《关于建立国有企业违规经营投资责任追究制度的意见》。之后，五家企业各具特色地构建了合规管理体系。

2018年11月2日，国务院国资委印发《中央企业合规管理指引（试行）》；2022年8月23日，国务院国资委印发《中央企业合规管理办法》。对合规组织建设、合规制度建设、合规管理运行和合规管理保障机制等的建设进行了全面规定。企业合规管理主要包括合规管理制度、合规风险管理、合规审查、违规举报、调查与问责、合规管理评估、合规考核评价、合规管理信息化、合规管理队伍、合规计划与合规报告、合规文化等要素。

2018年12月29日，国家发改委、外交部、商务部、人民银行、国资委、外汇局、全国工商联共同制定了《企业境外经营合规管理指引》，对我国企业在境外的投资和经营管理提供指导。

企业运营，合规先行，我国企业合规化建设工作正面临着巨大的需求和挑战。因此，从中央层面提出，到2025年中央企业基本建立全面覆盖、有效运行的合规管理体系。依法合规经营才能行稳致远，我们相信，央企、国企的合规发展必将引领、带动更多中国企业合规经营，将有越来越多的企业重视企业内部合规的建设，合规管理必将成为企业实现高质量发展和在国际舞台中安全翱翔的重要利器。

第二章　企业合规管理综述

第一节　企业合规管理基础知识

一、合规定义

《合规管理体系　要求及使用指南》（GB/T 35770—2022）指出，合规是一个持续的过程，也是组织履行其义务的结果。一个全面有效的合规管理体系，能证实组织承诺并致力于遵守相关法律、监管要求、行业准则和组织标准，以及良好治理标准、普遍接受的最佳实践、道德规范和社区期望。

国务院国资委在《中央企业合规管理指引（试行）》中对合规的定义为：合规，是指中央企业及其员工的经营管理行为符合法律法规、监管规定、行业准则和企业章程、规章制度以及国际条约、规则等要求。

国务院国资委在《中央企业合规管理办法》中对合规的定义为：合规，是指企业经营管理行为和员工履职行为符合国家法律法规、监管规定、行业准则和国际条约、规则，以及公司章程、相关规章制度等要求。

原中国银监会在《商业银行合规风险管理指引》中对合规的定义为：合规，是指使商业银行的经营活动与法律、规则和准则相一致。

国家发改委等在《企业境外经营合规管理指引》中对合规的定义为：合规，是指企业及其员工的经营管理行为符合有关法律法规、国际条约、监管规定、行业准则、商业惯例、道德规范和企业依法制定的章程及规章制度等要求。

综合上述合规定义，可见合规具有三要素：主体、义务和行为。合规即主体履行其全部合规义务。

二、合规义务

在《合规管理体系 要求及使用指南》（GB/T 35770—2022）中，合规义务被定义为：组织强制性地必须遵守的要求，以及组织自愿选择遵守的要求。组织强制遵守的要求能包括：（1）法律法规；（2）许可、执照或其他形式的授权；（3）监管机构发布的命令、条例或指南；（4）法院判决或行政决定；（5）条例、公约和协议。组织自愿选择遵守的要求能包括：（1）与社会团体或非政府组织签订的协议；（2）与公共权力机构和客户签订的协议；（3）组织的要求，如方针和程序；（4）自愿的原则或规程；（5）自愿性标志或环境承诺；（6）与组织签署合同产生的义务；（7）相关组织和产业的标准。

三、合规风险

《合规管理体系 要求及使用指南》（GB/T 35770—2022）将合规风险定义为：因未遵守组织合规义务而发生不合规的可能性及其后果。

国务院国资委在《中央企业合规管理指引（试行）》中对合规风险的定义为：合规风险，是指中央企业及其员工因不合规行为，引发法律责任、受到相关处罚、造成经济或声誉损失以及其他负面影响的可能性。

国务院国资委在《中央企业合规管理办法》中对合规风险的定义为：合规风险，是指企业及其员工在经营管理过程中因违规行为引发法律责任、造成经济或者声誉损失以及其他负面影响的可能性。

四、合规管理

国务院国资委在《中央企业合规管理指引（试行）》中对合规管理的定义为：合规管理，是指以有效防控合规风险为目的，以企业和员工经营管理行为为对象，开展包括制度制定、风险识别、合规审查、风险应对、责任追究、考核评价、合规培训等有组织、有计划的管理活动。

国务院国资委在《中央企业合规管理办法》中对合规管理的定义为：合规管理，是指企业以有效防控合规风险为目的，以提升依法合规经营管理水平为导向，以企业经营管理行为和员工履职行为为对象，开展的包括建立合规制度、完善运行机制、培育合规文化、强化监督问责等有组织、有计划的管理活动。

合规管理是企业管理的一个基本方面，经常与风险管理、内部控制、法务、审计、纪检监察等职能相联系。

合规管理的目的是降低和有效防控合规风险。合规管理并不能帮助企业彻底杜绝合规风险，但能协助企业降低和有效防控合规风险。合规管理体系是一个完整的、有机的整体，只有在制定合规管理办法、建立合规管理组织体系后，完成重点领域的专项合规管理，并将合规管理运行机制与合规保障机制的各个构成要素落实到位并有效运行，其才能整体有效运行和发挥有效防控合规风险的作用。

合规管理是全面管理，全面合规管理是基础，要求企业领导带头合规，《中央企业合规管理办法》第10条明确规定了第一责任人职责。管业务必须管合规，做到人人、事事、时时、处处合规，《中央企业合规管理办法》第31条明确规定了全员合规责任，第13、14、15条明确规定了三道防线职责，第18条强化重点领域合规风险防范。

合规管理是底线管理，要求企业及其员工不触碰合规义务与合规要求的底线。合规管理的核心，就是通过识别合规义务与合规要求，识别与评估合规风险，制定各部门领域、各业务岗位的合规底线清单。

合规管理是长效工程，根据中国石油、中国移动等五家中央企业建立合规管理体系试点的经验，企业集团通常在3年内建立健全有效的合规管理体系：第1年在集团总部建立合规管理体系，第2年在集团各层级子公司、分公司全面推动合规管理体系建设，第3年检查评审、巩固提高，之后持续改进并持之以恒地进行合规管理。

《中央企业合规管理办法》第29条规定："中央企业应当将合规管理纳入党委（党组）法治专题学习，推动企业领导人员强化合规意识，带头依法依规开展经营管理活动。"

五、合规文化

在《合规管理体系 要求及使用指南》（GB/T 35770—2022）中，合规文化被定义为：贯穿整个组织的价值观、道德规范、信仰和行为，并与组织结构和控制系统相互作用，产生有利于合规的行为规范。

国务院国资委在很多文件里提及合规文化，但没有对合规文化作出定义。合规文化建设是企业合规管理的重要内容。

六、合规管理体系

合规管理体系通常包括合规组织、合规管理制度与流程、合规风险管理、合规审查、合规管理评估、合规管理考核评价、合规宣传与培训、违规管理与问责、合规管理计划与合规报告、企业合规管理信息系统及合规文化。

七、合规管理体系有效落地运行

根据《中央企业合规管理指引（试行）》《中央企业合规管理办法》以及各地企业合规管理指引可知，合规管理体系由四部分构成，即合规管理组织体系、合规管理重点、合规管理运行机制、合规管理保障机制。

《中央企业合规管理办法》第33条至第36条规定了合规信息化建设。合规管理体系的有效落地运行，通常体现在以下十个方面：（1）组织体系；

合规管理组织体系健全，合规职责明晰；（2）制度体系：制度体系完善，业务流程规范，充分实现业规融合；（3）合规风险管理：各部门领域识别合规风险，采取应对改进措施，建立风险预警及改进机制，合规风险概率降低，重大合规风险得到有效防控；（4）违规管理：违规追责、激励约束、合规考核等机制有效运行；（5）合规管理队伍配备到位并具备专业合规管理能力；（6）合规监督：合规评估、合规检查等监督机制有效运行；（7）一体化管理平台：法律、合规、风险、内控一体化平台建立并有效运行；（8）全面合规：各层级、各部门、各岗位合规管理责任全面落实，合规管理成为全体员工日常工作一部分；（9）合规管理信息化：实现信息化合规管理，并与企业现有其他信息化系统互联互通；（10）合规文化：合规成为全员共识及其日常工作中的习惯。

第二节　合规管理体系建设工作方案

企业合规全面建设法律服务项目开始后，第一个需要做的工作就是向委托企业出具企业合规管理体系建设方案初稿，经企业董事会开会研究通过后，方可按照企业合规管理体系建设方案对企业合规管理体系进行全面建设。

在正式向企业提交企业合规管理体系建设工作方案前需要做的工作主要有两项：一是合规尽职调查；二是合规访谈。

合规尽职调查程序：准备阶段、实施阶段、报告阶段。

一、准备阶段

（一）初步了解调查对象

主要通过公开信息，包括企业官方网站的自我宣传，其他各类媒体对企业的介绍或者评价，官方机构公布的有关企业的各类信息。

（二）制订尽职调查方案

包括尽职调查原则、程序、方法、团队分工和服务保障等。

（三）拟定尽职调查提纲

需要调查项目的哪些事项、采取的方式、调查事项的时间进度表。

（四）提供尽职调查清单

项目组要向企业提供详尽的、有操作性的尽职调查清单（包括补充清单）。

二、实施阶段

（一）收集尽职调查资料

对企业提供的所有资料进行系统化的甄别、归类、整理，注意资料的全面性和完整性。

（二）整理和分析获取的资料

主要围绕资料和信息的真实性、完整性、有效性和合法性进行分析。

（三）及时进行补充尽职调查

如果发现资料不完整，或者真实性、有效性存疑或有误，或者在对比后发现资料之间存在矛盾，或者发现重大的必须予以核实的事件等情况，必须进行补充尽职调查。

（四）编制工作底稿

尽职调查工作底稿中涉及尽职调查人员访谈、实地调查等相关内容的文件，应当由尽职调查人员及调查访谈对象签字或盖章。

三、报告阶段

主要工作内容是草拟尽职调查报告，与相关方沟通报告内容，加以完善后，正式出具报告。

> 示例

合规管理体系建设工作方案

一、开展合规管理的必要性

1. 公司合规管理现状

2. 开展合规管理工作的必要性

二、指导思想、工作目标和工作原则

1. 指导思想

2. 工作目标

3. 工作原则

三、工作方案

1. 构建合规管理组织架构

2. 合规管理应覆盖的重点领域、重点环节和重点人员

3. 建立健全合规管理标准体系

4. 合规管理运行保障机制

四、工作进度

1. 前期工作准备阶段

2. 机制体制建立阶段

3. 体系运行与推进阶段

4. 持续改进与提升阶段

五、合规管理体系建设保障机制

1. 落实领导责任

2. 完善激励约束机制

3. 加强组织协调工作

4. 推进信息化建设

5. 人员与经费保障

6. 合规人才建设

第三节　构建合规管理组织架构

合规组织的一般构成是指合规组织的人员构成。《合规管理体系 要求及使用指南》（GB/T 35770—2022）将合规组织的一般构成分为治理机构和最高管理者、合规团队、管理层、人员。

一、建立健全合规管理体系基本原则

国务院国资委《中央企业合规管理指引（试行）》第4条规定："中央企业应当按照以下原则加快建立健全合规管理体系：（一）全面覆盖。坚持将合规要求覆盖各业务领域、各部门、各级子企业和分支机构、全体员工，贯穿决策、执行、监督全流程。（二）强化责任。把加强合规管理作为企业主要负责人履行推进法治建设第一责任人职责的重要内容。建立全员合规责任制，明确管理人员和各岗位员工的合规责任并督促有效落实。（三）协同联动。推动合规管理与法律风险防范、监督、审计、内控、风险管理等工作相统筹、相衔接，确保合规管理体系有效运行。（四）客观独立。严格依照法律法规等规定对企业和员工行为进行客观评价和处理。合规管理牵头部门独立履行职责，不受其他部门和人员的干涉。"其第2章规定了董事会、监事会、经理层、合规管理负责人、合规管理牵头部门、业务部门、监察、审计、法律、内控、风险管理、安全生产、质量环保等合规管理职责。

国务院国资委《中央企业合规管理办法》第5条规定："中央企业合规管理工作应当遵循以下原则：（一）坚持党的领导。充分发挥企业党委（党组）领导作用，落实全面依法治国战略部署有关要求，把党的领导贯穿合规管理全过程。（二）坚持全面覆盖。将合规要求嵌入经营管理各领域各环节，贯穿决策、执行、监督全过程，落实到各部门、各单位和全体员工，实现多方联动、上下贯通。（三）坚持权责清晰。按照'管业务必须管合规'

要求，明确业务及职能部门、合规管理部门和监督部门职责，严格落实员工合规责任，对违规行为严肃问责。（四）坚持务实高效。建立健全符合企业实际的合规管理体系，突出对重点领域、关键环节和重要人员的管理，充分利用大数据等信息化手段，切实提高管理效能。"

二、合规的组织和职责

国务院国资委《中央企业合规管理办法》第 2 章明确规定了合规的组织和职责。

（一）党委（党组）

党委（党组）发挥把方向、管大局、保落实的领导作用，推动合规要求在本企业得到严格遵循和落实，不断提升依法合规经营管理水平。

中央企业应当严格遵守党内法规制度，企业党建工作机构在党委（党组）领导下，按照有关规定履行相应职责，推动相关党内法规制度有效贯彻落实。

（二）董事会

董事会充分发挥定战略、作决策、防风险作用，主要履行以下职责：（1）审议批准企业合规管理基本制度、体系建设方案和年度报告等；（2）研究决定合规管理重大事项；（3）推动完善合规管理体系并对其有效性进行评价；（4）决定合规管理部门设置及职责。

（三）第一责任人

中央企业主要负责人作为推进法治建设第一责任人，应当切实履行依法合规经营管理重要组织者、推动者和实践者的职责，积极推进合规管理各项工作。

（四）经理层

经理层发挥谋经营、抓落实、强管理作用，主要履行以下职责：（1）拟订合规管理体系建设方案，经董事会批准后组织实施；（2）拟订合规管理基本制度，批准年度计划等，组织制定合规管理具体制度；（3）组织应对重大合规风险事件；（4）指导监督各部门和所属单位合规管理工作。

（五）合规委员会

中央企业设立合规委员会，可以与法治建设领导机构等合署办公，统筹协调合规管理工作，定期召开会议，研究解决重点难点问题。

（六）首席合规官

中央企业应当结合实际设立首席合规官，不新增领导岗位和职数，由总法律顾问兼任，对企业主要负责人负责，领导合规管理部门组织开展相关工作，指导所属单位加强合规管理。

（七）中央企业业务及职能部门

中央企业业务及职能部门承担合规管理主体责任，主要履行以下职责：（1）建立健全本部门业务合规管理制度和流程，开展合规风险评估，编制风险清单和应对预案；（2）定期梳理重点岗位合规风险，将合规要求纳入岗位职责；（3）负责本部门经营管理行为的合规审查；（4）及时报告合规风险，组织或者配合开展应对处置；（5）组织或者配合开展违规问题调查和整改。

中央企业应当在业务及职能部门设置合规管理员，由业务骨干担任，接受合规管理部门业务指导和培训。

（八）牵头部门

中央企业合规管理部门牵头负责本企业合规管理工作，主要履行以下职责：（1）组织起草合规管理基本制度、具体制度、年度计划和工作报告等；（2）负责规章制度、经济合同、重大决策合规审查；（3）组织开展合规风险识别、预警和应对处置，根据董事会授权开展合规管理体系有效性评价；（4）受理职责范围内的违规举报，提出分类处置意见，组织或者参与对违规行为的调查；（5）组织或协助业务及职能部门开展合规培训，受理合规咨询，推进合规管理信息化建设。

中央企业应当配备与经营规模、业务范围、风险水平相适应的专职合规管理人员，加强业务培训，提升专业化水平。

（九）全员合规

中央企业应当加强合规宣传教育，及时发布合规手册，组织签订合规承诺，强化全员守法诚信、合规经营意识。

在企业合规全面建设法律服务中，通常会设立联席会议机制，主要是因为合规管理委员会层级较高，开会频率不宜太高。合规联席会议包括定期会议和不定期会议。不定期会议在首席合规官认为需要或外部与内部环境发生重大变化以及出现相关重大应急事件时召开。

（十）合规委员会

合规委员会的设立模式通常有三种：（1）独立委员会，主要负责人牵头，向党组或董事会汇报；（2）与法治建设领导小组合署，主要负责人牵头，独立机构、合署办公；（3）与董事会专门委员会（如审计风险委员会）合署，按照董事会议事规则，履行前置审核或协助职责，明确专门委员会名称。

合规委员会的职责通常包括：（1）审议集团合规管理战略规划；（2）审议集团年度合规报告；（3）研究决定集团合规管理重大事项；（4）审议公司诚信合规手册和合规管理规定等重要合规文件；（5）指导、监督和评估集团合规管理工作；（6）组织开展合规风险识别和预警；（7）对重大违规事件和违规人员进行责任追究或提出处理建议；（8）研究决定公司合规管理其他重大事项或提出意见建议；（9）组织或协助相关部门开展合规宣传与培训工作；（10）法律、法规及集团章程、制度规定的其他合规管理职责。

合规委员会的议事规则主要包括：（1）合规委员会会议的召开；（2）定期会议和临时会议；（3）年度会议计划；（4）合规委员会会议的召集、主持；（5）会议通知；（6）应当有过半数的委员会成员出席方可举行；（7）议事方式和表决程序；（8）提出议题或议案；（9）讨论各项议题；（10）按照表决程序进行表决；（11）会议记录；（12）会议纪要；（13）会议单项决议；（14）会议决议、意见的执行；（15）参会人员应当对会议决议或意见承担责任；（16）会议决议或意见落实的督办。

在企业全面合规建设法律服务中，需制定《企业合规管理委员会议事规则》，完善企业合规治理结构，提高对内合规管理能力和水平。

构建企业合规管理组织架构应是一个系统性建设任务，使企业合规管理委员会、首席合规官、企业合规管理办公室、企业合规管理员、企业合规联络员、企业合规专员与原有企业管理系统进行有效融合衔接，针对企业合规对治理层、管理层、全体员工的合规要求在企业规章制度中嵌入合规要求，针对企业重点领域、规章制度制定、重大决策事项、重要合同签订、重大项目运营进行专项合规建设，最终实现业规融合，全员合规。

第三章　合规制度的制定

企业合规制度是企业合规的制度保障，企业全面合规中制度体系的建立主要包含以下制度：一是基本制度，即通常所说的企业合规管理办法。二是专门制度。合规的专门制度通常包括合规委员会议事规则、合规联席会议议事规则、合规风险预警管理办法、合规审查办法（附：合规审查标准对照表）、合规有效性评估管理办法、合规考核办法、合规奖惩管理办法、合规免责管理办法（附：合规免责清单）、合规信息化建设管理办法、合规培训管理办法、合规报告管理办法、违规举报管理办法、违规调查与问责管理办法、外规内化管理办法等。三是专项制度。专项制度建设具有阶段性，通常针对项目企业的重点业务领域及风险易发、多发领域先行制定专项合规制度。四是其他制度的合规内容。企业规章制度合规性审核（立改废）工作，合规制度宣贯执行、动态更新与外规内化。

第一节　合规管理基本制度

根据《中央企业合规管理指引（试行）》第17条、《中央企业合规管理办法》第16条、第17条和《企业境外经营合规管理指引》第13条的规定，企业应首先制定全员普遍遵守的合规行为规范，作为企业最重要、最基本的合规制度以及其他合规制度的基础和依据，适用于所有部门和员工。合规管理的基本制度应当明确合规管理的目标、基本原则、机构设置及其职责、违法违规行为及合规风险隐患的报告、处理和责任追究等内容。

合规管理的基本制度通常称为企业合规管理办法，制度内容的来源是《中央企业合规管理指引（试行）》、《中央企业合规管理办法》、企业章程、企业规章制度（包括治理制度、审计、人力、纪检、财务、办公室等制度）。在制定企业合规管理办法前，需要经过详细的尽调与访谈，然后制定初稿，与企业人力、纪检、财务、办公室等沟通达成一致意见后，报董事会，经董事会开会通过后，正式生效，企业合规管理办法是企业的宪法性文件，其他合规制度的制定都以其为制定基础。

示例

公司合规管理办法

第一章 总则

第一条 （制度目的）为深入贯彻党中央全面依法治国重大战略部署，全面落实国资委关于全面推进法治央企建设，强化依法合规经营管理的要求，有效提升公司合规管理水平，为公司平稳健康可持续发展提供有力保障，根据《公司法》《企业国有资产法》《中央企业合规管理指引（试行）》《中央企业合规管理办法》《企业境外经营合规管理指引》等有关法律法规，结合公司实际，特制定本办法。

第二条 （适用范围）本办法适用于集团总部、战略单位、直管单位和实体企业（以下统称"各单位"）的合规管理活动。

第三条 （概念定义）合规、合规风险、合规管理。

本办法所称合规，是指各单位经营管理行为和员工履职行为符合国家法律法规、监管规定行业准则和国际条约、规则，以及公司章程、企业规章制度等要求。

本办法所称合规风险，是指各单位及其员工在生产经营、企业管理过程中因违规行为引发法律责任、造成经济或者声誉损失以及其他负面影响的可能性。

本办法所称合规管理，是指以有效防控合规风险为目的，以提升依法合规经营管理水平为导向，以企业经营管理行为和员工履职行为为对象，开展包括建立合规制度、完善运行机制、培育合规文化、强化监督问责等有组织、有计划的管理活动。

第四条　（基本原则）按照《中央企业合规管理办法》规定的基本原则。

第五条　公司应当树立牢固的合规经营理念，大力营造合规文化氛围，为全员树立正确的价值观，积极引导员工合规从业，做到合规经营、人人有责，切实有效地防范合规风险。

第六条　公司应建立与公司经营范围、组织结构、业务规模、行业特征相适应的合规管理体系。

第二章　合规管理机构与职责

第七条　党委（党组）的合规管理职责：

发挥把方向、管大局、保落实的领导作用，在职责范围内积极推进合规管理工作，保障党中央关于深化法治建设、加强合规管理的重大决策部署在企业得到全面贯彻落实。

第八条　公司董事会的合规管理职责主要包括：充分发挥定战略、作决策、防风险职能。

1. 审议批准合规管理基本制度、体系建设方案和年度报告。

2. 研究决定合规大事项。

3. 推动完善合规管理体系并对其有效性进行评价。

4. 决定合规管理部门设置及职责。

第九条　企业主要负责人作为推进法治建设的第一责任人，应当切实依法合规经营，积极推动合规管理各项工作。

第十条　经理层的合规管理职责主要包括：切实履行谋经营、抓落实、强管理职能。

第十一条 公司设立合规管理委员会，合规管理委员会的合规管理职责主要包括：

1. 根据公司董事会的决定，搭建合规管理组织架构；
2. 审议公司合规管理战略规划、基本制度、年度工作报告和工作方案；
3. 审议、批准公司合规管理具体制度规定、合规管理计划和合规管理流程，采取措施确保合规制度得到有效执行和合规要求融入公司业务领域；
4. 审议、批准向公司报告的重大合规风险事项；
5. 决定公司重大合规风险或合规事项的解决方案；
6. 参与企业重大经营决策，提出合法合规性审核意见；
7. 向董事会、企业主要负责人汇报合规管理重大事项；
8. 监督各单位的合规管理制度建设与执行情况，促进建立企业依法合规管理的长效机制；
9. 保障合规负责人、合规工作机构及合规工作人员独立履行合规管理职责，并为其提供相应的履职条件；
10. 倡导和培育公司的合规文化；
11. 及时制止并纠正不合规的经营行为，并按照公司违规问责相关规定对有关违规人员进行责任追究或提出处理建议；
12. 指导、监督和评价公司的合规管理工作；
13. 经公司董事会授权的或其他规章制度规定的其他职责。

公司合规管理委员会下设办公室，设在法律事务部，作为合规工作的牵头部门，负责委员会的日常工作。

第十二条 公司合规管理的"第一道防线"为公司业务部门。

公司业务部门是本业务领域合规管理责任部门，按照"业务工作谁主管，合规责任谁承担"的原则，负责本业务领域的日常合规管理工作。

第十三条 公司合规管理的"第二道防线"为公司合规管理牵头部门。

合规管理牵头部门应当配备与企业经营规模、业务范围、风险水平相适应的专职人员，持续加强业务培训，不断提升合规管理队伍专业化水平。

境外重要子企业及重点项目应当明确合规管理牵头部门，配备合规管理人员，落实全程参与机制，强化重大决策合法合规性审核把关，切实防控境外合规风险。

第十四条　公司合规管理的"第三道防线"为公司纪检监察机构和审计等相关部门。

公司纪检监察机构和审计等相关部门应对企业经营管理行为进行监督，在职责范围内对违规事件进行调查，为违规行为提出整改意见并结合违规事实、造成损失等追究相关部门和人员责任。

第三章　合规管理重点

第十五条　公司应当根据整体外部环境并结合自身实际，在全面推进合规管理的基础上，对重点领域、重点环节和重点人员加强合规风险的防范。

第十六条　公司及各子公司应加强对以下重点领域的合规管理。

1. 公司管控。

（1）贯彻执行党和国家的方针政策，依据国家法律法规、公司规章制度，以及规章制度规定的程序和权限履行决策。

（2）贯彻执行国资委、集团国有资产监管的相关规定，定期开展风险评估，对经营投资重大风险及时进行分析、识别、评估、预警、应对，对发现的重大风险隐患、风险事件及时报告、处理……

（3）定期开展内控测试和评价，对发现的内控缺陷等问题进行及时处理报告。

2. 市场交易。

（1）完善交易管理制度，建立健全自律诚信体系。

（2）严格遵守反商业贿赂、反垄断、反不正当竞争相关法律法规，严禁各种方式的商业贿赂、垄断、不正当竞争等违法违规行为。

（3）正确履行合同，不得无正当理由放弃应得的合同权益……

3. 安全环保。贯彻执行国家安全生产、环境保护法律法规，完善企业自身相关生产规范和安全环保制度，加强监督检查，开展安全、环境保护、职业健康相关合规风险的识别与排查，及时发现并整改违规问题。

4. 产品质量。完善质量管控体系，加强过程管理，严把各环节质量关，提供优质的产品和服务。

5. 劳动人事。严格遵守劳动法律法规，完善劳动合同管理制度，规范劳动合同的签订、履行、变更和解除，切实维护劳动者的合法权益。

6. 财务税收。完善财务内部控制体系，严格执行财务事项操作和审批流程，严守财经纪律，强化依法纳税意识，严格遵守税收法律政策。

7. 转让产权、股权、资产。按照审批程序和权限履行决策程序，按照规定要求开展审计和资产评估，按照规定要求和公开公平交易的原则定价，按照规定执行回避制度，按照规定进场交易。

8. 投资并购。

（1）依法依规履行决策和审批程序，充分考虑重大风险因素并制定风险防范预案。开展可行性研究、尽职调查并进行风险分析，确保尽职调查不存在重大疏漏。

（2）按照规定进行财务审计、资产评估和估值，对相关报告、项目概算的真实性进行审查。在外部环境和项目本身情况发生重大变化时，按照规定及时调整投资方案并采取止损措施。

9. 知识产权。及时申请注册知识产权成果，规范实施许可和转让，加强对商业秘密和商标的保护，依法规范使用他人知识产权，防止侵权行为。

10. 赞助捐赠。建立健全赞助捐赠管理制度，严格履行审批决策程序，正确履行企业的社会责任。

11. 其他需要重点关注的领域。

第十七条 公司及各子公司应加强对以下重点环节的合规管理。

1. 制度制定环节。强化对规章制度、重组改制方案等重要文件的合规审查，确保符合法律法规、监管规定等要求。

2. 经营决策环节。细化各层级决策事项和权限，加强对决策事项的合规论证把关、保障决策依法合规。

3.生产运营环节。加强对重点流程的监督检查,确保生产经营过程中照章办事、按章操作。

4.其他需要重点关注的环节。

第十八条 公司及各子公司应加强对以下重点人员的合规管理。

1.管理人员。促进管理人员切实提高合规意识,带头依法依规开展经营管理活动,认真履行合规管理职责,强化考核与监督问责。

2.重要风险岗位人员。根据合规风险评估情况明确界定重要风险岗位,有针对性地加大培训力度,使重要风险岗位人员熟悉并严格遵守业务涉及的各项规定,加强监督检查和违规行为追责。

3.海外人员。将合规培训作为海外人员任职、上岗的必备条件,确保其遵守我国和所在国法律法规等相关规定。

4.其他需要重点关注的人员。

第十九条 公司及各子公司应加强对海外投资经营行为的合规管理。

1.深入研究投资所在国的法律法规及相关国际规则,全面掌握禁止性规定,明确海外投资经营行为的红线、底线。

2.健全海外合规经营的制度、体系、流程,重视开展项目的合规论证和尽职调查,依法加强对境外机构的掌控,规范经营管理行为。

3.定期排查、梳理海外投资经营业务的风险状况,重点关注重大决策、重大合同、大额资金掌控和境外子公司治理等方面存在的合规风险,妥善处理、及时报告,防止风险或影响的扩大蔓延。

第四章 合规管理运行

第二十条 公司及各子公司应建立健全合规管理制度,制定全员普遍遵守的合规行为规范,针对重点领域制定专项合规管理制度,并根据法律、规则和准则的变化和监管动态,及时将外部有关合规要求转化为内部规章制度。

第二十一条 公司及各子公司应建立合规风险识别预警机制,全面系统地梳理经营活动中存在的合规风险,对风险发生的可能性、影响程度、潜在后果等进行系统分析，对于具有典型性、普遍性和可能产生较严重后果的风险及时发布预警。

第二十二条 公司及各子公司应加强合规风险应对，针对发现的合规风险制定预案，采取有效的应对措施。公司及各子公司在经营管理过程中因违反法律法规、上级监管规定或内部规章并发生（或将发生）重大合规风险事件的，由公司合规管理委员会统筹协调处理，及时明确或指定具体负责人，以有关业务主管部门为主，相关部门协同配合，最大限度地化解风险，降低损失。

第二十三条 公司及各子公司应建立健全合规审查机制，将合规审查作为规章制度制定、重大事项决策、重要合同签订、重大项目运营等经营管理行为的必经程序，及时对不合规的内容提出修改建议，未经合规审查不得实施。

第二十四条 公司及各子公司应强化违规问责，完善违规行为处罚机制，明晰违规责任范围，细化惩处标准。保持举报渠道的畅通，针对反映的问题和线索，及时开展调查。经调查证实存在违规行为的，应按照相应规章制度和流程进行处理，严肃追究违规单位或违规人员的责任。

第二十五条 公司及各子公司应开展合规管理评估，定期对合规管理体系的有效性进行分析，对重大或反复出现的合规风险和违规问题，深入查找根源，完善相关制度，填补管理漏洞，强化过程管理，持续改进提升。

第二十六条 公司发生重大合规风险事件的，应在事件发生后立即向公司业务分管领导口头报告，同步报告公司法律事务部，在事件发生后形成专题报告并上报。

重大合规风险事件应当向国资委和有关部门报告，后续进展和处置情况要及时报告。

第二十七条 公司各业务部门及各子公司在经营管理过程中，对是否违规或是否会产生合规风险存在疑问的，可直接咨询法律事务部，或者经合规联络员上报合规管理员后，由合规管理员决定是否需要咨询法律事务部。

第五章 合规管理保障

第二十八条 公司及各子公司应加强合规考核评价，把合规管理情况纳入各部门和所属企业负责人的年度综合考核，细化评价指标。建立员工个人违规行为记录制度，将其作为个人年度考评、评优评先的依据。对严重违反法律法规或企业规章制度的，在干部任用、评先评优时一票否决。

第二十九条 公司及各子公司应加强合规管理信息化建设，通过信息化手段优化管理流程，记录和保存相关信息，将规章制度、重点领域合规指南、合规人员管理、合规案例、合规培训、违规行为记录等作为重要内容。全面梳理业务流程，查找经营管理合规风险点，运用信息化手段将合规要求嵌入业务流程，明确相关条件和责任主体，针对关键节点加强合法合规性审查，强化过程管控。加大信息系统推广应用，实现公司内全覆盖。充分利用大数据、云计算等技术，争取对重点领域、关键节点开展实时动态监测，实现合规风险即时预警，对违规行为主动截停。

第三十条 公司及各子公司应建立专业化、高素质的合规管理队伍。公司及各子公司应根据业务规模、合规风险水平等因素配备专职合规管理人员，持续加强业务培训，提升队伍能力水平。海外经营重要地区、重点项目应明确合规管理机构或配备合规专员，切实防范合规风险。

第三十一条 公司及各子公司合规工作机构应制定年度合规培训计划，并与本单位人事部门或其他相关部门建立协作机制，逐步将合规培训列入员工年度培训计划。

第三十二条 公司及各子公司应积极培育合规文化，通过组织合规培训、签订合规承诺书、制作传媒合规宣传媒介等方式，增强全体员工的合规意识、树立依法合规、守法诚信的价值观，筑牢合规经营的思想基础。

第三十三条 公司及各子公司建立合规管理表彰奖励政策，对合规管理先进单位和个人，给予表彰奖励。

第三十四条 公司在每年预算中都要明确公司合规的预算费用。

第三十五条 公司各子公司每年12月中旬应向公司提交本单位的年度

合规管理工作报告。公司法律事务部应在每年12月底前完成公司年度合规管理工作报告。

第六章 附则

第三十六条 公司各子公司根据本办法，结合实际情况制定本单位的合规管理制度。

第三十七条 本办法未尽事宜，依照国家有关法律法规执行。

第三十八条 本办法自公司董事会批准之日起施行。

第二节 合规专门制度

一、合规专门制度的内容

合规专门制度主要包括：（1）合规委员会议事规则；（2）合规风险预警应对管理办法；（3）合规审查管理办法（附：合规审查标准对照表）；（4）合规有效性评估管理办法；（5）合规考核管理办法；（6）合规信息化建设管理办法；（7）合规培训管理办法；（8）合规报告管理办法；（9）违规调查与问责管理办法；（10）外规内化管理办法。

二、合规专门制度的特点

在合规管理办法作为龙头制度的情况下，为完善全面合规管理体系制定的一系列配套制度，是随着合规管理体系不断深化而不断健全的过程；相比合规管理基本制度，专门制度的可操作性更强，因此在制度内容上更加具体细化，与公司业务实际结合更紧密；为增强可操作性，需要制定诸多配套模板、表格、适用手册等；制定过程中，除合规部门外，还要与业务部门紧密沟通，强化访谈。

三、合规专门制度主要制度内容简述

（一）合规委员会议事规则

合规委员会议事规则的编写可以参照公司董事会议事规则的编写。

> **示例**

公司合规委员会议事规则

一、总则

为明确公司合规委员会的职责权限，规范合规委员会内部机构、议事及决策程序，充分发挥合规委员会在公司合规管理中的中心作用，根据《公司法》《中央企业合规管理办法》及其他法律法规、规范性文件以及公司章程、公司合规管理办法，特制定本议事规则。

公司依据公司章程、公司合规管理办法设立公司合规委员会。公司合规委员会由董事会决定设立，负责公司的合规管理，对公司董事会负责。

二、合规委员会的主要职责权限

1. 负责合规管理的组织领导和统筹协调工作。
2. 对合规管理的总体目标、规划、基本政策进行审议并提出意见。
3. 对需董事会审议的重大决策的合规性进行评估并提出意见。
4. 对需董事会审议的合规报告进行审议并提出意见。
5. 公司章程规定或董事会授权的其他职责。

三、合规委员会主任（首席合规官）的职权和义务

1. 首席合规官的职权

（1）组织起草相关合规管理文件。

（2）负责相关合规审查。

（3）组织开展合规风险的识别、预警、应对。

（4）受理职责范围内的违规举报并且进行相应处理。

（5）组织或者协助开展合规培训等相关工作等。

2.首席合规官的义务

（1）首席合规官不能履行职权时，应当授权合规管理委员会办公室主任代行其职权。

（2）首席合规官基于委托关系，享有董事会其他董事同样的权利，承担其他董事同样的义务和责任。

四、合规委员会会议的召开

1.合规委员会会议分为定期会议和临时会议。定期会议每季度至少召开一次，由首席合规官召集。每年首次定期会议应于上一年会计年度完结之后的3个月内召开。

2.有下列情形之一的，首席合规官应在10个工作日以内召集临时合规委员会会议：

（1）首席合规官认为必要时。

（2）公司发生重大违规行为。

（3）公司面临被行政机关、司法机关重大处罚时。

（4）总经理提议时。

合规委员会应当在会议召开3日之前以书面方式通知合规委员会人员及其他有关需要参会的公司管理人员。

五、合规委员会议案

（略）

六、合规委员会决议

1.合规委员会作出决议，必须经全体合规委员会成员过半数通过。

2.合规委员会以记名投票方式表决。

3.合规委员会秘书负责组织制作合规委员会投票。

4.表决票作为公司档案由合规委员会秘书按照公司档案制度的有关规定予以保存，保存期限至少10年。

5.合规委员会就关联交易表决时，与某合规委员会成员有利害关系的，该合规委员会成员可以出席会议并阐明意见，但不应计入法定人数，亦不应当参与表决。

6.每一审议事项的投票,应当由合规委员会秘书当场清点并公布表决结果。

七、合规委员会会议记录

1.合规委员会会议应当有记录,出席会议的合规委员会成员和记录人,应当在会议记录上签名。董事会会议记录作为公司档案由合规委员会秘书保存。合规委员会会议记录的保管期限为10年。

2.合规委员会会议记录包括以下内容:(1)会议召开的日期、地点和召集人姓名;(2)出席的合规委员会成员、列席参加会议人员姓名;(3)会议议程;(4)参会人员发言要点;(5)每一决议事项的表决方式和结果。

3.合规委员会成员应当在合规委员会决议上签字。

八、修改议事规则

1.有下列情形之一的,公司应当修改本议事规则:

(1)国家有关法律法规或规范性文件修改,或者制定并颁布新的法律法规或规范性文件后,本议事规则规定的事项与前述法律法规或规范性文件的规定相抵触。

(2)公司章程、公司合规管理办法修改后,本议事规则规定的事项与章程、公司合规管理办法的规定相抵触。

(3)董事会决定修改本议事规则。

2.修改后的议事规则应经合规委员会审议批准后生效。

(二)合规风险预警

合规风险预警是对风险发生的可能性、影响程度、潜在后果等进行系统分析,对于典型性、普遍性和可能产生较严重后果的风险及时发布预警。

风险预警指的是分析过后对类型化重大风险的提示。风险预警一般由合规牵头部门负责,表现形式为重大合规风险警示报告、风险提示函等。

风险预警是常态化工作。根据排查出的风险和问题，准确定位引爆点；厘清重大风险传导链条；梳理总结各类风险的因果关系、传导逻辑、严重程度等因素，形成完整清晰的"合规风险图谱"。

风险预警的目标是解决企业历史遗留的、长期积累的、情况复杂的违法违规问题，推动企业合规管理水平迈上新台阶。

示例1

公司合规预警应对管理办法

1. 目的和依据

为了构建公司全面风险管理机制，建立有效的风险监测与风险预警体系，实现对公司经营风险的有效管控，根据国家相关法律法规，并结合公司现有内部规定，制定本管理办法。

2. 适用范围

本管理办法是公司在日常经营管理活动中进行风险监测与风险预警的指导性文件，覆盖公司所有业务单元和职能部门，适用于全公司范围。

3. 风险监测与风险预警体系

公司应建立一套完善的风险监测与风险预警体系，在复杂多变的市场环境和内部不可控因素下，及时发现并化解经营中的风险。

4. 风险监测指标与风险预警指标

风险监测指标与风险预警指标是一系列可量化的统计数值。通过筛选公司各领域内的经营管理指标以及定期监测此类指标的变化情况，能够有效地识别风险水平的变化情况并达到预警的目的。

5. 风险预警指标的预警区间划分

指标预警区间的划分应当充分、合理、有效，设定时应当综合考虑该指标变动的历史数据、行业水平、经营管理层的经验等因素。公司风险预警指标的预警区间划分为三类：绿色（安全区间）、黄色（警戒区间）和红色

（危险区间）。

对于处在"绿色"区间的预警指标，权责部门不需要采取进一步的控制措施或者制定未来缓解措施。

对于处在"黄色"区间的预警指标，权责部门应当针对该预警指标（乃至预警指标对应的风险点）进一步完善现有的控制措施或者制定未来的缓解措施，以期使其回到"绿色"区间内。

对于处在"红色"区间的预警指标，权责部门不仅应当针对该预警指标（乃至预警指标对应的风险点）进一步完善现有的控制措施或是制定未来的缓解措施，同时应当重新评估该风险的影响程度、发生概率和风险容忍度。

6. 管理职责

合规法律部是风险监测与风险预警管理的组织和牵头部门，其基本职责包括：制定风险监测和风险预警管理制度与流程；与各权责部门协商选取、修订风险监测与风险预警指标及相关预警指标的预警区间；收集、汇总风险监测与风险预警指标的数据和信息；针对风险监测与风险预警指标的统计结果提出相关管理建议；将风险监测与风险预警指标统计结果的变动情况纳入公司整体风险评估之中。

各权责部门应当针对所辖范围内的风险监测与风险预警指标进行有效管理，其基本职责包括：与合规法律部协商选取、修订风险监测与风险预警指标及相关预警指标的预警区间；负责提供相关指标计算所需的基础数据或指标计算结果；针对风险监测与风险预警指标的变动情况采取相关控制措施。

7. 风险监测、风险预警与风险评估

风险监测指标与风险预警指标的统计结果将作为公司整体风险评估的重要参考因素。针对风险监测指标，如果其统计值发生大幅度的波动或出现异常变化，公司应分析其波动或变化的原因，并及时采取应对措施。

风险评估是一个综合性的管理活动，预警指标的统计值仅能作为公司整体风险评估的参考因素之一。

示例 2

风险提示函（以保险公司为例）

业管部：

我中心在近期参与保险合同纠纷诉讼案件过程中，发现承保时存在一些问题，严重影响案件的审判结果，并存在重大的风险。为此，特向你们提示以下风险，请予以重视，尽快采取有效措施规避此类风险。

一、投保单上"投保人签名/签章"处存在业务人员代签名的行为

案例：××年，被保险人×某以保险合同纠纷为由将我司诉至法院。在诉讼过程中，×某表示其在投保时我司保险业务人员并未就保险条款中的免责事项作出说明，因此我司对其发生的保险事故作出拒赔的通知缺乏法律依据。而我司从业管部调取了该名投保人当时的投保单，在投保单上的投保人声明栏处不仅有×某的签名并且按捺了手印，为此，我司提出上诉，在二审过程中原告代理律师坚持声称投保单上的签名并非×某本人签署并提交了要求进行笔迹鉴定的申请。后我司经过内部核查，发现本案中我司保险业务人员确实存在代×某签名的可能性，最终我司也被判决赔偿被保险人30余万元并承担诉讼费，给公司造成了极大的损失。

依据《保险法》第17条的规定，订立保险合同，采用保险人提供的格式条款的，保险人向投保人提供的投保单应当附格式条款，保险人应当向投保人说明合同的内容。对保险合同中免除保险人责任的条款，保险人在订立合同时应当在投保单、保险单或者其他保险凭证上作出足以引起投保人注意的提示，并对该条款的内容以书面或者口头形式向投保人作出明确说明；未作提示或者明确说明的，该条款不产生效力。

因此，欲杜绝保险合同订立过程中的代签字、代签章的现象，降低诉讼风险及诉讼成本，必须进一步规范业务人员、出差人员及相关人员的从业行为，加强承保环节的管控，这将对减少公司损失，提高公司效益，维护好员工职业生涯有着长远意义。

鉴于上述情况,建议承保部门落实以下管控措施,尽快化解风险:

1.所有新承保的业务,必须要求客户如实填写投保单及条款说明书,二者缺一不可,投保内容要详尽,落款需双方经办人员亲笔签名并签署日期。

自然人投保需客户本人亲笔签名并按捺手印,法人或其他组织投保必须加盖单位公章。

坚决禁止员工私刻印章代被保险人签章,一经发现并给公司造成损失的,将移送司法机关进行处理。

2.尽快清理目前还在保险期限内未按照上述标准执行的所有业务。

3.清理工作结束后,再发生因未履行条款说明义务造成败诉并给公司造成实际损失的案件,将根据公司损失的具体金额对相关人员作出经济处罚,涉及刑事犯罪的将移交司法机关处理。

4.为确保今后投保单等相关资料签章的真实性,下发通知要求所有业务部门人员签署履行条款说明义务责任状,包括责任内容、责任考核、责任追究等内容。

5.出单员需增强责任心、认真核对录入系统的保单信息完整性及准确性,加强各类印章的使用及保管,如给公司造成损失,将根据具体损失的金额对相关人员作出经济处罚。

……

(三)合规审查

企业合规审查是指对企业经营管理活动的合规性进行审核检查,实施违规整改,持续改进,保障企业经营管理的合规性。

国务院国资委《中央企业合规管理指引(试行)》第20条规定:"建立健全合规审查机制,将合规审查作为规章制度制定、重大事项决策、重要合同签订、重大项目运营等经营管理行为的必经程序,及时对不合规的内容提出修改建议,未经合规审查不得实施。"国务院国资委《中央企业合规管理办法》第21条规定:"中央企业应当将合规审查作为必经程序嵌入经营管理流程，重大决策事项的合规审查意见应当由首席合规官签字，对决策事项的合规性提出明确意见。业务及职能部门、合规管理部门依据职责权限完善审查标准、流程、重点等，定期对审查情况开展后评估。"

中央企业应当建立健全合法合规性审查后评估机制，及时掌握审查意见采纳情况，不断提升工作质量。《中央企业合规管理办法》突出强调业务部门作为"第一道防线"的审查职责，明确了合规管理部门的主要审查职责，提出后评估机制：审查意见的落实反馈，强调审查后的落脚点：问题整改。

合规部门/业务部门：对本领域日常经营管理行为的审核把关；合规管理牵头部门：对规章制度制定、重大决策事项、重要合同签订、重大项目运营等进行合法合规性审查；对业务部门审核结果进行复审。

示例

公司法律合规审查管理办法

第一章　总则

第一条　为有效识别、评估、管理我司经营管理活动中的合规风险，促进我司依法合规经营，支持业务创新发展，根据《公司法》《中央企业合规管理办法》等有关规定，结合我司实际，特制定本办法。

第二条　本办法所称合规审核包括以下三个方面：

（一）新产品（新业务）的合规审查。

（二）制度的合规审核。

（三）特定经营管理事项的合规咨询。

第三条　本办法所称新产品（新业务）的合规审查，是指合规部门依据法律、规则、准则等外部规定和我司内部基本制度和政策，依照规定的程序对新产品（新业务）可能涉及的合规风险进行识别、评估，并出具合规管理意见，提示、规避合规风险。

本办法所称制度的合规性审核，是指合规部门依据法律、规则、准则等外部规定，对审慎类或业务类制度的内容及形式进行合规性审核。

本办法所称特定经营管理事项的合规咨询，是指合规部门为咨询部门在经营管理过程中可能涉及合规风险的特殊事项（新产品、新业务除外），依据法律法规及其他外部规定，提供参考性意见和建议。

本办法所称合规风险，是指我司因没有遵循法律、规则和准则可能遭受法律制裁、监管处罚、重大财务损失和声誉损失的风险。

第四条 本办法所称合规部门是指法律合规部及各事业部内部设立的法律合规岗位。

各事业部应当依据本办法的规定建立健全本部门内部合规审核工作机制，设置法律合规审查专岗，做好合规初审工作。

各事业部从事合规审核工作的专业人员应当具有法律合规专业能力及相关经验。

第五条 合规审核工作应遵循以下原则：

（一）依法合规原则。合规部门应严格以法律法规及其他外部规定和我司内部基本制度和政策为依据，对相关业务经营管理进行合规审核。

（二）独立审核原则。合规部门应当保持合规审核的独立性，审慎履行合规审核职责，对出具的合规审核意见的适当性和有效性负责。

（三）底线原则。合规审核工作过程中，应以合规经营为底线，不得以业务发展的名义突破监管红线要求，要正确处理合规经营与业务发展的关系。

（四）统一管理、分级负责原则。法律合规部统一管理全司的合规审核工作。各事业部内部设立的法律合规岗位人员负责本事业部内的合规审核工作，并按照本办法规定的程序和要求履行合规审核职责。

第二章　职责分工

第六条 法律合规部是我司合规审核的管理部门，承担以下主要职责：

（一）负责对我司的合规审核工作进行统一组织、指导、检查、监督和管理。

（二）负责制定合规审核的相关制度并组织实施。

（三）负责送审部门报审的制度以及拟开办的新产品、新业务的合规审核，出具合规审核意见，对合规审核工作的规范性和审核质量负责。

（四）归纳、提炼合规审核工作中发现的问题，对各类新产品（新业务）蕴含的合规风险点进行风险提示。

（五）跟踪送审部门对合规审核意见的采纳和落实情况。

第七条　各事业部内部设立的法律合规岗位是本事业部的合规审核的管理岗位，主要履行以下职责：

（一）负责对本事业部的合规审核工作进行统一组织、指导、检查、监督和管理。

（二）负责本事业部的新产品（新业务）、制度的先行合规审核，出具合规初审意见。

（三）归纳、提炼合规审核工作中发现的问题，对各类新产品（新业务）蕴含的合规风险点进行风险提示。

（四）将本事业部合规审核工作情况定期报法律合规部。

第八条　送审部门主要职责包括：

（一）负责对送审事项及相关文件进行先行审查，进行初步的合规风险评估，对送审事项的合规性承担首要责任。

（二）提供的送审资料应尽可能详尽和充分，对送审事项的真实性、完整性和准确性负责。

（三）明确送审事项需要审核的合规风险点。

（四）按规定报送合规审核意见落实情况，及时将合规审核意见的采纳情况反馈给法律合规部。

第三章　合规审核的依据与范围

第一节　合规审核的依据

第九条　合规部门依据法律法规及其他外部规定和我司内部基本制度和政策进行合规审核。

法律法规及其他外部规定是指适用于本司经营活动的法律、行政法规、部门规章及其他规范性文件、经营规则、自律性组织的行业准则、行为守则和职业操守等。

指导性、参考性要求或短期安排的文件（如监管部门领导正式讲话、窗口指导意见、各类通知、通报等），其位阶有别于上述法律、规则、准则，应充分考虑其出台背景和管理精神，予以执行。

第十条 在无合规审核依据或依据不明确时，按照审慎经营的原则，提出合规审核的意见和建议。应按照"实质重于形式"的原则进行把握，在有利于控制合规风险的前提下，积极支持业务和产品创新。

第十一条 对于监管规制存在新旧规定冲突的，合规审核应按照"上位法优于下位法，新法优于旧法，特别法优于一般法"的原则进行处理。必要时，应请示监管部门。

对于监管部门之间制度规定相互冲突的，合规审核应以主要监管部门的制度规定作为基本要求。

第二节 合规审核的范围和对象

第十二条 合规审核的范围包括以下三个方面：

（一）新产品（新业务）的合规审查。

新产品（新业务），是指通过产品业务功能、服务流程等方面的全新变化或优化升级，创造出的我司现有产品、业务以外的全新产品、业务或与现有产品、业务有显著改变的产品或业务。

（二）对审慎类、业务类制度的合规性、规范性审核。

审慎类、业务类制度，是指主要规范我司公司治理、资本管理、风险管理、内部控制、并表管理、信息披露和统计管理等方面管理事项，以及表内外各项业务的基本制度、政策、管理办法、守则等。

（三）特定经营管理事项的合规咨询。

合规咨询，是由咨询部门就新产品（新业务）、制度以外的特定经营管理问题的合规性发起的咨询，判断咨询内容是否存在合规风险，并提供参考建议。

第四章 合规审核的程序与要求

第十三条 为便于充分识别、评估送审事项的相关合规风险，送审部门原则上应当在规定时间内提交，经本部门负责人同意后，通过指定的邮件形式向法律合规部提交相应的合规审核资料。对于加急事项实行例外管理，根据特定需求及时予以办理。

第十四条 为提高效率，送审部门就送审事项可先行沟通，以口头、非指定的邮件形式等非正式方式向审核人员提出，审核人员提供的意见仅供参考，但不代表法律合规部的部门意见。

第十五条 送审部门不得以市场开拓、同业竞争、业务创新或其他理由，对应当提交合规审核的事项回避合规审核，或者对于应当履行正式合规审核程序的事项采取口头、非指定邮件形式的方式咨询。

第十六条 送审部门应遵循尽职原则，对送审事项做出业务背景说明，并对送审事项的合规性进行初步评估。

第十七条 法律合规部收到送审文件后，组织人员依据法律、规则、准则等外部规定进行合规性审核，出具合规审核意见。

第十八条 合规审核需以其他管理部门意见为前提的，审核人员可进行平行作业，出具附条件的审核意见。

第十九条 合规部门按照合规审核的分类，根据送审事项存在的合规风险可能形成的后果及风险缓释情形，出具不同类型的合规审核意见。

第二十条 对新产品（新业务）的合规审查意见分为同意、不同意、有条件同意三种。

第二十一条 合规部门对审慎类或业务类制度的内容及形式的合规性出具意见。

第二十二条 对特定事项的合规咨询，合规部门仅提供咨询意见，供咨询部门参考。

第二十三条 法律合规部针对下列情况，采取针对性审核方式：

（一）涉及重大、复杂合规问题的审核事项，应采用专家论证或者小组讨论的方式。必要时，可征询相关监管机构的意见，并作为合规审核的参考依据。

（二）对于送审部门已提交法律合规部审核的事项，如相关审核事项发生结构模式重大变动需要再次提交审核的，应提供上次合规审核意见、意见采纳情况以及审核事项变动（增加、修改或删除）情况说明等。

（三）法律合规部对于涉及或可能涉及重大、复杂合规问题的业务、重大项目、金融创新等，可应相关部门的要求提前介入相关事项的立项、设计阶段。通过对业务初步方案进行初步的合规性论证，为相关部门决策提供阶段性意见。在业务最终方案定型后，相关部门还应进一步征求法律合规部意见，以便法律合规部在完整方案的基础上提供最终的合规性认定意见。

第二十四条　对于重大创新业务，法律合规部可通过建立合规审核绿色通道机制予以支持，对重大创新业务优先处理。

第二十五条　对于属于不纳入合规审核范围的送审事项，法律合规部将不予受理，注明原因后，将送审材料退回送审部门。

第二十六条　法律合规部根据送审文件所涉及法律、规则、准则的范围、内容等确定审核时间。

第二十七条　送审部门在收到合规审核意见反馈的10个工作日内，应通过指定的邮件形式向法律合规部反馈审核意见的采纳、部分采纳或未采纳情况及理由。

第五章　审核管理

第二十八条　合规部门在合规审核工作中发现的具有普遍性或全局性的问题，对我司权益有重大影响的，应及时对业务部门进行合规风险提示。

第二十九条　合规部门要持续关注监管审慎规制和核心业务规制的最新发展，准确把握法律、规则和准则的规定及精神，按监管要求开展审核工作。

第三十条　合规审核人员应深刻理解并严格遵循法律、规则、准则，在审核中积极处理好合规风险与业务发展的关系。

第三十一条 合规部门在审核工作中发现的具有代表性或全局性的合规问题，应进行归纳整理，适时出台业务的合规管理指引，规范指导相关业务开展。

第三十二条 合规审核人员应定期跟踪合规审核意见的落实情况，征求相关部门对合规审核的反馈意见，及时总结合规审核工作改进建议，不断提高合规审核水平。

第三十三条 合规审核电子文档应定期整理归档，建立合规审核信息电子台账，及时统计合规审核意见数量及意见采纳情况。

第三十四条 各事业部内部设立的法律合规岗位按要求向法律合规部报送年度审核工作情况。

第六章　附则

第三十五条 本办法适用于全司。

第三十六条 本办法由法律合规部负责解释和修订。

第三十七条 本办法自发布之日起生效。

（四）合规有效性评估

合规管理有效落地的最终检验标准是，合规管理体系的建立和运行是否能够助力企业实现合规管理目标，有效防控合规风险。

合规管理体系的有效落地运行，通常体现在以下十个方面：（1）组织体系：合规管理组织体系健全，合规职责明晰；（2）制度体系：制度体系完善，业务流程规范，充分实现业规融合；（3）合规风险管理：各部门领域识别合规风险，采取应对改进措施，建立风险预警及改进机制，合规风险概率降低，重大合规风险得到有效防控；（4）违规管理：违规追责、激励约束、合规考核等机制有效运行；（5）合规管理队伍配备到位并具备专业合规管理能力；（6）合规监督：合规评估、合规检查等监督机制有效运行；（7）一体化管理平台：法律、合规、风险、内控一体化平台建立并有效运行；（8）全面合规：各层级、各部门、各岗位合规管理责任全面落实，合规管理成为全体员工日常工作一部分；（9）合规管理信息化：实现信息化合规管理，并与企业现有其他信息化系统互联互通；（10）合规文化：合规成为全员共识及其日常工作中的习惯。

示例

公司合规管理有效性评估工作管理办法（以某证券股份有限公司为例）

第一章 总则

第一条 为指导公司开展合规管理有效性评估（以下简称"合规评估"）工作，有效防范和控制合规风险，实现公司持续规范发展，根据《证券法》《证券公司监督管理条例》《证券公司和证券投资基金管理公司合规管理办法》《证券公司合规管理实施指引》《证券公司合规管理有效性评估指引》等法律、法规和规范性文件，结合公司企业文化建设和廉洁从业管理、道德风险防控工作，制定本管理办法。

第二条 本办法所称合规风险，是指因公司或员工的经营管理或执业行为违反法律法规和准则而使公司被依法追究法律责任、采取监管措施、给予纪律处分、出现财产损失或商业信誉损失的风险。本办法所称合规管理有效性评估，是指公司授权相关内部部门或委托外部专业机构按照规定的原则、方法、程序和标准，对公司日常决策和经营管理过程中与合规管理有关工作的有效性进行评价，及时发现和解决合规管理中存在问题的系统性工作。

第三条 公司合规管理有效性评估的总体目标是通过定期和不定期、全面和专项的评估工作，系统评估各个层面的合规管理工作，推动公司合规制度体系和管理机制的健全性，培育良好的合规文化，提高廉洁从业意识以及职业道德水平，防范和化解合规风险。

第四条 公司合规管理有效性评估应遵循以下原则：

（一）全面性原则。评估范围应涵盖公司所有业务，各部门、各分支机构、各层级子公司以及全体工作人员，贯穿经营管理过程中的决策、执行、监督、反馈等各个环节。

（二）客观性原则。评估应以事实为依据，以法律法规、监管要求为准则，客观反映公司合规管理状况。

（三）重要性原则。应当以合规风险为导向，重点关注可能存在合规管理缺失、遗漏或薄弱的环节，全面、客观反映合规管理存在的问题，充分揭示合规风险及风险隐患。

（四）独立性原则。实施评估工作的内部部门或外部专业机构及人员应具有独立性，能够独立履行职责，独立做出判断。

第五条　公司每年应当至少开展1次合规管理有效性全面评估，每3年至少1次委托具有专业资质的外部专业机构对公司合规管理的有效性进行评估，接受委托的外部专业机构（会计师事务所、律师事务所或管理咨询公司等）的资质应符合监管要求，外部专业机构的选择确定按照公司相关规定和审批程序办理。

公司可以自主决定开展合规管理有效性专项评估，但在证券监管机构或自律组织提出要求或公司存在违法违规行为或重大合规风险时，可以按照监管部门要求委托指定的具有专业资质的外部专业机构对公司合规管理的有效性进行专项评估，并进行整改。公司开展创新业务时，可以进行合规管理有效性专项评估，重点关注识别公司是否建立对创新业务的管理机制，以及管理机制是否健全有效，合规管理能否有效覆盖该项创新业务的运作过程等。

第六条　公司开展合规管理有效性评估，应当由董事会、监事会或董事会授权管理层组织评估工作领导小组或委托外部专业机构进行。

公司董事长任评估工作领导小组组长，公司总裁任副组长，成员包括公司各分管副总裁、内部审计部门、合规管理部门、风险管理部门等部门及各业务部门、各子公司负责人。公司授权内部审计部门具体负责合规管理有效性评估的实施工作，跨部门组建合规管理有效性评估实施小组，实施小组由内部审计部门、合规管理部门、风险管理部门等部门人员组成，公司不得将合规管理有效性评估交由合规总监、合规管理部门或内部审计部门等单一主体负责。

公司委托外部专业机构开展合规管理有效性评估的，应指定一名高级管理人员配合开展合规有效性评估工作，具体实施工作由内部审计部门对接配合，并参照本管理办法的规定进行。

第七条 根据公司实际情况，为便于合规评估工作开展，公司可以将合规管理有效性评估工作与内部控制评价工作一并进行，但合规管理有效性评估工作应当符合监管规定和本管理办法的要求，并单独出具合规管理有效性评估报告及报告说明。

第八条 公司合规管理有效性评估分为全面评估和专项评估。除特别指明外，本管理办法所称合规管理有效性评估均指全面评估。

第二章 评估内容

第九条 公司开展合规管理有效性评估，应当涵盖合规管理环境、合规管理职责履行情况、经营管理制度与机制的建设及运行状况等方面。

第十条 公司对合规管理环境的评估应当重点关注公司董事会和管理层是否重视合规管理，合规文化建设是否到位，合规管理制度是否健全，合规管理的履职保障是否充分等。

第十一条 公司对合规管理职责履行情况的评估应当关注合规咨询、合规审查、合规检查、合规监测、合规培训、合规报告、监管沟通与配合、信息隔离墙管理、反洗钱等合规管理职能是否有效履行。

第十二条 公司对经营管理制度与机制建设情况的评估应当重点关注各项经营管理制度和操作流程是否健全，是否能够根据外部法律、法规和准则的变化及时修订、完善。

第十三条 公司对经营管理制度与机制运行状况的评估应当重点关注各项业务是否能够严格执行经营管理制度和操作流程，是否能够及时发现并纠正有章不循、违规操作等问题。

第十四条 公司可以根据合规管理有效性专项评估的目的和需要，确定专项评估的内容。证券监管机构或自律组织另有要求的，从其要求。

第三章 评估程序和方法

第十五条 公司合规管理有效性评估的程序主要包括：

（一）评估准备。发布年度合规管理有效性评估方案，成立评估工作领导小组和实施小组，根据需要开展业务培训，各自评单位进行评估底稿表的建立和更新工作并提交合规评估实施小组审核。

（二）评估实施。各自评单位对上年度、本年度发生的合规风险事件进行检查、报告和追踪，按照评估底稿表内容进行自查和报告，复评人员对自查情况进行检查确认和报告。

（三）评估报告。在自评、复评工作检查、报告的基础上撰写公司合规管理有效性评估报告及报告说明，履行内部审批并向监管部门报告。

（四）评估整改。对公司合规管理有效性评估报告及报告说明披露的问题下达整改通知书，限期落实整改，并将整改情况在下一年度的公司合规管理有效性评估报告说明中披露。

第十六条 公司自行组织开展合规管理有效性评估的，应当按照本管理办法要求成立评估实施小组，并对参与评估的人员开展必要的培训。评估实施小组应具备独立开展合规管理有效性评估的权力，评估实施小组成员应具备相应的胜任能力。评估实施小组应当按照年度合规管理有效性评估方案要求，制作评估底稿、报告等评估工作文件。

第十七条 各部门、各分支机构、各子公司应按照年度合规评估方案要求开展合规管理自评工作，填写自评工作底稿，提交评估相关证据材料。合规评估可以利用内控评价的相关工作底稿以验证和评估合规管理的有效性。合规管理环境评估底稿应当由公司董事长签署确认，合规管理职责履行情况评估底稿、经营管理制度与机制的建设及运行状况评估底稿应当由自评部门负责人和分管高级管理人员签署确认。

第十八条 评估实施小组应当收集评估期内外部监管检查意见、审计报告、合规报告、投诉、举报、媒体报道等资料，明确评估重点。

第十九条 评估实施小组应当对自评底稿进行复核，并针对评估期内发生的合规风险事项开展重点评估，查找合规管理缺陷，分析问题产生原因，提出整改建议并提交复评报告。评估实施小组成员对其所在部门或者分管部门的评估底稿的复核应当实行回避制度。

第二十条　公司合规管理有效性评估应当采取访谈、文本审阅、问卷调查、知识测试、抽样分析、穿行测试、系统及数据测试等方法。

第二十一条　评估人员可以根据关注重点，对业务与管理事项进行抽样分析，按照业务发生频率、重要性及合规风险的高低，从确定的抽样总体中抽取一定比例的样本，并对样本的符合性做出判断。

第二十二条　评估人员可以对具体业务处理流程开展穿行测试，检查与其相关的原始文件，并根据文件上的业务处理踪迹，追踪流程，对相关管理制度与操作流程的实际运行情况进行验证。

第二十三条　评估人员可以对涉及证券交易的业务进行系统及数据测试，重点检查相关业务系统中权限、参数设置的合规性，并调取相关交易数据，将其与相应的业务凭证或其他工作记录相比对，以验证相关业务是否按规则运行。

第二十四条　评估实施小组应当在评估工作结束前，与被评估部门就合规管理有效性评估的结果进行必要沟通，就评估发现的问题进行核实。被评估部门应当及时反馈意见。

第二十五条　内部审计部门应当根据评估实施情况及评估反馈意见撰写合规管理有效性评估报告及报告说明。合规管理有效性评估报告及报告说明至少应包括：评估依据、评估范围和对象、评估程序和方法、评估内容、发现的问题及改进建议、前次评估中发现问题的整改情况等。

第二十六条　公司合规管理有效性评估报告及报告说明应当经参与评估的实施小组成员签名，经公司董事长审批后，提交董事会及监事会审议，董事会及监事会应当督促公司整改落实。证券监管机构或自律组织要求报送的，从其要求。

第二十七条　公司应当针对合规管理有效性评估中发现的问题，下达整改通知书，明确整改责任部门和整改期限。整改责任部门应当及时向公司管理层报告整改进展情况。

第二十八条　公司管理层应当对评估发现问题的整改情况进行持续关注和跟踪，指导并监督相关部门全面、及时完成整改。

第二十九条　公司合规管理有效性专项评估的程序和方法可以参照本管理办法相关规定执行。

第四章　评估问责

第三十条　应当将合规管理有效性评估结果及整改情况纳入公司管理层、各部门、各分支机构、各子公司及其工作人员的绩效考核范围。

第三十一条　对在合规管理有效性评估过程中出现拒绝、阻碍合规评估，隐瞒合规风险的人员，应当依据公司相关制度规定对相关责任人采取问责措施。

第五章　附则

第三十二条　公司应在合规管理有效性评估工作开展之前发布年度合规管理有效性评估方案，明确评估领导小组、实施小组成员、分工与职责，明确评估程序与时间、计划，评估范围、报告路径及评估问责措施等。

第三十三条　公司在收集合规风险事项、评估合规管理环境、合规管理职责履行情况、重要业务的制度与机制的建设及运行状况时，可以参考证券监管部门发布的评估参考表编制工作底稿。评估参考表如未能涵盖、反映公司合规管理有效性评估的内容与要求，公司应根据内部管理与业务经营的实际情况对工作底稿内容进行补充和修订。

第三十四条　本办法经公司董事会审议通过，授权公司内部审计部门负责解释与修订。

第三十五条　本制度自董事会通过之日起生效并施行。

（五）合规考核

企业合规管理考核是指对企业各部门及其管理人员和员工的合规管理绩

效进行考核，是企业合规管理体系的重要构成要素，也是合规管理保障的重要措施之一。

合规考核可分为部门合规考核和员工合规考核。对大中型企业来说，还可以对下属单位进行考核。

合规考核的内容一般包括合规培训情况、合规政策执行情况、有无任何不合规的行为、对合规部门工作的支持情况、对违规行为报告和举报的情况、合规调查情况等。企业每年在设计合规考核评分表时可以根据实际需要修改考核内容或分值。

示例

公司合规风控考核暂行办法（以某证券股份有限公司为例）

第一章 总则

第一条 为进一步提升公司内控管理水平，增强和巩固内控管理成效，健全业务合规经营约束机制，明确合规风控考核内容和扣分标准，规范考核流程，结合公司合规风控管理的实际情况，特制定本办法。

第二条 本办法所称合规风控考核是指公司合规风控管理部门（合规法律部、风险管理部、稽核审计部、质量控制部）按照制度规定的统一标准和程序，对被考核对象的业务经营、执业行为的合规性等整体情况进行的考核评价。

第三条 本办法所指的被考核对象包括：公司总部各部门、各子公司及分公司。营业部的考核由经纪管理部负责，可参照本办法。

第四条 公司合规风控考核遵循多维度、全面客观、公开公正、定性与定量相结合的原则。

第五条 合规风控考核结果将纳入被考核对象年度绩效考核范畴。

第二章 考核机构

第六条 公司成立合规风控考核工作小组，负责组织实施对公司各被考核对象的合规风控考核工作。

第七条 合规风控考核工作小组向公司总经理和公司薪酬与考核管理委员会负责。考核工作小组组长由公司合规总监担任,组成成员包括合规法律部、风险管理部、稽核审计部、质量控制部负责人及上述部门指定的相关人员。合规风控考核工作小组工作机构设在合规法律部。

第八条 合规风控考核工作小组主要履行下列职责:

(一)制定、修订公司合规风控考核制度、流程,调整完善合规风控考核内容和扣分标准等;

(二)按照本办法规定定期组织实施对被考核对象的评价考核工作,并出具考核结果;

(三)对被考核对象的扣分事项提出整改要求或改进建议;

(四)协调处理合规风控考核异议申诉及考核相关争议事项;

(五)其他依照公司制度规定应履行的职责。

第三章 考核内容

第九条 公司合规法律部、风险管理部、稽核审计部、质量控制部根据现行法律法规、规范性文件、行业自律规则和公司内部制度的规定,结合公司业务经营的实际情况、监管重点以及合规风控管理中的主要风险点,制定了合规风控考核扣分标准。

第十条 合规风控考核扣分标准采取概括加列举的方式确定了考核事项,明确了扣分值或设定区间,合规风控考核工作小组将以扣分标准作为依据开展公司合规风控考核工作,并根据监管部门、自律组织的监管动态及公司合规风控管理需要对扣分标准进行动态调整和完善。

第十一条 合规风控考核标准的内容涵盖业务经营管理的各个层面,包括被采取监管处罚或监管措施,制度及流程制定的全面性、修订的及时性、执行的有效性,业务操作的合规性、风险管理、内部控制、尽职调查、检查整改、信息报送等各方面。

如发生合规风控考核扣分标准未列明但应予在考核中体现的事项,合规风控考核工作小组将视相应事项的性质、情节等比照相关类似扣分事项和扣分标准予以扣分。

第四章 考核程序

第十二条 合规风控考核工作按月度、季度、半年度和年度分别开展，通过定期召开考核小组会议的形式进行。其中，月度考核工作应在下一个月的前5个工作日内完成，季度考核工作应在下一季度的前10个工作日内完成，半年度、年度考核工作应在半年度、年度结束后的20个工作日内完成。

第十三条 合规风控考核工作小组各组成部门根据本办法规定的考核扣分标准，结合被考核对象运营过程中的实际情况，先各自确定扣分对象、应扣分事项及具体分值，形成各组成部门的初步扣分意见，提交合规风控考核工作小组会议审议。

第十四条 合规风控考核工作小组召开会议，对于各组成部门提交的初步扣分意见进行集体讨论和商议决策，得出统一意见，形成合规风控考核结果。

合规风控考核工作小组工作机构将该考核结果发送被扣分机构。

第十五条 被扣分机构在3日内对考核结果未提出异议的，合规风控考核工作小组工作机构应按照公司要求，将考核结果报送人力资源部。

第五章 异议处理

第十六条 被扣分机构认为合规风控考核结果明显不合理、存在异议的，可采取书面形式（应注明申诉单位、申诉事项、申诉理由等）向合规风控考核工作小组提出复议或申诉。

第十七条 合规风控考核工作小组收到书面申诉材料后，应主动听取申诉机构的意见，结合具体事项再次进行评价，形成最终考核结果后，反馈至申诉机构并发送人力资源部。

第十八条 上述异议事项的处理应在收到书面材料后10个工作日内完成并答复。对于合规风控考核工作小组无法协调的事项，应报公司总经理或公司薪酬与考核管理委员会议定。

第六章 考核结果应用

第十九条 公司合规风控考核结果确定后发送人力资源部，由人力资源部汇总考核结果后提交公司薪酬与考核管理委员会审议，审议通过后与被考核对象的绩效奖金、薪酬以及职级调整挂钩。

第二十条 年度合规风控考核结果将同时发送给各位公司领导，为其对机构和个人考评打分时提供参考。

第二十一条 合规风控考核扣分所涉及重大违法违规的行为人及其所在机构，经公司薪酬与考核管理委员会审议后，可取消其参加公司年度各类评优评先的资格。

第七章 其他事项

第二十二条 与考核小组成员或其组成部门有利害关系的事项，相关人员及部门应执行利益回避，不参与讨论和表决。

第二十三条 合规风控考核各项档案应进行纸质留痕，相关资料保存期限不少于10年。

第八章 附则

第二十四条 本办法由公司合规法律部、风险管理部、稽核审计部、质量控制部负责解释和修订。

第二十五条 本办法自发布之日起施行。

（六）合规信息化建设

企业信息管理体系包括合规信息的咨询、报告、检举、记录、识别、监测、处理、评估、建议等。

国务院国资委《中央企业合规管理指引（试行）》第24条规定："强化合规管理信息化建设、通过信息化手段优化管理流程，记录和保存相关信息。运用大数据等工具，加强对经营管理行为依法合规情况的实时在线监控和风险分析，实现信息集成与共享。"国务院国资委《中央企业合规管理办法》第33条规定："中央企业应当加强合规管理信息化建设，结合实际将合规制度、典型案例、合规培训、违规行为记录等纳入信息系统。"第34条规定："中央企业应当定期梳理业务流程，查找合规风险点，运用信息化手段将合规要求和防控措施嵌入流程，针对关键节点加强合规审查，强化过程管控。"第35条规定："中央企业应当加强合规管理信息系统与财务、投资、采购等其他信息系统的互联互通，实现数据共用共享。"第36条规定："中央企业应当利用大数据等技术，加强对重点领域、关键节点的实时动态监测，实现合规风险即时预警、快速处置。"

示例

公司信息化建设管理暂行规定

第一章 总则

为了规范信息化建设的管理，构建稳定、安全、经济、高效、可持续的信息支撑体系，提高企业管理现代化水平，推动集团公司又好又快发展，制定本规定。

信息化建设坚持统一规划、统一标准、统一计划、统一建设（以下简称"四统一"）的原则，以防止产生信息孤岛和重复建设。

本规定所称信息化建设，是指以计算机、通信、网络及其他现代信息技术为主要手段的信息基础设施和应用系统（包括办公自动化系统、各类应用及管理信息系统、应用集成等）的建设与升级。

第二章 统一规划

集团公司信息化建设规划根据集团公司总体发展战略规划，结合信息化建设现状和信息技术发展趋势编制。

集团公司信息中心负责编制信息化建设规划，报集团公司研究审定后实施，其作为信息化建设项目立项的依据。

各子（分）公司应编制与集团公司信息化建设总体规划相配套的信息化建设规划，报集团公司信息中心备案。

第三章 统一标准

集团公司建立统一的信息化标准体系，信息化标准体系由集团公司信息中心会同相关部门制定，报集团公司批准后执行。

集团公司所有信息化项目必须采用统一的标准体系，原信息系统必须按统一标准进行更新。

第四章 统一计划

各子（分）公司、集团公司各部门依据集团公司信息化建设总体规划和实际需求，编制年度信息化建设建议计划，经集团公司信息中心审核，报集团公司批准后列入子（分）公司和集团公司年度工程计划。

计划一经批准必须严格执行，严禁计划外项目发生，未列入计划的项目一律不予拨付资金。

已下达计划的项目在执行过程中发生变更或需要追加投资的，应当按照计划申报程序报批。

第五章 统一建设

集团公司信息化项目由集团公司信息中心和项目需求单位共同负责建设，各子（分）公司、集团公司各部门不得自行建设和重复建设。

严把需求管理关。需求单位负责提供项目的建设目标、详细的业务流程和功能要求，必须做到业务范围界定清晰。

严把方案设计关。集团公司信息中心负责信息化项目设计方案的审核，重大信息化项目由集团公司信息中心组织方案设计。设计方案未经集团公司信息中心审核批准的项目一律不得实施。

严把实施监管关。集团公司信息中心和项目需求单位要加强对信息化项目实施过程的监管，共同协调解决项目实施中的问题，严控实施风险。

严把项目验收关。集团公司信息中心负责牵头组织信息化项目的验收，严格按照项目建设目标和国家、行业及集团公司的有关标准进行验收。

基建工程项目中含有信息化建设内容的，依照本规定执行。集团公司在工程项目验收时将信息化建设纳入验收内容，集团公司信息中心参与项目验收。

第六章 日常管理

集团公司信息中心应加强对信息资源的整合，实现信息资源共享。各单位外购信息资源必须及时报集团公司信息中心备案。

信息系统使用单位必须严格按照系统要求操作，制定完善的运行管理制度，确保所有业务数据及时、准确录入系统，确保数据安全。所有信息系统管理员资料及口令必须报集团公司信息中心备案。

除集团公司可设置对外网站外，子公司设置对外网站必须报集团公司信息中心审核，其他单位和部门一律不得自行设置对外网站。对外网站不得发布违反国家法律、法规的内容；不得擅自发布涉及集团公司商业秘密等信息。

集团公司信息中心要加强计算机和应用系统的培训和技术交流工作，加强技术研究与创新，不断提高集团公司信息化管理队伍、建设队伍和应用队伍的水平。

第七章 监督奖惩

集团公司信息中心会同计划财务、纪检审计等部门不定期对本规定的执行情况进行监督、检查。

信息化建设必须做到项目按计划、实施按设计、竣工有验收。未经批准擅自建设、擅自变更设计方案的，按计划外工程依照集团公司有关规定给予处罚。

对项目建设发生重大事故影响集团公司网络运行和网络安全的、擅自发布集团公司商业秘密等信息给集团公司造成不良影响和损失的，集团公司将通报批评并对相关单位负责人和直接责任人进行处理。

对信息化建设管理及应用较好的单位，集团公司将给予适当奖励。

第八章 附则

本规定由集团公司信息中心负责解释。

（七）合规培训

合规培训是企业建设合规文化的经济、有效的方式之一。企业完成合规管理体系建设后，要积极开展合规培训工作，内容包括合规管理制度、合规管理操作指南、员工诚信合规守则等。

企业开展合规培训需要考虑培训计划、培训对象、培训目标、培训内容、培训讲师、培训效果和培训改善等内容，需要建立一套完备的合规培训体系。

合规培训体系一般涵盖合规主题分类、合规对象层级划分、合规师资管理，以及合规培训课程体系、合规培训考评体系等内容。

示例

董事、监事和高级管理人员合规培训制度

第一章　目的

第一条　为了加强公司董事、监事、高级管理人员的培训管理，防范公司以及董事、监事、高级管理人员被行政处罚、被刑事追诉等合规风险，特制定本规定。

第二章　适用范围

第二条　本制度适用于公司董事、监事、高级管理人员的内部合规培训。

第三章　组织领导

第三条　人力资源部和证券事务部共同履行如下职责：制定、修订公司董事、监事、高级管理人员培训制度、培训计划、培训方案、培训课程，提交合规委员会审议通过后实施；拟定、呈报公司董事、监事、高级管理人员年度、季度培训课程、培训费用；收集培训课程，公布、通告培训信息。培训实施的组织、督导、追踪与考核；建立公司董事、监事、高级管理人员培训档案，包括培训时间、培训内容、培训方式、培训师、培训人数、培训考核等。

第四条 合规委员会对于人力资源部、证券事务部共同制定的董事、监事、高级管理人员培训制度、培训计划、培训方案、培训课程等进行监督审查，合规委员会审核通过后，培训制度、培训计划、培训方案、培训课程等方可实施。

第五条 证券事务部对于培训课程的内容进行实质审核，审查其内容是否紧贴法律、司法解释、行政监管规范等内容，防止无效合规培训。

第六条 人力资源部应当配合薪酬与考核委员会对于公司董事、监事、高级管理人员按期、按质培训情况进行考核，董事、监事、高级管理人员参与合规培训的考核情况应该计入薪酬考核中，实现培训质量与绩效薪酬相关联。

第四章 培训内容

第七条 培训内容包括但不限于以下内容：针对上市公司及其董事、监事、高级管理人员特有的行政监管措施、纪律处分、行政处罚类型及其影响；上市公司及其董事、监事、高级管理人员证券交易、信息披露等常见行政处罚案例以及规范；证监会行政处罚程序以及处置应对；上市公司及其董事、监事、高级管理人员常见犯罪相关的规范以及案例等。

第五章 培训考核

第八条 培训结束后，人力资源部根据公司董事、监事、高级管理人员培训考勤情况、试卷、分组讨论、个人书面总结等方式进行考核，相关的考核结果通报合规委员会、薪酬与考核委员会、证券事务部，考核结果由人力资源部门保管备存。

第六章 培训纪律

第九条 公司董事、监事、高级管理人员应当高度重视合规培训对于公司及其个人的意义，应充分主动积极参与公司组织的董事、监事、高级管理人员合规培训。自觉接受合规委员会与薪酬与考核委员会依据培训考核结果所做出的决定。

第七章 附则

第十条 本制度由人力资源部、证券事务部共同制定，经董事会决议通过后生效。

第十一条 本制度未规定的部分（包括制度以及对应的流程）参照《公司培训管理规定》施行或者适用。

公司董事会
年　月　日

（八）合规报告

国务院国资委《中央企业合规管理指引（试行）》第28条规定："建立合规报告制度，发生较大合规风险事件，合规管理牵头部门和相关部门应当及时向合规管理负责人、分管领导报告。重大合规风险事件应向国资委和有关部门报告。合规管理牵头部门于每年年底全面总结合规管理工作情况，起草年度报告，经董事会审议通过后及时报送国资委。"

国务院国资委《中央企业合规管理办法》第22条规定："中央企业发生合规风险，相关业务及职能部门应当及时采取应对措施，并按照规定向合规管理部门报告。中央企业因违规行为引发重大法律纠纷案件、重大行政处罚、刑事案件，或者被国际组织制裁等重大合规风险事件，造成或者可能造成企业重大资产损失或者严重不良影响的，应当由首席合规官牵头，合规管理部门统筹协调，相关部门协同配合，及时采取措施妥善应对。中央企业发生重大合规风险事件，应当按照相关规定及时向国资委报告。"

合规报告分定期报告制度、日常报告制度与专项报告制度。

■ 示例

公司年度合规报告编制指引（以证券公司为例）

【工作依据】

《证券公司和证券投资基金管理公司合规管理办法》第三十条　证券基金经营机构应当在报送年度报告的同时向中国证监会相关派出机构报送年度

合规报告。年度合规报告包括下列内容：

（一）证券基金经营机构和各层级子公司合规管理的基本情况；

（二）合规负责人履行职责情况；

（三）违法违规行为、合规风险隐患的发现及整改情况；

（四）合规管理有效性的评估及整改情况；

（五）中国证监会及其派出机构要求或证券基金经营机构认为需要报告的其他内容。

证券基金经营机构的董事、高级管理人员应当对年度合规报告签署确认意见，保证报告的内容真实、准确、完整；对报告内容有异议的，应当注明意见和理由。

【工作流程】

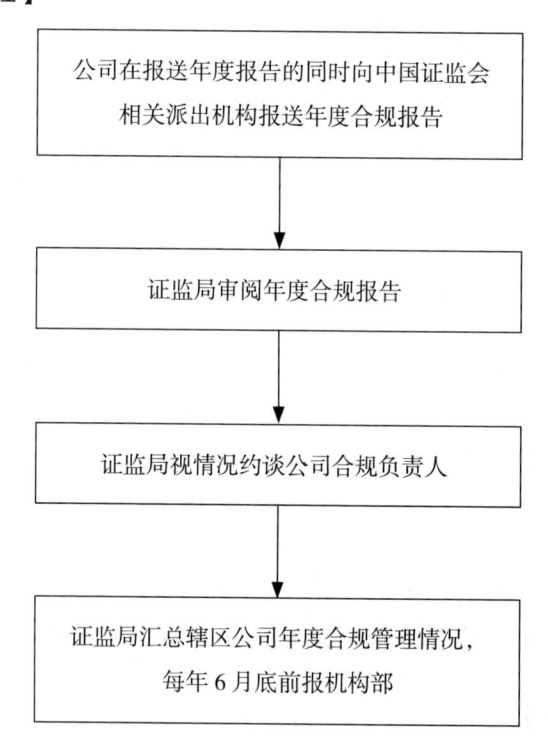

```
┌─────────────────────────────────────┐
│ 公司在报送年度报告的同时向中国证监会    │
│ 相关派出机构报送年度合规报告           │
└─────────────────────────────────────┘
                 ↓
┌─────────────────────────────────────┐
│        证监局审阅年度合规报告           │
└─────────────────────────────────────┘
                 ↓
┌─────────────────────────────────────┐
│    证监局视情况约谈公司合规负责人        │
└─────────────────────────────────────┘
                 ↓
┌─────────────────────────────────────┐
│   证监局汇总辖区公司年度合规管理情况，   │
│        每年6月底前报机构部              │
└─────────────────────────────────────┘
```

【年度合规报告内容与格式指引】

1. 总体要求。

证券公司年度合规报告应当包括以下内容：

（1）证券公司及子公司合规管理基本情况。

（2）证券公司合规负责人及合规管理部门履行合规管理职责情况。

（3）证券公司及其子公司违法违规行为、合规风险隐患的发现及整改情况。

（4）证券公司合规履职保障等情况。

（5）证券公司合规管理有效性评估及整改情况。

（6）本年度重点监管要求落实情况。

（7）下一年度合规管理重点工作计划。

（8）报告期内其他重要事项。

2. 证券公司及子公司合规管理基本情况。

应当包括以下内容：

（1）公司合规管理的目标。

（2）公司董事会、监事会、经营管理层、各部门及分支机构履行合规管理职责的基本情况。包括但不限于：对公司各层级是否充分履行了相应合规管理职责、公司合规目标实现情况等的分析判断。

（3）公司及子公司合规管理制度、合规管理机制及合规管理组织架构的建设与完善情况。包括但不限于：公司合规制度制定与修订、合规管理职责划分、合规管理架构、组织体系等方面的情况；重点说明对公司主要业务部门、分支机构合规管理人员的管理模式。

（4）各层级子公司合规管理工作开展情况。包括但不限于：母公司对子公司的合规管理架构、组织体系、日常管理及子公司配合执行等情况。

3. 证券公司合规负责人及合规管理部门履行合规管理职责情况应当包括以下内容：

（1）合规审查：合规负责人对公司内部规章制度、重大决策、新产品和新业务方案等进行合规审查并出具合规审查意见的情况和被采纳的情况，详细说明合规审查意见未被采纳的有关情况。

（2）合规检查：公司合规管理部门制定的合规检查计划、合规检查方式方法（合规部门主导检查或联合其他部门检查等）以及合规检查发现的问题和整改情况等；重点报告针对重大违法违规行为或内部缺陷进行的专项合规检查的内容。

（3）合规咨询：公司合规管理部门为各部门、子公司和分支机构提供合规咨询的情况，对重大、疑难问题出具书面法律合规咨询意见的情况。

（4）合规宣导与培训：公司合规管理部门、相关部门和分支机构开展合规宣导与培训的主题、内容、方式、形式、频率、时间、对象等；合规管理部门对各部门合规宣导与培训工作落实情况开展督导的情况。

（5）日常合规监测：公司日常合规监测机制的建设与执行情况，说明公司报告期内对员工行为的合规监测情况，以及监测发现问题的处理情况。

（6）信息隔离墙专项工作：包括公司信息隔离墙管理制度建设情况；公司与子公司之间因各自业务开展或业务协作过程中涉及的内幕信息及敏感信息的管控机制；公司信息隔离墙管理系统运行情况（如有）；对报告期之前信息隔离墙专项工作薄弱环节的改进情况（如有）；信息隔离墙相关制度、机制实施情况的合规检查（如有）；其他信息隔离墙工作。

（7）合规风险处置：公司合规风险处置机制及合规风险处置情况，包括相关业务合规风险的梳理排查、对相关责任主体进行合规风险提示、对责任单位进行督导整改和督促公司追究责任等。证券公司合规问责机制建立情况，对在经营管理及执业过程中违反法律、法规和准则的责任人或责任单位进行合规问责的情况。

（8）监管沟通与配合：公司合规负责人以及合规管理部门与监管部门、自律组织的沟通情况；支持、配合监管部门和自律组织参与行业研讨、规则制定及行业创新项目专业评审等工作。

（9）其他重点或专项工作情况：报告期内合规管理部门指导反洗钱、诉讼仲裁、投诉处理、法律法规追踪等重点工作情况,以及由合规管理部门牵头开展的其他重点或专项工作情况,具体内容由公司结合自身情况确定。

4.证券公司及其子公司违法违规行为、合规风险隐患的发现及整改情况应当包括以下内容:

(1)公司违法违规行为、合规风险的发现与监管部门(含自律组织)处罚及整改情况。

①本年度公司及子公司重大风险事件基本情况。

②公司、董监高、分支机构、子公司被立案调查、行政处罚或被采取监管措施、自律措施、自律处分等的情况及整改情况。

③公司除董监高外的员工、离职员工因个人在公司任职期间违法违规被立案调查、行政处罚、刑事处罚等的情况。

④配合中国证监会及其派出机构和自律组织对公司的审核、检查和调查情况。

(2)公司既往风险事项在本年度的处置情况。

5.证券公司合规履职保障等情况应当包括以下内容:

(1)合规管理人员配置情况。合规管理部门人员配置落实法律、法规、自律规定的情况,包括合规管理部门人员总数、合规管理部门人数占公司总部人数比例、业务部门和分支机构专兼职合规管理人员总数和配置情况、合规管理人员的专业背景和工作经验情况、子公司配备合规管理人员情况等。

(2)合规考核及其他部门配合情况。合规管理部门对其他部门、分支机构合规管理人员的考核、管理机制建立情况及实际执行情况。公司人力资源部门对合规管理部门人员配置等的规划及需求响应情况。公司在对高级管理人员和下属单位进行考核时,合规负责人出具书面合规性专项考核意见的情况。

(3)合规负责人变更、离任、辞职、代行等情况。包括原合规负责人离任原因,公司审批流程、监管报备流程及监管回复意见,合规负责人离任后代行合规负责人职务的人员、代行时间，新任合规负责人的公司审议流程、监管报备流程以及监管回复意见等。

（4）合规人员薪酬保障落实情况。附送经人力部门负责人和公司主要负责人签字确认的合规负责人及合规管理人员薪酬情况报告。

6.证券公司合规管理有效性评估及整改情况应当包括以下内容：

（1）公司合规管理有效性评估体系的建立情况。包括内部评估实施主体和独立性情况，报告期内实施内部合规管理有效性评估和聘请外部专业机构进行合规管理有效性评估的情况。

（2）公司合规管理有效性制度的制定、修订情况。

（3）报告期内公司合规管理有效性评估报告的评估结果，评估报告指出的不足及需要整改之处。包括公司内部部门出具的评估报告和聘请的外部专业机构出具的评估报告。

（4）上年度合规管理有效性评估报告发现问题的整改情况。

同时，应附送公司内部部门及外部专业机构出具的合规有效性评估报告。

7.本年度重点监管要求落实情况应当包括以下内容：

证券公司落实证监会、中证协新制定、修订重要规章及自律规则的情况，落实证监会重大监管工作要求和工作部署的情况。

8.下一年度合规管理重点工作计划应当包括以下内容：

证券公司应当结合监管形势变化和公司实际情况，报告下一年度合规管理重点工作计划。

9.报告期内的其他重要事项。

（九）违规调查与问责

1.相关规定

《中央企业合规管理指引（试行）》第21条规定："强化违规问责，完善违规行为处罚机制，明晰违规责任范围，细化惩罚标准。畅通举报渠道，针对反映的问题和线索,及时开展调查,严肃追究违规人员责任。"

《中央企业合规管理办法》第 24 条规定:"中央企业应当设立违规举报平台,公布举报电话、邮箱或者信箱,相关部门按照职责权限受理违规举报,并就举报问题进行调查和处理,对造成资产损失或者严重不良后果的,移交责任追究部门;对涉嫌违纪违法的,按照规定移交纪检监察等相关部门或者机构。中央企业应当对举报人身份和举报事项严格保密,对举报属实的举报人可以给予适当奖励。任何单位和个人不得以任何形式对举报人进行打击报复。"第 25 条规定:"中央企业应当完善违规行为追责问责机制,明确责任范围,细化问责标准,针对问题和线索及时开展调查,按照有关规定严肃追究违规人员责任。中央企业应当建立所属单位经营管理和员工履职违规行为记录制度,将违规行为性质、发生次数、危害程度等作为考核评价、职级评定等工作的重要依据。"

《企业境外经营合规管理指引》第 20 条规定,企业应根据自身特点和实际情况建立和完善合规信息举报体系。员工、客户和第三方均有权进行举报和投诉,企业应充分保护举报人。合规管理部门或其他受理举报的监督部门应针对举报信息制定调查方案并开展调查。形成调查结论以后,企业应按照相关管理制度对违规行为进行处理。

《关于建立国有企业违规经营投资责任追究制度的意见》的第二部分规定了国有企业的责任追究范围。国有企业经营管理人员违反国家法律法规和企业内部管理规定,未履行或未正确履行职责致使发生下列情形造成国有资产损失以及其他严重不良后果的,应当追究责任:

(1)集团管控方面。所属子企业发生重大违纪违法问题,造成重大资产损失,影响其持续经营能力或造成严重不良后果;未履行或未正确履行职责致使集团发生较大资产损失,对生产经营、财务状况产生重大影响;对集团重大风险隐患、内控缺陷等问题失察,或虽发现但没有及时报告、处理,造成重大风险等。

(2)购销管理方面。未按照规定订立、履行合同,未履行或未正确履行职责致使合同标的价格明显不公允;交易行为虚假或违规开展"空转"贸易;利用关联交易输送利益;未按照规定进行招标或未执行招标结果;违反规定提供赊销信用、资质、担保(含抵押、质押等)或预付款项,利用业务预付或物资交易等方式变相融资或投资;违规开展商品期货、期权等衍生业务;未按规定对应收款项及时追索或采取有效保全措施等。

(3)工程承包建设方面。未按规定对合同标的进行调查论证,未经授权或超越授权投标,中标价格严重低于成本,造成企业资产损失;违反规定擅自签订或变更合同,合同约定未经严格审查,存在重大疏漏;工程物资未按规定招标;违反规定转包、分包;工程组织管理混乱,致使工程质量不达标,工程成本严重超支;违反合同约定超计价、超进度付款等。

(4)转让产权、上市公司股权和资产方面。未按规定履行决策和审批程序或超越授权范围转让;财务审计和资产评估违反相关规定;组织提供和披露虚假信息,操纵中介机构出具虚假财务审计、资产评估鉴证结果;未按相关规定执行回避制度,造成资产损失;违反相关规定和公开公平交易原则,低价转让企业产权、上市公司股权和资产等。

(5)固定资产投资方面。未按规定进行可行性研究或风险分析;项目概算未经严格审查,严重偏离实际;未按规定履行决策和审批程序擅自投资,造成资产损失;购建项目未按规定招标,干预或操纵招标;外部环境发生重大变化,未按规定及时调整投资方案并采取止损措施;擅自变更工程设计、建设内容;项目管理混乱,致使建设严重拖期、成本明显高于同类项目等。

(6)投资并购方面。投资并购未按规定开展尽职调查,或尽职调查未进行风险分析等,存在重大疏漏;财务审计、资产评估或估值违反相关规定,或投资并购过程中授意、指使中介机构或有关单位出具虚假报告;未按规定履行决策和审批程序,决策未充分考虑重大风险因素,未制定风险防范预案;违规以各种形式为其他合资合作方提供垫资,或通过高溢价并购等手段向关联方输送利益;投资合同、协议及标的企业公司章程中国有权益保护条款缺失,对标的企业管理失控;投资参股后未行使股东权利,发生重大变化未及时采取止损措施；违反合同约定提前支付并购价款等。

（7）改组改制方面。未按规定履行决策和审批程序；未按规定组织开展清产核资、财务审计和资产评估；故意转移、隐匿国有资产或向中介机构提供虚假信息，操纵中介机构出具虚假清产核资、财务审计与资产评估鉴证结果；将国有资产以明显不公允低价折股、出售或无偿分给其他单位或个人；在发展混合所有制经济、实施员工持股计划等改组改制过程中变相套取、私分国有股权；未按规定收取国有资产转让价款；改制后的公司章程中国有权益保护条款缺失等。

（8）资金管理方面。违反决策和审批程序或超越权限批准资金支出；设立"小金库"；违规集资、发行股票（债券）、捐赠、担保、委托理财、拆借资金或开立信用证、办理银行票据；虚列支出套取资金；违规以个人名义留存资金、收支结算、开立银行账户；违规超发、滥发职工薪酬福利；因财务内控缺失，发生侵占、盗取、欺诈等。

（9）风险管理方面。内控及风险管理制度缺失，内控流程存在重大缺陷或内部控制执行不力；对经营投资重大风险未能及时分析、识别、评估、预警和应对；对企业规章制度、经济合同和重要决策的法律审核不到位；过度负债危及企业持续经营，恶意逃废金融债务；瞒报、漏报重大风险及风险损失事件，指使编制虚假财务报告，企业账实严重不符等。

（10）其他违反规定，应当追究责任的情形。

违规经营会给企业带来资产损失和声誉损失，企业应当在调查核实的基础上，依据有关规定认定损失金额及影响。资产损失分为一般资产损失、较大资产损失和重大资产损失。划分标准由各级国资委确定，各国有企业可以基于国资委标准制定更严格的资产损失认定等级。为方便认定，通常把资产损失划分为直接损失和间接损失。

按《中央企业违规经营投资责任追究实施办法（试行）》的规定，中央企业违规经营投资资产损失500万元以下为一般资产损失，500万元（含）以上5000万元以下为较大资产损失，5000万元（含）以上为重大资产损失。

国务院办公厅《关于建立国有企业违规经营投资责任追究制度的意见》指出："以国家法律法规为准绳，严格执行企业内部管理规定，对违反规定、未履行或未正确履行职责造成国有资产损失以及其他严重不良后果的国有企业经营管理有关人员，严格界定违规经营投资责任，严肃追究问责，实行重大决策终身责任追究制度。"

违规经营责任根据工作职责划分为三类：（1）直接责任是指相关人员在其工作职责范围内，违反规定，未履行或未正确履行职责，对造成的资产损失或其他严重不良后果起决定性作用时应当承担的责任；（2）主管责任是指相关人员在其主管（分管）工作职责范围内，违反规定，未履行或未正确履行职责，对造成的资产损失或其他严重不良后果应当承担的责任；（3）领导责任是指企业主要负责人在其工作职责范围内，违反规定，未履行或未正确履行职责，对造成的资产损失或其他严重不良后果应当承担的责任。

2. 公司免责事项清单

（1）开展投资业务方面。

①严格执行决策程序并充分评估和积极防控偷袭风险，因客观上无法先行预见的相关政策重大调整、外部环境重大变化，造成资产损失或其他不良后果的；

②在境外投资中，严格开展尽职调查，遵守所在地法律及相关国际规则，因国际局势、所在地重大突发事件等不可预见因素，造成资产损失或其他不良后果的；

③在集体决策时明确表示异议或反对的。

（2）深化企业改革方面。

①在实施混合所有制改革中，严格执行决策程序，依法依规操作，因合作方重大意外变故导致经营困难或破产清算，虽及时反应并全力补救追偿，仍造成资产损失或其他不良后果的；

②在推进企业重组和专业化整合中，为推动企业核心战略发展、发挥整

体竞争优势，主动作为、积极探索，因先行先试、缺乏改革经验，造成资产损失或其他不良后果的；

③在推动企业管理体制进行突破性、创新性变革中，严格执行决策程序，因先行先试、经验不足，未能实现预期目标或造成资产损失的；

④开展商业模式、经营方式或业务创新，因先行先试、缺乏经验出现偏差，造成资产损失或其他不良后果的。

（3）实施创新驱动、发展战略方面。

①在组织研发创新中，加快打造原创技术策源地、现代产业链主企业，或者开展原创技术研究、推动产业链协同发展，因技术路线选择、产业关键技术研发等存在重大不确定性，造成资产损失或其他不良后果的；

②在推动重大装备国产化中，充分利用相关支持政策，促进首台重大技术装备示范应用，因技术标准不成熟、装备性能不稳定、配套设备不系统等因素，造成资产损失或其他不良后果的。

（4）资产处置方面。

①在资产交易中，严格执行资产交易有关规定，确保交易资产处于合理状态，因自然灾害、征收征用等导致资产毁损、灭失、所有权受限或其他不良后果的；

②在不良资产处置中，为避免进一步的损失必须进行资产处置，处置时形成新的损失但轻于不处置所带来损失的。

（5）其他情况。

①在企业优化业务发展布局、积极参与市场竞争、抢夺市场先机中，严格执行决策程序，因市场发生重大变化、政策出现重大调整等不可预见因素，造成资产损失或其他不良后果的；

②在处理历史遗留问题中，从推动问题解决和有利企业发展角度担当作为，依据当时可获取资料开展工作，因后续出现新的证据，使原认定事实或法律关系发展变化，造成资产损失或其他不良后果的；

③在处置突发事件中，无法及时履行集体决策程序，临机决断采取紧急

措施，造成资产损失或出现一定失误错误、引发矛盾，事后及时报告并履行决策程序得到追认的；

④在推进问题整改工作中，落实有关监管方面提出的经营投资整改工作要求，积极组织整改，因司法诉讼、政策限制等不可控因素，造成未按期全面完成整改的；

⑤对于自然灾害等不可抗力因素、难以预见因素及根据有关规定可以适用的其他情形，可予以免责。

示例

公司违规调查与问责管理办法

第一条 为贯彻"规范运作、稳健经营、诚信为本、客户至尊"的经营理念，加强合规风险管理，规范员工岗位操作行为，落实合规风险管理责任，结合公司业务实际，制定本办法。

第二条 本办法所指合规问责是指公司对违反岗位相关法规、准则或者不认真履行应尽的职责，违反公司合规经营理念，致使公司受法律制裁、监管处罚、重大财务损失和声誉损失的风险的行为进行责任追究。

第三条 公司实行董事会领导下的总裁合规问责制度，总裁在授权范围内对公司的日常经营管理活动的合规性负责，分管副总裁对分管部门的经营管理活动的合规性负责，部门负责人对本部门的经营管理活动的合规性负责，员工对本岗位业务活动的合规性负责。

第四条 公司根据业务发展需要设置岗位，并编制相应岗位的《合规手册》，明确各岗位职能及相关行为规范准则。

第五条 公司所有员工应自觉树立合规创造价值的合规理念，认真履行本岗位职责，依法合规办理各项业务。

第六条 公司对员工的合规问责遵循"区别责任，有错必究，教育与处罚相结合"的原则。

第七条 本办法规定的合规问责主要包括以下内容：

（一）违反相关法律法规、规章、行业管理办法等规定的行为；

（二）违背公司"规范运作、稳健经营、诚信为本、客户至尊"经营理念的行为；

（三）违反公司各项规章制度及业务操作流程，超越授权范围，擅自办理业务的行为；

（四）未认真履行岗位职责的行为；

（五）利用工作便利，索要钱财、接受贿赂、谋取不当利益的行为；

（六）对下属疏于管理教育，导致违法违规案件发生；

（七）公司认为需要进行合规问责的其他事项。

第八条 员工发生违反合规行为的，公司将视情节轻重、责任大小、影响或损失程度、认识态度等给予处罚。

第九条 本办法自公布之日起执行。

（十）外规内化

根据国务院国资委《中央企业合规管理指引（试行）》的规定，合规是指中央企业及其员工的经营管理行为符合法律法规、监管规定、行业准则和企业章程、规章制度以及国际条约、规则等要求。由此可见，外规内化是合规管理的核心主线。

做好外规内化工作，可通过以下途径进行：

一是落实负责部门主体责任，及时监测、收集与企业和职能相关的外部法律法规、监管制度、行业规范、准则等，内化为内部制度，为公司的生产经营提供法律依据，确保依法合规。

二是通过外部制度和内部制度的差异分析，及时调整内部制度的有关规定，以适应新的法规环境，保持企业制度与外规要求的一致性，并在外规发生变化的时候，落实相关责任部门完成内规的修编，促进制度迭代升级。

示例

公司管理外规内化全梳理（以商业银行为例）

监管合规是底线。商业银行市场风险管理体系的建设，第一要务是确保合规，在此前提下，才能进一步考虑商业银行自身的管理偏好与需求。全面、准确的外规内化，是商业银行建立健全市场风险管理体系的首要关键行动。

外规内化过程，需要先确定主线法规范，体系建设主要基于主线法规范而展开；其次需要考虑关联法规范，以确保市场风险管理与其他管理活动之间有机协调，互为补充。

一、两件主线法规范

《商业银行市场风险管理指引》《银行业金融机构全面风险管理指引》是商业银行建立健全本行市场风险管理体系应遵循的主线法规。这两项主线法规，明确指出了商业银行市场风险管理体系应包括的主要内容。

二、十三个主要制度

《商业银行市场风险管理指引》对市场风险管理政策和程序提出了十项主要内容，这十项内容均需通过管理制度内化为商业银行自身的管理规范。此外，《商业银行市场风险管理指引》中以"应制定""应采取措施"等方式对账簿分类、并表管理、模型管理、压力测试、重大事项报告、专项管理等提出了制度规范性要求。

完整来看，按照监管要求，商业银行需要制定以下十三项市场风险管理制度，对于市场风险管理复杂度不高的银行，可以适当归并，但仍需覆盖十三项主要内容。

1. 市场风险管理办法；
2. 投资交易类产品准入管理办法；
3. 市场风险限额管理办法；
4. 市场风险数据与系统管理办法；
5. 市场风险内控与审计管理办法；

6. 市场风险资本管理办法；

7. 市场风险应急管理办法；

8. 账簿分类管理办法；

9. 市场风险并表管理办法；

10. 市场风险模型管理办法；

11. 市场风险压力测试管理办法；

12. 市场风险利率／汇率／……管理办法；

13. 市场风险重大事项报告制度。

三、八件关联法规范

除了主线法规范之外，还有八件监管法规范与市场风险的主要管理环节存在关系，在外规内化过程中，需要协同确定管理政策与程序。

1.《关于进一步加强商业银行市场风险管理工作的通知》

该通知是对《商业银行市场风险管理指引》具体执行过程的强调和细化，新增合规标准主要包括董事会报告频率、团队配置、估值管理等方面。

2.《商业银行资本管理办法（试行）》[①]

该办法主要明确了市场风险资本计量的范围和方法。商业银行的资本管理对外要满足监管要求，对内要体现经营目标，把资本和业务规划、绩效考核有机结合起来。

商业银行通常会针对监管资本的统计报告、经济资本的计量与考核建立一套完整的管理体系，市场风险资本的计量、监测、报告与管理需要与商业银行的以上管理有机结合，协同配合。

3.《商业银行银行账簿利率风险管理指引》

该指引主要规范了银行账簿利率风险的管理要求和计量要求。按照《商业银行市场风险管理指引》，银行账簿利率风险也应当是市场风险管理的一部分，但在实践中，银行账簿利率风险和交易性市场风险（需要计量市场风险资本）在计量方法、管理逻辑、管理手段上都存在较大差别，且银行账簿

---

① 本办法中的第25条已被《系统重要性银行附加监管规定（试行）》废止。

利率风险和资产负债管理存在着密不可分的联系。

4.《商业银行压力测试指引》

压力测试管理是一套技术复杂度高、覆盖面广、管理层级高、监管要求高的专项管理。商业银行的压力测试牵头管理部门需要统筹不同种类压力测试，市场风险压力测试除了要做好自身的常规压力测试之外，还需要做好与全面压力测试的协同，特别应当关注市场风险与其他风险的相关性管理。

5.《商业银行金融工具公允价值估值监管指引》

估值管理包括前台定价估值、中台风险估值和后台入账估值。《商业银行市场风险管理指引》的管理对象是中台风险估值，《商业银行金融工具公允价值估值监管指引》的管理对象是后台入账估值。同时，估值管理也是商业银行内部资本充足评估的重要方面。

因此，如何建立估值管理体系，是市场风险管理体系中无法回避的问题。理想的情况下，前台、中台、后台各自独立估值，另设产品控制团队管理中台风险估值与后台入账估值的差异。但是，在不少商业银行，系统情况不支持前、中、后台各自独立估值，模型团队配置、产品控制团队配置都不到位，无法支撑中后台估值的参数管理与差异监测。

此时有可能存在市场风险管理的政策与流程需要更有效地覆盖估值管理的监管合规要求。

6.《商业银行并表管理与监管指引》

该指引对商业银行市场风险管理的并表管理提出了以下要求：

（1）商业银行应当确保银行集团的市场风险管理体系适用于各附属机构，并特别关注银行集团内不同机构对同类产品或单一货币等形成的风险敞口情况。

（2）商业银行应当在银行集团并表基础上对……特定类别产品集中度风险进行分析，并重点监测银行集团复杂金融衍生交易的风险暴露。

（3）商业银行应当对整个银行集团的内部交易进行并表管理，……内部交易是指商业银行及其附属机构以及附属机构之间……金融市场交易和衍生交易、理财安排等。

商业银行在遵循《商业银行市场风险管理指引》以及《银行业金融机构全面风险管理指引》中关于并表管理要求的同时，对于附属机构市场风险的管理，还应符合以上监管要求。

7.《银行业金融机构衍生产品交易业务管理暂行办法》

该办法对金融机构、客户、衍生产品分类、衍生产品交易业务分类等内容进行界定，并明确金融机构从事衍生产品交易业务需经国家金融监督管理总局审批，接受国家金融监督管理总局监管。在第三章"风险管理"部分，对金融机构衍生产品交易的风险识别、计量、监测、控制等方面做出了相关要求，对客户类与自营类衍生产品交易的风险敞口与风险资本管理作出了明确规定。

衍生产品交易业务是市场风险管理的重要对象，商业银行建立健全市场风险管理体系，需要同时覆盖该办法对衍生产品的管理要求。

该办法完善了衍生产品交易业务原有的事前准入、事中持续监督、事后补偿资本的全流程监管体系，对于衍生产品交易新业务、新产品的准入、管理、定期评估提出了更加细致严格的要求，也需要商业银行在设计投资交易类产品准入管理机制的同时予以充分考量。

8.《商业银行金融创新指引》

该指引第五章"风险管理"部分明确了对金融创新活动的风险管理要求。按照监管要求，市场风险管理的政策和程序需要对可以交易或投资的金融工具进行管理。商业银行对于投资交易类产品的准入管理，应当充分结合该指引的金融创新管理要求，流程规范，报告到位。

第三节　合规专项制度

专项制度是指企业针对重点业务领域、风险易发、多发领域所制定的专项合规制度。专项制度的建设具有阶段性。

国务院国资委《中央企业合规管理指引（试行）》第13条规定了加强对市场交易、安全环保、产品质量、劳动用工、财务税收、知识产权、商业伙伴等重点领域的合规管理。

国务院国资委《中央企业合规管理办法》第18条规定："中央企业应当针对反垄断、反商业贿赂、生态环保、安全生产、劳动用工、税务管理、数据保护等重点领域，以及合规风险较高的业务，制定合规管理具体制度或者专项指南。中央企业应当针对涉外业务重要领域，根据所在国家（地区）法律法规等，结合实际制定专项合规管理制度。"

示例

企业合同管理办法

1.为规范合同管理，有效地控制风险、预防纠纷、保障权益、提高效益、顺利实现经营目标，根据相关法律法规，结合企业实际，特制定本办法。

2.本办法适用于以企业名义签署的所有合同，但劳动合同除外。

3."合同"是指企业在经营活动和业务交往中，与作为平等主体的自然人、法人及其他组织之间签署的，设立、变更、终止民事权利和义务关系的各类协议。

4.职责

（1）归口部门，指总裁办，负责审定企业合同示范文本、进行合同的法律审核、根据需要报告合同履行情况以及解释和修订本管理办法。

（2）主办部门，指合同的提出部门（包括项目组），负责组织、协调合同文本的准备、审核、签署、归档、跟踪等。

（3）会审部门，指参与合同审核的各部门，负责对与本部门职能范围相关的合同条款进行审核并相应提出意见。

5.合同的文本准备

（1）订立合同，主办部门应事先查证对方当事人的主体资格、履约能力、资信情况以及签约人的合法身份等。订立合同，均应采用书面形式，但可即时结清或按照一般交易习惯更适宜采用口头形式者除外。

（2）如已有合同文本，可予优先采用。

（3）已有合同文本是指企业制定的示范文本，政府主管部门/社会机构提供的示范文本，合同相对方提供的文本。

（4）如主办部门决定采用上述已有合同文本，合同文本可交由总裁办会同相关职能部门共同修订，但企业提供的示范文本或已经确认且无任何实质性改变的合同文本除外。

（5）如无已有合同文本，合同文本的拟定由主办部门会同总裁办及相关职能部门共同完成，包括拟定基本原则和主要条款。

（6）合同条款应详尽、完整，用语应准确、精炼。

（7）合同内容一般应包括：合同主体；标的或事由；权利与义务；价款或酬金及其支付方式与期限；履行的期限、地点、方式；违约责任；争议的解决等。

（8）对于经常性发生的合同，企业制定并采用示范合同文本。

（9）示范合同文本的拟制，由主办部门向总裁办提出需求后，总裁办应配合主办部门，共同拟制。

（10）草拟合同示范文本，主办部门负责商业条款内容；合同内容涉及其他部门职责的，相关部门应对职责范围内的合同内容负责草拟与审核；根据主办部门对合同的具体要求，总裁办法律顾问负责合同框架、法律条款的拟制以及规范性、合法性审核。

（11）示范合同文本草拟后，应经相关部室会审、修改，并由总裁办法律顾问对该文本最后审定并备案后，方可作为企业示范合同文本使用。

6.合同的谈判

（1）合同的谈判一般由项目组或合同的主办部门组织进行。

（2）项目所涉及各类合同以及其他重大合同的谈判均应当有企业法律顾问及其他相关专业人员一同参与，必要时可以聘请外部专业人员参与。主办部门对于谈判过程中的重要事项应当予以记录。

（3）记载或反映谈判重大进展或变化及其他重要信息的传真、电子邮件等，应当采用企业规定的传真、电子邮件模板，并由主办部门按有关规定进行保管。

7.合同的审核

（1）主办部门将合同提交签署之前，应交相关部室进行审核，主办部门应根据合同具体内容和关联程度及相关内控制度确定会审部室，会审部室除总裁办外，还应包括与合同内容有实质关联的相关部室。

（2）主办部门将合同交相关职能部室进行会审，应附有合同审核表。各会审部室应在规定时间内完成审核，并在审核表上填写审核意见。

（3）使用企业制定的示范合同文本的合同，各会审部室审核时间一般不应超过2个工作日。

（4）使用示范合同，不应对示范合同内容作实质性变更；凡对示范合同内容作实质性修改的，均应做出明显易见的标注或说明，并依照程序进行会审。

（5）主办部门按照会审部室的意见将合同文本修改后，可重新提交会审；若主办部门和会审部室不能达成一致意见，主办部门应上报其分管领导协调解决。

（6）需上报总裁办公会议或董事会审批级别的合同，在经部门审核或经部门会审后，由主办部门提交总裁办公会议或董事会审批决定。

（7）已按照本办法审核或批准的合同在交付签署之前，应经法律顾问对合同的合法性、规范性进行复核。

（8）合同经复核通过后，不得擅自修改，由总裁办法律顾问对合同进行编号并在合同审核表上加盖合同复核章后，交法定代表人或其授权委托人签署。

（9）总裁办法律顾问认为合同不符合合法性、规范性的要求，或发现仍然有重大法律风险的，应出具书面意见，并连同合同文本退回主办部门。

（10）被退回的合同由主办部门修改后再次交总裁办法律顾问复核。

8. 合同的授权与签署

（1）合同签署人应为企业法定代表人或其授权委托人（以下简称代理人），代理人不得超越权限签署合同。

（2）主办部门提交签署的合同，应按本办法完成审核并附合同审核表；合同需经总裁办公会议或董事会审议的，还应附有相关决议文件。

（3）授权分为一般授权和特别授权。

（4）一般授权是法定代表人对企业内部各层级管理人员根据既定的预算、计划以及相关内控制度等标准，就一般性、经常性的业务行为所进行的授权。

（5）在一般授权情况下，主办部门根据相关规定或者实际需求起草授权委托书，经总裁办法律顾问审核后，交董事会办公室提请法定代表人签署。

（6）特别授权是指考虑到对等原则、重要性原则及其他因素，由法定代表人特别授权有关人员签署合同。

（7）在需要特别授权情况下，主办部门或相关部门向董事会办公室提出特别授权申请，经核准后，由总裁办法律顾问根据特别授权申请起草授权委托书，并交董事会办公室提请法定代表人签署。

（8）代理人不得越权签订合同，也不得擅自转委托。

（9）代理人授权期满，或者调离本岗位，或者法定代表人撤回授权，以及因其他情形导致代理权终止的，代理人应当将授权委托书交总裁办法律顾问注销。

（10）合同原则上应当与合同对方当事人当面签订。对于确需企业先行签字并盖章，然后寄送对方签字并盖章的，应当采用在合同各页码之间加盖骑缝章、使用防伪印记等方法对合同文本加以控制，防止对方当事人任意增减、修改合同条款和内容。

9. 合同的归档

（1）合同签署后由主办部门及时归档。

（2）应予归档的合同资料主要包括：合同（含附件，下同）原件；授权书；相关决议；法律意见书；政府批文以及其他重要资料。

（3）合同资料由主办部门自行归档或归档至档案室。

（4）存档期限为5年以上或主办部门认为重要的合同资料应归档至档案室。

（5）其他合同资料，由主办部门自行归档。

（6）各部门及人员应当遵守企业相关的保密制度。任何人不得以任何形式泄露合同在订立和履行过程中涉及的商业秘密和技术秘密。

10. 合同的履行

（1）合同依法签订并生效后，应当全面履行，不得擅自变更或解除。

（2）合同对方当事人违约的，主办部门应及时通报总裁办，以书面形式督促对方履行合同义务，并依照法律规定或合同约定追究其违约责任。

（3）企业自身违约的情形，由主办部门以书面形式报告主管领导，经批准后履行相应赔偿责任。

（4）合同的履行由主办部门负责跟踪。

11. 修订、解释及其他

（1）本办法由总裁办结合各部门意见于每年2月进行修订。

（2）本办法由总裁办负责修订和解释。

在合同的订立、审批、履行等过程中，企业内控制度、规范文件如对预算管理、采购管理等另行作出规定的，还应按照相应规定执行。

第四节　其他制度的合规内容

其他制度的合规内容构成合规制度体系的一部分，其他制度的合规内容是业务部门承担合规风险防范"第一道防线"的具体方式。

合规内容常见于以下制度：公司章程及董事会议事规则等公司治理制度、公司业务管理制度、公司人力、财务、审计、纪检等职能性制度。

一、制度的合规性审核

企业规章制度的合规性审核，不同于企业规章制度的合规内容，前者是落实一种合规运行机制的体现，即合规审核内容的一部分，后者则构成合规制度体系的一部分。

规章制度合规性审核内容：制度本身的合规性；制度的时效性。制度合规性审核的呈现方式、提交的工作成果：制度立改废清单。规章制度合规性审核工作的注意事项：规章制度规模的可控性；审核内容的框定；审核过程的支持保障；是否需要验收测试和试运行；工作成果呈现方式。

二、制度的宣贯执行与动态更新及外规内化

根据国务院国资委《中央企业合规管理办法》第19条的规定，中央企业应当根据法律法规、监管政策等变化情况，及时对规章制度进行修订完善，对执行落实情况进行检查。

📖 示例1

董事会职责

1.召集股东会会议，并向股东会报告工作。

2.执行股东会的决议。

3.决定公司的经营计划和投资方案。

4.制订公司的利润分配方案和弥补亏损方案。

5.制订公司增加或者减少注册资本以及发行公司债券的方案。

6.制订公司合并、分立、解散或者变更公司形式的方案。

7.决定公司内部管理机构的设置。

8.决定聘任或者解聘公司经理及其报酬事项,并根据经理的提名决定聘任或者解聘公司副经理、财务负责人及其报酬事项。

9.制定公司的基本管理制度。

10.公司章程规定或者股东会授予的其他职权。

示例2

公司规章制度立改废评价标准

1.对企业发展的动态适应性	1.1	企业发展战略和管理模式等发生改变,业务、市场和组织结构等调整变化,需制定新制度。	新建
	1.2	在生产经营管理实践中逐步总结和提炼,需将先进的工作经验、有效措施或管理创新成果等上升为制度。	新建
	1.3	随着企业的发展变化,现行制度与企业发展阶段、管理环境和企业文化等存在部分不相适应,需持续修订完善	修订
	1.4	企业发展战略和管理模式等发生根本改变,或因重组、改制、合并等发生组织结构调整,管理对象已经不存在,制度不适应管理需要。	废止

续表

2. 单体制度合法性	2.1	现行制度的部分条款与国家、地方的法律法规和上级的规范性文件不一致，需做适当修订。	修订
	2.2	制度主要内容与国家法律法规和上级的规范性文件相抵触，不便对旧制度进行修订。	废止
3. 单体制度适应性	3.1	在监督制度执行过程中，发现存在不适应管理实际或不符合管理规律等问题。	修订
	3.2	制度缺乏可操作性，在生产管理实践中不便于执行和实施。	修订
	3.3	旧制度随修订后的新制度实施时即被废止。	废止
4. 单体制度规范性	4.1	因违反制度制定程序导致的无效制度，需重新按程序予以发布。	新建
	4.2	制度规定的管理事项存在相互冲突、内容交叉、前后矛盾等。	修订
	4.3	制度的基本要素和内容不齐全。	修订
	4.4	制度的基本格式不符合相关规定。	修订
	4.5	旧制度随修订后的新制度实施时即被废止。	废止
	4.6	未按制度制定程序，未执行制度发布统一文号等形成的无效制度。	废止
5. 制度体系完备性	5.1	对部门的管理职责进行梳理，现行制度未完全覆盖管理职能，管理中出现无章可循的现象。	新建
	5.2	在内控与风险管理工作中，发现制度缺失，经风险评估后提出建立制度的解决方案。	新建
5. 制度体系完备性	5.3	因执行依据或管理标准不尽完善，出现管理的薄弱环节或管理漏洞，需对现行制度进行修订，完善制度体系。	修订
	5.4	旧制度随修订后的新制度实施时即被废止。	废止

续表

6. 制度体系系统性	6.1	上位制度只作了原则性规定,缺少下位制度的补充和细化,需制定操作性更强的实施细则。	新建
	6.2	在新的管理体系建设中,需将新的管理要求和措施转化为制度。	新建
	6.3	下位制度没有遵循上位制度的相关规定,对上位制度不能形成有效支撑。	修订
	6.4	各项制度之间缺乏有效衔接或存在相互交叉重复。	修订
	6.5	旧制度随修订后的新制度实施时即被废止。	废止
7. 制度体系集约性	7.1	同一管理事项涉及的规章制度过于分散,需制定新制度对原有多个制度进行统筹合并。	新建
	7.2	确定同一管理事项涉及多个制度中的主体制度,将其他相关制度整合进主体制度,对主体制度进行修订完善。	修订
	7.3	为实现制度的集约管理,由合并后的新制度取代原有的多个旧制度。	废止

规章制度清理评价表

填写说明:

1. 作为制度清理结果,表中必须列明所有经本部门起草的制度文号及制度名称;

2. 应根据《公司规章制度立改废评价标准》中所列 7 类共 27 项标准进行制度评价;

3. 所有经本部门起草的制度的评价结论应在"继续有效""建议修订""建议废止"中选择一项;

4. 在做出"建议新建"的评价结论的情况下不用填写"制度文号"一栏;

5. 如评价结论为"建议修订",必须填写"结论说明",说明内容应引用评价标准并尽量具体到条款或内容;

6. 如评价结论为"建议废止"或"建议新建",必须填写"结论说明",说明内容中应引用评价标准并阐述现实情况和需求;

7. 如评价结论为"继续有效",可不填写"结论说明"。

续表

制度文号	制度名称	评价结论	结论说明
部门负责人：		填表人：	

第四章 运行与保障机制

《中央企业合规管理指引(试行)》及《中央企业合规管理办法》对中央企业和国有企业强化合规经营、构建合规管理体系具有重要的指导和示范意义。一个完善有效的合规管理体系除了要有一个专业、权威和独立的合规组织体系以外,还需要有一个完备的合规管理机制。梳理前述文件,这种合规管理机制分为两大环节:一是合规管理运行机制;二是合规管理保障机制。

1.合规管理运行机制。合规管理运行机制主要包括合规管理制度、合规风险识别预警机制、合规风险应对机制、合规审查机制、违规问责机制以及合规管理评估机制。具体而言:(1)建立健全合规管理制度。制定全员遵守的合规行为规范;针对重点领域制定专项合规管理制度;根据法律法规变化和监管动态,及时将外部有关合规要求转化为内部规章制度。(2)建立合规风险识别预警机制。建立合规风险识别预警机制;全面系统梳理经营管理活动中存在的合规风险;对风险发生的可能性、影响程度、潜在后果等进行系统分析,对于典型性、普遍性和可能产生较严重后果的风险及时发布预警。(3)加强合规风险应对。针对发现的风险制订预案;采取有效措施,及时应对处置;对于重大合规风险事件,合规委员会统筹领导,合规管理负责人牵头,相关部门协同配合,最大限度化解风险、降低损失。(4)建立健全合规审查机制。将合规审查作为规章制度、重大事项决策、重要合同签订、重大项目运营等经营管理行为的必经程序;及时对不合规的内容提出修改建议;未经合规审查不得实施。(5)强化违规问责机制。完善违规行为处罚机制，明晰违规责任范围，细化惩处标准；畅通举报渠道；针对反映的问题和线索，及时开展调查；严肃追究违规人员责任。（6）开展合规管理评估。定期对合规管理体系的有效性进行分析；对重大或反复出现的合规风险和违规问题，深入查找根源；完善相关制度，堵塞管理漏洞，强化过程管控，持续改进提升。

2. 合规管理保障机制。合规管理保障机制主要包括合规考核评价、合规管理信息化建设、合规管理专业化建设、合规培训、合规文化以及合规报告等方面的制度。具体而言：（1）加强合规考核评价。把合规经营管理情况纳入对各部门和所属企业负责人的年度综合考核，细化评价指标；对所属单位和员工合规职责履行情况进行评价，并将结果作为员工考核、干部任用、评先评优等工作的重要依据。（2）强化合规管理信息化建设。通过信息化手段优化管理流程，记录和保存相关信息；运用大数据等工具，加强对经营管理行为依法合规情况的实时在线监控和风险分析；实现信息集成与共享。（3）建立专业化、高素质的合规管理队伍。根据业务规模、合规风险水平等因素配备合规管理人员；持续加强业务培训，提升队伍能力水平；海外经营重要地区、重点项目应当明确合规管理机构或配备专职人员，切实防范合规风险。（4）重视合规培训。结合法治宣传教育，建立制度化、常态化培训机制，确保员工理解、遵循企业合规目标和要求。（5）积极培育合规文化。通过制定发放合规手册、签订合规承诺书等方式，强化全员安全、质量、诚信和廉洁等意识，树立依法合规、守法诚信的价值观，筑牢合规经营的思想基础。（6）建立合规报告制度。发生较大合规风险事件，合规管理牵头部门和相关部门应当及时向合规管理负责人、分管领导报告；重大合规风险事件应当向国资委和有关部门报告。

第一节 合规义务清单制定

合规风险识别是企业合规管理的基础，而形成企业合规义务清单，才能为企业合规风险识别提供参考依据，由此可见合规义务清单的梳理是合规体系搭建的中心原点，所有合规事项都是围绕履行合规义务去展开和部署的，合规、不合规以及合规的程度也是以对合规义务的履行去定义和界定的，合规评价及合规评价结论，最终也是以合规义务去衡量、甄别和表述的。

一、合规要素与合规义务

合规要素是指根据利益相关者及其诉求和合规规则确定的，公司在经营过程中应当对自身行为作出约束，以回应利益相关者诉求，避免法律风险和声誉风险的领域。

公司的利益相关者包括国家、社会公众、公司股东、公众、公司员工、消费者、公司商业合作伙伴、公司竞争对手等与公司利益密切相关的相关方。

合规要素是某一领域合规义务的高度浓缩和总结，是合规的关键词。合规要素通常包括但不限于诚信合规、反垄断与不正当竞争、利益冲突、信息披露、财务合规、社区责任、劳动者保护、客户和消费者保护、金融安全、跨境合规、治理合规、商业合作伙伴管理等。通过合规要素可以整理合规义务。

合规义务来源于企业的合规规范，包括合规要求与合规承诺。合规要求主要来自外部合规规范，具有强制执行的效力；合规承诺是企业基于自主意识表示自愿设定的义务和接受的约束。

企业合规要求通常包括：适用的国际条约、国际规则及国际组织的决定；适用的国内法律法规、部门规章（包括司法解释）、规范性文件、司法判例；行业监管规则；强制性标准；行政许可和授权；法院判决和行政决定；商业惯例。

企业合规承诺通常包括：企业与第三方之间的合同与协议；企业所在行业的自律性规则；企业选择适用的非强制性标准；企业自愿性对外承诺；企业内部合规规范如企业章程、规章制度等；道德规范；等等。

二、合规义务的梳理与信息获取

（一）梳理合规义务的方法

梳理合规义务的方法很多，通常有以下三种：

1. 基于来源梳理合规义务

基于业务流程进行梳理。首先要梳理企业的各项业务及其流程，如研发流程、销售流程、投资流程、人力资源管理流程、财务管理流程、税务管理流程等，然后根据业务类别和业务活动去梳理它们各自应遵守的主要法律法规、监管规定、国际规则等，进而形成企业的合规义务清单。

2. 基于组织结构梳理合规义务

企业的组织结构可以概括为三个层级：岗位层面、部门层面和企业层面。可以通过梳理岗位的合规义务来建立部门或企业级的合规义务清单。

3. 基于专项合规梳理合规义务

专项合规通常是指反贿赂、反腐败、反洗钱、反垄断、反不正当竞争、数据与网络安全、环境保护、知识产权保护、劳动用工等单一领域的合规。这些单一领域的合规要求和合规承诺作用于企业的业务和管理，就形成企业需要承担的某一领域的专项合规义务。

（二）合规义务信息的获取方式

《合规管理体系 要求及使用指南》（GB/T 35770—2022）列出了以下八种合规义务信息的获取方式：（1）列入相关监管部门收件人名单；（2）成为专业团体的会员；（3）订阅相关信息服务；（4）参加行业论坛和研讨会；（5）监视监管部门网站；（6）与监管部门会晤；（7）与法律顾问

洽商；（8）监视合规义务来源（如监管声明和法院判决）。

示例

公司全面合规体系建设调研清单（以人力资源部合规内容为例）

××××公司：

就本清单及调研，我们特别作出以下说明：

1.本问题清单及调研旨在进一步了解贵司合规管理相关情况，不涉及任何对制度本身、部门以及人员的评价。

2.我们的问题主要依据贵司提供的基础材料，并结合我们的经验以及相关法律、法规提出。我们将会视情况提出补充问题或对相关人员进行补充提问。同时，根据相关人员的回答情况，我们亦可能需要贵司提供补充材料。

3.合规体系建设的工作与律师能够获得的信息真实性、完整性、准确性高度相关，请根据实际情况充分说明。我们会根据相关情况，补充收集相关材料或进行补充调研。

4.同时，我们非常欢迎参加调研的人员向我们提出在合规管理中遇到的问题和困惑。我们会在后续的工作中重点关注。

一、部门整体情况

1.请介绍本部门的组织架构、人员配备和职权范围。

2.请介绍本部门对劳动用工事项的管理、汇报和监督条线。

3.请整体介绍一下本部门在近3年的工作中是否发生或存在主要的合规风险。

二、制度管理

4.贵司是否有制定劳动用工管理的相关制度？

5.涉及员工奖惩的制度制定流程如何？是否需经职代会表决？

6.员工签署保密协议书的情况如何？

7.员工签署竞业禁止协议的情况如何？

三、招聘管理与劳动关系管理

8. 贵司劳动用工的来源、学历及性别等构成的情况如何？

9. 劳动用工合同的社会保险缴纳、劳务派遣等情况如何？

10. 贵司劳动用工合同是否有通用模板？

11. 员工工作岗位变动时，是否会要求重新签订劳动合同？

12. 员工岗位调整时，操作流程如何？

13. 劳务派遣员工占公司员工的比例是多少？

14. 目前哪些岗位由劳务派遣员工从事工作？

四、薪酬管理

15. 本部门是否对员工薪酬标准进行管控？

16. 对于每个用工地的最低薪酬标准是否均聘请当地律师出具相关意见？

17. 对于海外用工，贵司如何确保当地员工的社保缴纳情况？

五、风险处置

18. 常发的劳工风险主要集中在哪些方面？

19. 哪些地区容易发生劳工风险？

20. 如果发生劳工风险，贵司通常通过什么流程处理风险？

21. 贵司劳动用工风险处置的主要负责人有哪些？如何对劳工风险处置进行决策？

22. 贵司在劳动用工风险的处置工作中，是否会借助当地律师的专业力量？

第二节　合规风险预警

合规风险预警以及应对机制是合规管理中的要点，合规风险预警是为了最大限度地避免突发性应对合规风险，以合规风险库为牵引，将合规风险预警与应对应用在经营活动中,才能确保合规管理体系运行的效果,防风险、促生产。

国务院国资委《中央企业合规管理指引(试行)》第18条规定:"建立合规风险识别预警机制,全面系统梳理经营管理活动中存在的合规风险,对风险发生的可能性、影响程度、潜在后果等进行系统分析,对于典型性、普遍性和可能产生较严重后果的风险及时发布预警。"

国务院国资委《中央企业合规管理办法》第20条规定:"中央企业应当建立合规风险识别预警机制,全面梳理经营管理活动中的合规风险,建立并定期更新合规风险数据库,对风险发生的可能性、影响程度、潜在后果等进行分析,对典型性、普遍性或者可能产生严重后果的风险及时预警。"由此可见,合规风险预警是一项系统性工程,需要建立在风险分析与评价的基础之上。

风险预警是常态化工作,工作成果的表现形式为重大合规风险警示报告、风险提示函等。

第三节　合规风险评估与防范

企业合规管理评估是企业合规组织(主要是企业治理机构和企业合规管理部门)对企业合规管理体系的适当性、有效性和充分性进行自我审查、评价、监督和持续改进。

合规风险评估是指在识别合规风险的基础上,对合规风险进行分析与评价。进行合规风险分析的目的是增进企业对合规风险的了解,为合规风险评价和应对提供支持。合规风险分析是在合规风险识别的基础上,考虑不合规行为发生的原因、后果及可能性等因素,确定合规风险排序。

目前并没有适用于所有企业的合规风险评估工具,各个企业也都是按照已有的合规管理体系的指南性文件,结合本企业的实际情况,制定适用于本企业的合规风险识别评估流程,继而开展各类风险评估工作。

为了确保合规风险评估方法适合本企业,企业需要根据企业所在行业、业务的特点、主要市场、规模、结构、文化和风险偏好进行与之相匹配的合规风险评估。合规风险评估的范围太宽或太窄都不利于企业进行适当的合规管理,太宽会导致企业合规管理负担过重,并且会让企业的注意力淹没在各种不重要的风险管理信息中;太窄会导致企业无法有效识别具有潜在威胁的合规风险,从而面临未知的合规风险。

国务院国资委《中央企业合规管理指引(试行)》第22条规定:"开展合规管理评估,定期对合规管理体系的有效性进行分析,对重大或反复出现的合规风险和违规问题,深入查找根源,完善相关制度,堵塞管理漏洞,强化过程管控,持续改进提升。"国务院国资委《中央企业合规管理办法》第27条规定:"中央企业应当定期开展合规管理体系有效性评价,针对重点业务合规管理情况适时开展专项评价,强化评价结果运用。"

合规管理评估具有很强的专业性,合规管理评估机构通常组建合规管理评估小组开展合规管理评估。企业合规负责人通常担任合规管理评估小组组长,并由合规管理部门、相关职能部门(如内控、审计、财务等)以及外聘的专业中介机构(如外部律师)等委派人员共同组成合规管理评估小组。

一、合规管理评估的内容

合规管理评估在于评估合规管理的适用性、充分性和有效性。

(一)合规管理的适用性

1. 合规规范的适用性

企业根据其经营所在地、业务范围、行业、产品等确定适用的外部合规规范,并随着外部规范的修改而调整。

2. 兼顾成本和效率

企业合规管理应从经营范围、组织结构和业务规模等实际出发,兼顾成本与效率,强化合规管理制度的可操作性,提高合规管理的有效性。

3. 可操作性

企业合规管理制度要与企业相适应，不能不符合企业发展要求，要具有可操作性。

4. 持续适用

企业应随着国家法律法规、政策的变化和外部经商环境的变化持续调整和改进合规管理体系。

（二）合规管理的充分性

合规管理的充分性是合规管理"全面性"原则的基本要求。国务院国资委在《中央企业合规管理指引（试行）》《中央企业合规管理办法》中都强调了中央企业在建立健全合规管理体系时的全面覆盖原则。坚持将合规要求覆盖各业务领域、各部门、各级子企业、全体员工，贯穿决策、执行、监督全流程。

企业合规管理的充分性要求：（1）人员保障，配备充分且有专业能力的人员进入合规管理部门；（2）制度保障，确保合规管理人员在履职时的自主权、独立权、知情权、调查权；（3）协同机制，合规管理与法律、内部控制、风险管理的协同运作机制，加强统筹协调，提高管理效能；（4）流程保障，全面梳理业务流程，查找经营管理合规风险点，运用信息化手段将合规要求嵌入业务流程，明确相关条件和责任主体，针对关键节点加强合法合规性审查，强化过程管控；（5）信息化保障，加强互联互通，加快推动合规管理信息系统与本企业其他管理信息系统、国资监管信息系统互联互通，实现基本数据共同共享。充分利用大数据、云计算等技术，对重点领域、关键节点进行实时动态监测。

（三）合规管理的有效性

合规管理的有效性是指合规管理体系有效运行，合规风险得到有效防范和应对，企业经营管理的稳健和安全性得到有效保障。

1. 强调第一责任人职责，企业主要负责人作为推进法治建设的第一责任人，应当切实履行依法合规经营重要组织者、推进者和实践者职责，这是有

效管理的前提。

2. 合规组织建设、合规管理人员配备及合规履职。

3. 合规管理制度和流程的制定及运行情况。

4. 企业合规风险三道防线（业务部门、合规牵头部门、监督部门）各司其职、协调配合、有效参与合规管理，形成合规管理合力是有效合规管理的保障。

5. 实施有效的合规风险管理，包括合规风险评估、应对、监测和预警以及持续改进。

6. 建立有效的合规培训计划，确保全员合规。

7. 建立全面有效的合规问责制、员工违规行为记录制度，将合规职责履行情况作为员工考核、干部任用、评优评先等工作的重要依据。

8. 建立有效的信息化系统，是有效合规管理的工具保障。

二、合规管理评估程序

按照相关标准和规定，合规管理评估一般包括五个阶段，即评估准备、评估实施、评估报告、后续整改以及考核评价与问责。

（一）评估准备

1. 成立评估小组，进行职责分工，并对评估小组成员开展必要的培训。企业需确保评估小组具备独立开展合规管理评估的权利，确保评估小组成员具备相应的胜任能力。

2. 制订评估实施方案，明确评估目的、范围、内容、分工、进程和要求，制作评估底稿等评估工作文件。

（二）评估实施

1. 各部门自评

合规管理评估小组组织各部门开展合规自评，由各部门如实填写评估底稿，提交评估相关材料。

2.收集内外部资料以明确评估重点

合规管理评估小组收集评估期内外部监管检查意见、审计报告、合规报告、投诉、举报、媒体报道等资料，明确评估重点。

3.复核各部门自评底稿并进行合规管理评估

合规管理评估小组对各部门自评底稿进行复核，并采取合规管理评估方法，针对评估期内发生的合规风险事项开展重点评估，查找合规管理缺陷，分析问题产生原因，提出整改建议。

4.复核

合规管理评估小组应当在评估工作结束前，与被评估部门就合规管理有效性评估的内容和结果进行必要沟通，就评估发现的问题进行核实。

（三）评估报告

1.评估报告的内容

合规管理评估报告通常包括以下内容：评估依据、评估范围和对象、评估程序和方法、评估内容、发现的问题及整改建议、前次评估中发现问题的整改情况等。

2.改进建议

合规管理评估报告改进建议通常包括：（1）合规方针以及与它相关的目标、体系、结构和人员所需的变化；（2）合规流程的改变以确保合规管理体系有效运行；（3）发现新的风险及需采取的预防措施；（4）总结企业示范性合规行为及违规情形。

（四）后续整改

合规管理部门应当对评估发现的问题的整改方案、整改内容、整改目标及时间表、负责人进行监督，整改责任部门也要及时汇报整改进度。

（五）考核评价与问责

1.评价结果应用

将合规管理评估结果纳入对各部门和子企业负责人的年度综合考核，将合规履职情况作为员工考核、干部任用、评优评先等工作的重要依据。

2. 问责追究

对合规管理评估中发现的违法违规行为,对相关负责人采取问责措施,按照有关规定严肃追究违规人员责任,对严重违反法律法规或企业规章制度的一票否决,对符合企业尽职合规免责事项清单内情形的行为,可以按照相关规定免于责任追究。相关部门和人员在合规审查中,存在应当发现而未发现的违规问题或发现后敷衍不追、隐匿不报、查处不力等渎职行为的,应当承担相应责任。

三、合规管理评估频率

合规管理评估可以按计划定期实施,也可以根据实际需要或内外部情况的变化而随时实施。

（一）定期评估

企业建立合规管理体系后的前三年,通常每年评估一次,自第四年后可每两年或三年一次。

（二）临时评估

发生下列情形之一时,企业应该对其合规风险进行临时评估:(1)企业外部发生重大变化,如金融环境、经济环境、市场条件、债务和客户关系等发生重大变化;(2)企业战略发生改变;(3)企业组织结构发生改变;(4)企业发起并购、重组;(5)推出新业务、新产品、新服务;(6)现有业务、流程、产品或服务变更。

（三）反复评估

对重大或反复出现的合规风险、违规问题,需要进行多次评估。

合规管理评估是企业合规管理体系的重要构成要素,是合规管理运行的重要内容,企业合规管理办法中需对评估组织形式、评估范围、评估内容、评估程序、评估方法、评估报告、评估问责、评估频率等作出明确规定。

> 示例

合规风险评估报告

一、背景描述

二、评估的目的

三、评估的依据

四、评估的范围

五、评估适用的方法

六、评估实施过程

（一）准备情况

1. 调研被评估对象

2. 设计问卷

（二）问卷调查

1. 发放问卷

2. 培训和辅导问卷的填写

3. 填写问卷（包括对各个风险的识别、分析、评价）

4. 回收问卷

5. 统计、分析有效问卷

七、评估结果

八、评估结论

九、风险应对建议

第四节 "三道防线"与大监督体系

国务院国资委《中央企业合规管理办法》第13条至第15条规定了"三道防线"的具体职责。

一、业务部门职责

业务部门是本领域合规管理责任主体,负责日常相关工作,履行"第一道防线"职责。具体包括:(1)按照合规要求完善本领域业务管理制度和流程,制定本领域合规管理指引及有关清单;(2)开展本领域合规风险识别和隐患排查,及时发布合规预警;(3)对本领域内制度、文件、合同及经营管理行为等进行合法合规性审查;(4)及时向合规管理牵头部门通报风险事项,组织或配合开展合规风险事件应对处置;(5)做好本领域合规培训和商业伙伴合规调查等工作;(6)组织或配合进行本领域合规评估、违规问题调查并及时整改;(7)向合规管理牵头部门报送本领域合规管理年度计划、工作总结;(8)公司章程等规定的其他职责;(9)业务部门应当设置合规管理员,由部门或处室业务骨干兼任,负责本部门合规风险识别、评估、处置等工作,接受合规管理牵头部门业务指导和培训。

二、牵头部门职责

合规管理牵头部门组织开展日常工作,履行"第二道防线"职责。具体包括:(1)起草合规管理年度计划及工作报告、基本制度和具体制度规定等;(2)参与企业重大事项合法合规性审查,提出意见和建议;(3)组织开展合规风险识别和预警,组织做好重大合规风险应对;(4)组织开展合规评价与考核,督促违规行为整改和持续改进;(5)指导其他部门和子企业合规管理工作;(6)受理职责范围内的违规举报,组织或参与对违规事件的调查,并提出处理建议;(7)组织或协助业务部门、人事部门开展合规培训;(8)公司章程等规定的其他职责。

合规管理牵头部门应当配备与企业经营规模、业务范围、风险水平相适应的专职人员,持续加强业务培训,不断提升合规管理队伍专业化水平。

境外重要子企业及重点项目应当明确合规管理牵头部门,配备合规管理人员,落实全程参与机制,强化重大决策合法合规性审核把关,切实防控境外合规风险。

三、监督部门职责

纪检监察机构和审计、巡视等部门在职权范围内履行"第三道防线"职责。具体包括：（1）对企业经营管理行为进行监督，对违规行为提出整改意见；（2）会同合规管理牵头部门、相关业务部门对合规管理工作开展全面检查或专项检查；（3）对企业和相关部门整改落实情况进行监督检查；（4）在职责范围内对违规事件进行调查，并结合违规事实、造成损失等追究相关部门和人员责任；（5）对完善企业合规管理体系提出意见和建议；（6）公司章程等规定的其他职责。

《中央企业合规管理办法》第26条规定："中央企业应当结合实际建立健全合规管理与法务管理、内部控制、风险管理等协同运作机制，加强统筹协调，避免交叉重复，提高管理效能。"

协同是指协和、同步、和谐、协调、协作、合作，即两个或两个以上的不同资源或个体协同一致地完成某一目标的过程。在企业管理中，协同主要是指部门协同。企业不同部门之间因其职责、管理目标、绩效考核等不同而存在不协调甚至矛盾和冲突，需要相互协助、相互配合、团结统一、协调一致，充分发挥相互之间的协调性，从而使每个部门获益，整体增强，共同发展，产生"1+1大于2"的协同效应。

联动的原意是指若干个相关联的事务，一个运动或变化时，其他的也跟着运动或变化。在企业管理中，联动包括上下联动和左右联动，是指上下级管理机构、相关联的部门之间根据职责分工和管理流程，共同或连续地履行职责、采取行动，以完成某一工作目标、项目或者达成某一目标的过程。

企业法律、合规、风险、内控属于风险防范的第二道防线，相互之间存在较高的趋同性。在建立一体化管理平台之前，可以实现高度的协同联动。正因如此，国务院国资委在《关于全面推进法治央企建设的意见》中要求中央企业探索建立法律、合规、风险、内控的一体化管理平台。

审计、监察属于风险防范的第三道防线。监察与审计的独立性决定着企业法律、合规、风险、内控可以与审计、监察开展相对的协同联动。

四、大监督体系

大监督，是指合规、内审、风控、纪检、巡视、追责以及财务、人力、质检、安环等协同监督。包括组织协同、制度协同、工作流程协同、追责协同、保障协同等。

鉴于当前央企、国企现状及历史管理等原因，大监督体系的建立需要循序渐进，立足长远，不宜一次性将所有监督部门合并，直接建立一个统一的大监督体系，在大监督体系建立初期，可以考虑借鉴招商局集团的做法，招商局是参与国务院国资委合规管理试点的企业，其做法是由法律、审计、风险管理、合规四个职能部门，采取四位一体的方式建立大监督体系，共同组建法律合规部。在原有法律、审计部门基础上增加合规管理人员，组建具有法律、审计、风险管理职责的法律合规部，有助于合规管理部门与法律部、审计和风险管理部门之间的信息沟通，方便合规管理团队了解到法律部门在工作中遇到的法律风险、审计中发现的风险。在四位一体的大监督体系建成后，随着企业全面合规建设的运行与国家相关政策的调整，逐步深入，探讨建立更多层面的大监督体系。

第五节　重点岗位合规职责清单的制作

在组织里，岗位是最小的工作单元，企业作为社会中最常见的经济组织，企业里最小的工作单元也是岗位。岗位是组织要求个人必须持续完成的一项或多项经常性义务，并为此赋予个人对应权力的总和。有权力的地方，就会引致合规风险，因此组织赋予了权力的岗位就存在合规风险。在岗位上的个人代表组织实施行为的时候，岗位个人行为的不合规风险和违规风险即组织合规风险。

国务院国资委《中央企业合规管理指引（试行）》第 15 条规定："加强对以下重点人员的合规管理：（一）管理人员。促进管理人员切实提高合规意识，带头依法依规开展经营管理活动，认真履行承担的合规管理职责，强化考核与监督问责。（二）重要风险岗位人员。根据合规风险评估情况明确界定重要风险岗位，有针对性加大培训力度，使重要风险岗位人员熟悉并严格遵守业务涉及的各项规定，加强监督检查和违规行为追责。（三）海外人员。将合规培训作为海外人员任职、上岗的必备条件，确保遵守我国和所在国法律法规等相关规定。（四）其他需要重点关注的人员。"

国务院国资委《中央企业合规管理办法》第 18 条规定："中央企业应当针对反垄断、反商业贿赂、生态环保、安全生产、劳动用工、税务管理、数据保护等重点领域，以及合规风险较高的业务，制定合规管理具体制度或者专项指南。中央企业应当针对涉外业务重要领域，根据所在国家（地区）法律法规等，结合实际制定专项合规管理制度。"

一、企业风险识别

如何判断哪些属于企业的重点岗位？通常的判断方法是企业的重点业务岗位和合规风险易发、多发领域是企业的重点岗位。

在判断企业的重点岗位前，我们先要了解企业常见的风险。

企业风险管理研究的重点是常态性经营行为的风险，包括普遍性、行业性、个别性三类。

（一）普遍性的基本风险

普遍性的基本行为风险，是每个企业在从事基本行为时必然面临的风险，具有普遍性。其中，因员工的存在而产生的人力资源管理风险和因交易而产生的合同风险是最常见的企业基本风险。主要包括以下四种：

1. 劳动领域风险

从企业招聘时起，劳动合同的签订、变更、解除、终止以及劳动合同存续期间的试用、培训、加班、支付劳动报酬、违反规章制度处理等，既涉及一系列法律规定，又涉及许多程序、形式要求，往往并非人力资源专业人员完全能够掌握的，因而其相关的制度、流程、文本表单体系存在较大合法性、合规性缺陷。

如果从合规角度审视，人力资源管理还要涉及更多的规则，如人员任免、决策权限等。尤其是国有企业，更是涉及大量其他相关规定。

2. 合同领域风险

合同领域风险主要分为合同本身和合同管理两个方面，前者是合同内容上是否存在明显缺陷的问题，后者则是合同签订履行期间的管理是否存在法律缺陷的问题。

合同本身的缺陷不仅涉及法律上的无效、效力待定、可撤销等问题，还包括商务层面的重要条款缺失、交易模式不安全、约定不明确、法律权益未充分利用等影响交易安全或合同正常履行的缺陷。而合同管理缺陷则是合同文本以外，在签订、履行过程中存在的管理上、行为方式上的缺陷，包括对相对方签订合同的资格资质审查、相关证据保存不当、合同履行不合约定等。

3. 市场竞争风险

主要包括因市场行为违反《反不正当竞争法》《反垄断法》《广告法》而侵犯其他竞争者利益的法律风险。

4. 财务管理风险

企业的财务管理涉及融资、投资、资产购置、资金运营、利润分配、纳税筹划等，在法律允许的范围内，充分利用各项权利实现利益最大化，可以为企业发展提供更为有利的资本条件，能有效控制成本并促进资产的保值、增值。运用不当，则存在行政处罚风险、单方权益丧失风险。

（二）行业性的专业风险

1. 环境保护风险

这类风险来自生产过程中产生的各类污染物，在污染环境的同时也影响着员工的身体健康，并引发行政责任、民事责任甚至刑事责任。

2. 安全生产风险

这类风险的产生是由于企业的实际情况与法律等规则的要求不符，涉及生命安全和财产安全。

3. 质量责任风险

质量责任风险既体现在产品质量方面又体现在服务质量方面，风险后果可能是民事责任、行政责任，甚至是刑事责任。

上述风险只在某些行业较具代表性，在实际经营中不同行业还会存在大量的其他风险，如广告宣传、运输、技术开发、建设工程、服务外包等。

（三）个别性的特定风险

1. 知识产权风险

此风险包含了专利权法律风险、商标权法律风险、著作权法律风险及商业秘密法律风险。知识产权的不合规行为会引发法律责任，造成刑事风险、民事风险、行政处罚风险以及其他负面影响。

2. 投资融资风险

在这类风险中，投资风险集中在对项目不确定性的控制上，融资风险主要集中在融资的合法性上，前者的失误会导致投资失败或收益减少，后者的合法性不足则容易导致刑事责任。

3. 担保责任风险

违规对外担保即使并未造成损失也应承担一定的责任，如果造成损失则应当承担更重的合规责任。

综上可见，一般而言在企业中，人力部、市场部、财务部、法律事务部中涉及审批、决策等的岗位必然是重点岗位。企业生产经营活动中，如果涉及环保、安全生产、质量责任等内容的，其中的审批、决策岗位亦是重点岗位。企业的其他岗位是否属于重点岗位需结合企业实际情况进行判定，从风险控制角度来看，风险易发、多发、频发的岗位必然是重点岗位。

通过企业调研、访谈、与业务部门沟通、联席沟通会议等方式确定企业重点岗位，通过对重点岗位权利与义务的梳理，制作重点岗位职责清单。

二、岗位权力识别

在公司，不同的岗位有不同的职责，并且职责有多有少，每项职责发生的业务频次也各有不同。企业组织在生产经营过程中通常有八项权力，具体如下。

（一）审核权

如决策权、审批权、审核权等具有审核性质的核准工作，企业管理者有权决定重大事务和关键决策，包括战略制定、收购兼并、新项目启动等。

（二）销售权

销售政策及价格优惠条件，以及与销售合同签订、售后服务、维修、保养、置换等相关的服务。这些事项通常由市场客服和销售部门负责。

（三）人事权

企业管理者有权决定员工的招聘、培训、晋升、薪酬等，以确保人力资源的合理配置和管理。

（四）采购权

企业拥有决定如何采购原材料、设备和服务的权力，包括供应商选择、采购方式、合同谈判等。

（五）生产权

企业拥有对生产活动进行组织和管理的权力，包括生产流程、工艺技术、产品质量控制等。

（六）组织权

企业管理者有权决定组织结构、职能划分、工作流程等，以确保组织的有效运转和协调合作。

（七）财务资金权

企业管理者拥有决定如何使用和配置企业资金的权力，包括投资决策、资本结构和资金运营等。

（八）技术研发权

企业拥有决定是否进行技术研发和创新的权力，包括研发方向、研发资源投入等。

三、梳理合规义务

匹配合规风险源对应的"规",即梳理权力对应的合规义务,合规义务包括:国家法律法规、政策要求,伦理道德规范要求和企业自行承诺三个方面的内容。梳理权力对应的合规义务主要包括以下内容:一是系统地查阅梳理国家、部委等或行业监管机构颁布的具有强制性要求的法律法规;二是检索企业是否有具体的承诺,承诺内容包括对股东、监管机构、企业员工等相关方的任何承诺;三是企业生产经营过程中应该遵循的伦理道德规范要求,梳理权力对应的合规义务过程即匹配合规风险源对应的"规"。

匹配合规风险源对应的"规",根据岗位人员掌握的权力和权力内容清单,实质就是找到针对这个权力的所在国家、监管机构、行业协会等制定的强制法律法规、所在社会的公序良俗、道德规范和这项权力行使过程中对企业的利益相关方的承诺,并且必须使每一项权力内容清单匹配对应的"规"。企业内部日常要建立和维护一个数据库,即企业合规数据库。企业合规数据库包括三个子数据库,一是与本企业生产经营有关的国家、部委、所在省市发布的法律法规以及企业所在行业的特别规定、条例、行业自律规定等,对企业的行为约束具有强制性;二是企业要遵循所在国家、社会的公序良俗、道德规范、文化习惯等,有的对企业的行为约束具有强制性,有的是企业自己向客户、监管方、合作伙伴、企业员工等主动承诺的道德选择;三是企业自己向客户、监管方、合作伙伴、企业员工等主动承诺的产品、服务的技术、质量、环境等方面的服务水准。

从上面的论述可见,在重点岗位确定后,根据企业经营过程中的八项权力梳理重点岗位合规义务,就可以制作重点岗位清单了。

重点岗位职责清单通常包括"正面清单"与"负面清单"。

（一）正面清单

正面清单指本岗位应履行的合规职责。

正面清单的制定方法：（1）以岗位基本职责为基础，识别其合规职责；（2）岗位职责与合规体系整体的统筹，涉及职责的调整完善；（3）建设新项目中，合规职责的设计。

（二）负面清单

负面清单指本岗位不允许从事的业务或不可为的经营管理行为，或者说本岗位不得开展的违规行为。

负面清单的制定方法：（1）以岗位基本职责为基础，识别其合规职责，进而识别可能发生的违规行为；（2）识别主要的违规行为。

示例

物业企业重点岗位安全责任清单

序号	岗位名称	责任清单	履职清单	责任人
1-1	企业主要负责人	1.树立安全生产意识，向董事会报告依照国家有关安全生产法规、政策和公司经营管理目标，开展安全生产的重要性和必要性。获得董事会支持，批准开展安全生产管理工作必要的资金。 2.在董事会的领导下，对公司整体安全生产工作负责。全面领导、组织、安排安全生产标准化推进和安全文化建设工作。 3.……	1.与投资人进行沟通及协调，在董事会内部建立安全生产意识，赢得投资人的支持。 2.组织、推动公司安全生产标准化和安全文化建设工作的推进和开展。 3.……	

续表

序号	岗位名称	责任清单	履职清单	责任人
1-2	企业主要负责人	重点工作注意事项： 1.树立安全、环保意识，重视安全生产、环保管理工作。积极学习安全、环保知识，认真参加安全培训教育，取得安全考核合格证，并按时参加复训； 2.组织制定公司年度安全、环保目标，并将目标完成情况纳入公司经营管理考核； 3.……		
1-2	企业安全生产管理部门负责人	1.树立安全生产意识，熟悉了解国家有关安全生产、环保法规、政策和公司安全生产、环保管理工作目标、任务等。 2.负责会同公司各部门，结合公司实际情况策划并建立公司安全管理体系；对公司员工及相关方宣传、贯彻、落实国家安全生产法律、法规、部门规章及相关标准。 3.……	1.熟悉了解国家有关安全生产、环保法规、政策，起草拟订公司安全生产、环保管理工作目标、任务等。 2.对公司安全管理工作进行总体策划并实施综合监督管理。 3.……	
		重点工作注意事项： 1.协助分管领导建立、健全安全生产责任制，负责安全生产责任制落实与考核。 2.定期对生产状况开展专项检查，提出改进措施，对公司隐患整改情况进行督促检查。 3.……		

第一编　企业全面合规建设

续表

序号	岗位名称	责任清单	履职清单	责任人
1-3	项目经理	1. 按照公司安全管理体系文件和安全管理规章制度要求，落实部门各岗位、各级人员的安全生产责任制，贯彻落实"一岗双责"的安全管理要求，安全管理实现"横向到边，纵向到底"。 2. 组织物业服务中心工作人员学习公司安全管理体系文件和安全管理规章制度。 3. …… 重点工作注意事项： 1. 项目经理是项目安全第一负责人，对部门安全生产工作负管理责任。落实部门安全生产责任制。 2. 定期组织开展生产系统全员风险识别，对识别出的重大风险进行分析，落实安全措施，督促进行公示、培训。 3. ……	1. 项目经理是项目安全第一负责人，对部门安全生产工作负管理责任，落实部门安全生产责任制。 2. 按照公司各级培训计划，组织员工学习。 3. ……	
1-4	项目安全生产管理人员	项目工程技术部主管： 1. 落实部门各岗位的安全生产责任制，贯彻落实"一岗双责"的安全管理要求，安全管理实现"横向到边，纵向到底"。 2. 组织部门员工对物业服务项目内市政设施、房屋及其附属设施设备的日常运行进行管理维护，对照安全生产标准规范部门的各项安全管理，实现标准化体系的建立并保持有效的运行，实现常态化的安全管理。 3. ……	1. 工程技术部主管是部门安全管理第一负责人，对部门安全生产工作负管理责任，落实部门安全生产责任制。 2. 对照安全生产标准规范部门的各项安全管理，实现标准化体系的建立并保持有效的运行，实现常态化的安全管理。 3. ……	

续表

序号	岗位名称	责任清单	履职清单	责任人
1-4	项目安全生产管理人员	项目园林绿化工程主管： 1.落实部门各岗位的安全生产责任制，贯彻落实"一岗双责"的安全管理要求，安全管理实现"横向到边，纵向到底"。 2.组织部门员工对物业服务项目内园林绿化进行管理维护，对照安全生产标准化规范部门的各项安全管理，实现标准化体系的建立并保持有效的运行，实现常态化的安全管理。 3.……	1.园林绿化主管是部门安全第一负责人，对部门安全生产工作负管理责任，落实部门安全生产责任制。 2.对照安全生产标准化规范部门的各项安全管理，实现标准化体系的建立并保持有效的运行，实现常态化的安全管理。 3.……	
		项目客户主管： 1.落实部门各岗位的安全生产责任制，贯彻落实"一岗双责"的安全管理要求，安全管理实现"横向到边，纵向到底"。 2.组织本部门员工负责接待业主及物业使用人涉及安全管理的各类报事报修及投诉，及时处理、按要求回访。重大安全事项投诉及时上报项目经理。 3.……	1.客户主管是部门安全第一负责人，对部门安全生产工作负管理责任，落实部门安全生产责任制。 2.负责受理客户需求并及时处理，处理和投诉回访率100%。 3.……	

第一编　企业全面合规建设

续表

序号	岗位名称	责任清单	履职清单	责任人
1-4	项目安全生产管理人员	项目环境主管： 1. 落实部门各岗位的安全生产责任制，贯彻落实"一岗双责"的安全管理要求，安全管理实现"横向到边，纵向到底"。 2. 强化本部门使用危险化学品的监督管理，督促采购、储存、使用等各个环节实施全过程监控，防范危险化学品风险。 3. ……	1. 环境主管是部门安全第一负责人，对部门安全生产工作负管理责任，落实部门安全生产责任制。 2. 每月对重点监管危险化学品进行全过程监督管理。 3. ……	
		项目秩序维护主管： 1. 落实部门各岗位的安全生产责任制，贯彻落实"一岗双责"的安全管理要求，安全管理实现"横向到边，纵向到底"。 2. 负责本项目公共秩序服务管理工作，项目安防及消防设施设备管理，项目内车辆管理及代收临时停车费，治安、安全事件应急处理，组织开展公共秩序维护各项工作。 3. ……	1. 秩序维护主管是部门安全第一负责人，对部门安全生产工作负管理责任，落实部门安全生产责任制。 2. 负责本项目公共秩序维护管理。 3. ……	

续表

序号	岗位名称	责任清单	履职清单	责任人
1-5	现场作业人员	设施设备维护员： 1.对消防、电梯维保外包单位进行日常监管，确保相关设施设备运行可靠，无安全隐患。 2.及时处理各项设施设备故障，记录设施设备各类参数信息，保证设施设备处于正常运行状态。 3.……	1.负责外包维保单位日常监管。 2.及时处置故障，避免故障转换为危险源。 3.……	
		绿化员： 1.熟知相关药品、器具的使用方法和风险点，掌握安全规则，安全作业。 2.做好病虫害防治、消杀药剂等有危险化学品的安全使用和安全存储工作。 3.……	1.掌握绿化养护专业知识、安全知识。 2.做好绿化养护所需用品的安全管理、安全使用。 3.……	
		保洁员： 1.正确使用、存储消杀、灭鼠等危险化学品。 2.掌握作业规程和要求，按照规程安全作业。 3.……	1.安全消杀和灭鼠。 2.安全使用清洁机具。 3.……	

第一编
企业全面合规建设

续表

序号	岗位名称	责任清单	履职清单	责任人
1-5	现场作业人员	秩序维护班长： 1.执行主管指令，负责本班日常安全管理工作，包括工作安排、执行、监督、检查、总结和改进。 2.做好本班员工的入职引导和培训工作，掌握和提高本班员工应急处置能力。 3.……	1.负责本班日常安全工作管理。 2.负责本班员工培训。 3.……	
		秩序维护监控中心： 1.负责监控中心屏幕的监视工作，观察和掌握监控画面反映的各个区域的治安动态，发现问题正确分析，及时报告、记录，并与有关岗位取得联系跟进处理。 2.负责重点部位和可疑情况监控数据的存储和保管。 3.……	1.负责通过监控设备监控园区治安动态。 2.保存监控数据。 3.……	
		秩序维护门岗： 负责对门岗通过的人、车、物的管理，落实询问、核实、登记制度，做好治安防范。	负责门岗管理。	

续表

序号	岗位名称	责任清单	履职清单	责任人
1—5	现场作业人员	秩序维护巡逻岗： 1. 负责按规定路线在规定时间内巡查，注意治安、消防、高空坠物等情况，并做好记录。 2. 负责查询可疑人员，及时将推销及闲杂人员劝离园区。 3. ……	1. 负责按要求完成巡查。 2. 负责劝离可疑人员。 3. ……	
		秩序维护车场岗： 1. 负责维护停车场的交通秩序，疏导车辆通行、指挥车辆停放，防止占用消防通道。 2. 巡查停车场，提醒车主关好门窗。 3. ……	1. 维护停车场的交通秩序。 2. 及时发现车场的不安全因素。 3. ……	

第六节 流程管控清单的制作

流程管理是20世纪末在全球范围内兴起的管理理念。它注重实现管理目标的过程、顺序和每个过程的内容，并通过流程的识别、分析和优化提高工作效率、保障工作质量、降低工作成本，还可以反向通过流程分析的方式发现许多通过其他方式难以发现的问题。

一、流程风险种类

（一）合法性风险

合法性风险主要存在于两个方面：一是流程违反了法律上的规定；二是

对流程未设置风险管理措施。两种情况的共同原因是大多数企业在经济活动中想当然地办事，只注意了交易中的商务性、技术性和财务性条款却忽视了专业性的法律问题，也可以说是企业的法律风险管理理念和法律资源配置出现了问题。

（二）合规性风险

合规性审查除了审查合法性之外，还审查法律规则之外的监管要求、规章制度等其他规则的遵从性。这些其他规则，最主要的是上级公司及本企业的相关管理制度以及政府主管部门在法律以外的其他规定。

（三）其他流程风险

企业初始的管理流程、业务流程等往往以工作质量和工作效率为主，因此除了合法、合规方面的不足，大多还存在着流程体系未完全覆盖经常性的事务处理，以及体系和流程的明确性、系统性、科学性、效率性等问题。

二、流程风险识别

（一）制度流程化分析

制度流程化分析的任务是将企业业务制度中规定的业务流程展现出来。分析的方法是：将业务制度的全部内容从业务绩效管理目标、业务步骤和对应步骤的责任部门、责任岗位、工作任务、工作记录、工作标准、工作方法等八个方面进行客观地分解归类，并将制度规定的业务流程客观地表达出来，客观分解描述现有业务制度条文。

（二）流程权力识别

制度流程化分析后，企业的制度如同一张流程地图一样展现在我们面前，我们需要在这张展开的流程地图上寻找有权力的地方，我们需要根据流程图中的每一步骤的工作任务内容进行识别企业中的八项权力。

（三）梳理合规义务

审核权对应企业领导审核签字的法定授权要求、廉洁规定和公司章程等；市场客服与销售权对应国家关于规范市场竞争、价格管理和交易的市场经济管理法律法规，对应市场环境中的反商业贿赂要求和廉洁要求，对应公司销售政策；人事权对应国家人事政策和《劳动法》等，对应公司用人方面的政策和廉洁要求；采购权对应国家《招标投标法》等法律法规，对应企业廉洁规定和采购政策要求；放行权对应国家的质量检验标准，对应企业的验收标准和防止吃拿卡要、验收舞弊的规定；计量权对应国家计量规定，对应企业内部的计量制度和防止吃拿卡要、计量舞弊的规定；财务资金权对应国家财经、财务资金管理法律法规，对应企业财务资金管理制度和防止吃拿卡要、财务资金收支舞弊的规定；拥有关键信息权对应国家保密规定、企业保密信息管理办法以及防止关键商业信息泄露的廉洁要求。

沿着流程上的步骤和每一项工作任务，确定权力节点、合规节点和合规义务，将合规要求嵌入其中，形成合规的流程，最终达到流程管控的合规要求。

第七节 合规审查机制建设

企业合规审查是指对企业的经营管理活动的合规性进行审核与检查，实施违规整改，持续改进，持续监督，保障企业经营管理的合规性。

国务院国资委《中央企业合规管理指引（试行）》第20条规定："建立健全合规审查机制，将合规审查作为规章制度制定、重大事项决策、重要合同签订、重大项目运营等经营管理行为的必经程序，及时对不合规的内容提出修改建议，未经合规审查不得实施。"

国务院国资委《中央企业合规管理办法》第21条规定："中央企业应当将合规审查作为必经程序嵌入经营管理流程，重大决策事项的合规审查意见应当由首席合规官签字，对决策事项的合规性提出明确意见。业务及职能部门、合规管理部门依据职责权限完善审查标准、流程、重点等，定期对审查情况开展后评估。"

一、合规审查依据

合规审查依据是企业进行合规审查的规范基础,我国企业应当适用的合规规范主要包括以下两个方面。

(一)外部合规规范

1. 国际条约、国际规范、国际组织的决议。

2. 我国的法律法规、部门规章、规范性文件、司法判例、党纪和党规。

3. 交易习惯与道德规范。

4. 行政许可与授权。

(二)内部合规规范

1. 企业与第三方之间的合同或协议。

2. 企业所在行业的自律性规则。

3. 企业选择承诺的非强制性国家标准、行业标准、企业标准。

根据企业自身经营的地域、所属行业、企业所有权性质的不同,其适用的合规规范本身也存在差异。企业合规审查的首要任务是:(1)掌握适用于本企业的所有合规规范,建立完整的合规规范数据库,并对企业应当遵守的合规义务进行识别;(2)持续关注企业内外部的合规规范的最新发展,并正确理解合规规范的规定,准备评估新的合规规范对企业可能产生的影响,确保企业处于较低的合规风险之下;(3)开展企业合规培训,全体员工具有较高的合规意识且主动在工作中合规履职。

二、合规审查的对象和范围

(一)全面合规审查

全面合规审查是企业合规审查的基本要求,是合规管理全面性原则的重要体现。其要求对企业经营管理的各个方面是否符合合规规范进行全面审查,能有效防控合规风险,保障企业的经营管理依法合规。

(二)重点领域合规审查

国务院国资委《中央企业合规管理指引(试行)》第13条规定了加强对

市场交易、安全环保、产品质量、劳动用工、财务税收、知识产权、商业伙伴重点领域的合规管理。

国务院国资委《中央企业合规管理办法》第 14 条规定了加强对规章制度制定、重大决策事项、重要合同签订、重大项目运营等合法合规性审查力度。

企业可结合自身实际情况，参照国资委规定，确定重点领域。

（三）热点领域合规审查

如对反垄断、反不正当竞争、数据安全、环境保护、出口管制、关联交易等领域进行合规审查，因为这些领域存在很多政府监管法规，企业如果在这些事项违规，会遭受外部监管机构的处罚。

（四）重大事项合规审查

重大事项一般指涉及企业分立、并购、破产、解散、增减资本以及重组改制、重大投融资、产权（股权）变动、对外担保、知识产权等对企业生存发展有重大影响的经营决策。重大事项合规审查就是针对企业经营中的前述重大事项，审查决策过程中是否正确执行国家法律法规、规章、政策，是否遵守了企业内部的合规要求，是否适当合规等，避免违反合规要求所导致的风险和损失。

（五）专业性合规审查

对专业性较强的企业经营管理领域是否合规进行的审查，如专业技术、税务筹划、财务审计领域等。由专业的合规团队或专业人员对企业的合规情况进行专门、深入的审查和评估。

三、合规审查部门

（一）各业务部门

企业各个业务部门作为直接负责业务的单位，是企业合规风险管理的第一道防线。各业务部门应当在本部门领域内和职责范围内开展全面合规审查。

（二）合规管理部门

对规章制度制定、重大决策事项、重要合同签订、重大项目运营等进行合法合规性审查，对业务部门审核结果进行复审。

四、合规审查程序

1. 成立合规审查领导小组，组长由合规管理牵头部门负责人担任，企业各业务部、子公司负责人、合规管理员、合规联络员为成员。

2. 组织审查培训，发放审查清单模板。

3. 各部门自查。各个业务部门作为企业合规风险的第一道防线以及企业合规风险管理的主体，有责任对其负责的合规审查对象进行全面的合规审查。

4. 合规管理部门对企业的重大事项、重点领域、海外业务进行审查，认为需要时，对业务部门的审查进行复审。

在审查工作中，务必保证合规管理部门审查的独立性。合规管理部门的工作独立性是企业合规管理的重要原则。这要求合规管理部门及其工作人员能独立履行审查职责，不受其他部门和人员的干涉，还要求其他的业务部门予以积极配合。

五、合规审查后评估与问题整改

国务院国资委《中央企业合规管理办法》第21条指出，中央企业应当定期对审查情况开展后评估。

一是合规审查后，合规管理部门的审查意见，业务部门是否采纳并整改，如果业务部门未采纳、未限期整改，业务部门需承担的责任。

二是合规管理部门在审查或复审中，隐匿、疏忽、应识别而未识别，相关负责人应承担的责任。

对合规审查中发现的问题及时进行整改，通过健全制度机制、优化业务流程等方式，堵塞管理漏洞，形成长效机制，定期对合规整改情况进行检查,将合规管理情况作为法治建设的重要内容,纳入对各部门和子企业负责人的年度综合考核,将合规履职情况作为员工考核、干部任用、评优评先等工作的重要依据。完善违规行为追责问责机制,明确违规责任范围、惩处标准,严肃追究违规人员责任。相关部门和人员在合法合规性审查中,存在应当发现而未发现违规问题或发现后敷衍不追、隐匿不报、查处不力等失职渎职行为的,应承担相应的责任。

第八节 合规报告机制

一、合规报告的分类

企业合规报告包括定期报告制度、日常报告制度、专项报告制度。

（一）定期报告制度

国务院国资委《中央企业合规管理指引（试行）》第28条规定:"建立合规报告制度,发生较大合规风险事件,合规管理牵头部门和相关部门应当及时向合规管理负责人、分管领导报告。重大合规风险事件应当向国资委和有关部门报告。合规管理牵头部门于每年年底全面总结合规管理工作情况,起草年度报告,经董事会审议通过后及时报送国资委。"

国务院国资委《中央企业合规管理办法》第22条第1款规定:"中央企业发生合规风险,相关业务及职能部门应当及时采取应对措施,并按照规定向合规管理部门报告。"

解读前述文件,合规年度报告即为定期报告的一种,合规管理牵头部门需于每年年底全面总结合规管理工作情况。合规年度报告由合规管理牵头部门制作,合规管理部门制作前,先指导业务部门对自身1年内合规履职情况进行评估,必要时,由合规管理部门复审,年度报告最终经董事会审议通过后按规定报送国资委。

（二）日常报告制度

日常报告制度一般包括合规风险事项报告、重大合规风险事项报告等制度内容。企业发生合规风险，业务部门必须第一时间向本业务部门合规联络员与合规管理员汇报，合规管理员认为需要向合规管理牵头部门汇报的，书面向合规管理牵头部门汇报。重大合规风险事件，应当向国资委和有关部门报告。

（三）专项报告制度

专项报告是指：（1）针对专门业务领域的合规报告，如劳动人事、财务税收、安全环保、数据安全、企业治理等；（2）针对专门合规任务的报告，如合规调查报告、合规培训报告等；（3）重大专项合规风险报告，如针对企业的经营业务领域或准备新进入的业务领域，而根据国家法律法规、政策、国家标准、国际形势、国际标准发生变化等要求而专门出具的专项报告。

二、合规报告的内容

首先，合规报告应包括以下内容：（1）组织按要求向任何监管机构通报的任何事项；（2）合规义务变化及其对组织的影响，以及为了履行新义务，拟采用的行动方案；（3）对合规绩效的测量，包括不合规和持续改进；（4）可能的不合规数量、详细内容和随后对他们的分析；（5）采取的纠正措施；（6）合规管理体系有效性、业绩和趋势的信息；（7）与监管部门的接触和关系进展；（8）审核结果和监视活动；（9）监视行动计划的完整执行，特别是那些源自审核报告或监管要求的行动计划，或者两者兼而有之。

其次，《企业境外经营合规管理指引》第24条对于合规风险评估及其报告的撰写亦提出了一些具体要求：企业可通过分析违规或可能造成违规的原因、来源、发生的可能性、后果的严重性等进行合规风险评估。企业可根据企业的规模、目标、市场环境及风险状况确定合规风险评估的标准和合规风险管理的优先级。企业进行合规风险评估后应形成评估报告，供决策层、高级管理层和业务部门等使用。评估报告内容包括风险评估实施概况、合规风险基本评价、原因机制、可能的损失、处置建议、应对措施等。

最后，国务院国资委于2018年发布的《2019年度中央企业全面风险管理报告（报送国资委模板）》亦可作为合规报告制作时的参考。

2019年度中央企业全面风险管理报告（报送国资委模板）[①]

一、2018年企业全面风险管理工作回顾

（一）总体情况。

简要介绍本企业2018年全面风险管理工作情况及董事会对此项工作的总体评价情况。

（二）工作亮点。

选择1—2个角度，介绍风险管理的做法、经验和成效。包括：决策层对风险管理的顶层设计、战略引领；风险管理融入企业经营管理；重大风险的识别、分析、评价和应对；风险管理思路和方法创新；风险管理的体制机制建设、组织保障、信息化建设；风险管理的队伍和文化建设等。或介绍1—2个防范应对重大风险的典型案例，反映风险管理工作对企业经营发展的积极作用（如应急管理、风险转移、风险分担、减少损失、拓展机会、促成合作等）。

（三）风险事件。

按照重大风险事件等级标准，按附表2格式填报本年内企业发生的重大风险事件，并说明相应的产生原因、造成影响、控制措施、事件进展等情况。

二、2019年企业重大风险研判

结合企业实际、行业特点和国内外形势，评估本企业2019年面临的2—3个重大风险，请在附表3中填报，类别请严格按照附表4填写。

三、2019年企业全面风险管理工作安排

四、当前的工作难点、存在的问题及意见建议

---

① 载国务院国有资产监督管理委员会官网 http://www.sasac.gov.cn/n2588020/n2588072/n2591064/n2591066/c9592920/content.html，最后访问日期：2024年3月6日。

附表：

1. 企业集团层面风险管理工作开展情况统计表（略）

2.2018 年重大风险事件情况表（略）

3.2019 年企业重大风险评估表（略）

4. 风险分类表（略）

5.2018 年企业专项风险检查情况统计表（略）

6. 中央企业风险管理工作组织情况统计表（略）

第九节　合规监督机制建设

合规监督机制是指对企业的违规行为进行监督管理的机制。在《中央企业合规管理指引（试行）》《企业境外经营合规管理指引》《中央企业合规管理办法》中称为违规举报、调查与问责。

为了保障合规管理机制的有效运行，企业应当建立健全合规监督机制，合规监督机制包括举报机制、违规调查机制、违规问责机制、合规免责机制。企业建立完善的合规监督机制，会对违规者及潜在违规者形成足够威慑，能在很大程度上堵住合规风险发生的漏洞。

一、关于中央企业违规管理与问责的归口管理部门

（一）违规经营投资责任追究职能部门或机构

国务院国资委《中央企业违规经营投资责任追究实施办法（试行）》第 50 条规定："中央企业应当明确相应的职能部门或机构，负责组织开展责任追究工作，并做好与企业纪检监察机构的协同配合。"

（二）纪检监察机构

根据党内法规以及相关政策文件，纪检监察机构负责：

1.受理违规举报，并进行线索分类和处置。

2.负责对企业党员干部和员工违反党纪的行为以及企业管理人员的职务犯罪和职务违法行为进行调查，提出违规问责或纪律处分建议，向企业党组织报告。

3.按照企业党组织的决定，实施违纪处分或监察处置。

《中国共产党纪律处分条例》第6条规定："本条例适用于违反党纪应当受到党纪责任追究的党组织和党员。"

《监察法》第1条规定，为了深化国家监察体制改革，加强对所有行使公权力的公职人员的监督，实现国家监察全面覆盖，深入开展反腐败工作，推进国家治理体系和治理能力现代化，根据宪法，制定本法。第15条明确规定监察机关对国有企业管理人员进行监察。

（三）合规管理牵头部门

国务院国资委《中央企业合规管理指引（试行）》第10条规定了中央企业合规管理牵头部门受理职责范围内的违规举报，组织或参与对违规事件的调查，并提出处理建议。

国务院国资委《中央企业合规管理办法》第24条规定，合规管理牵头部门按照职责受理违规举报，并就举报问题进行调查和处理，对涉嫌违纪违法的，及时移交纪检监察机构处理。

合规管理牵头部门的违规管理职责限于纪检监察机构违规管理范围以外的违规举报受理、组织或参与对违规事件的调查、处置。

（四）业务部门

业务部门组织或配合相关部门进行违规问题调查。

二、违规举报机制

根据《合规管理体系 要求及使用指南》（GB/T 35770—2022）对合规举报的要求：

报告疑虑，组织应建立、实施并保持一个鼓励并有助于对试图、涉嫌或实际存在的，违反合规方针或合规义务的行为（基于合理理由相信信息真实性的情况下）进行举报的过程。

该过程应：（1）在整个组织内可见并可访问；（2）对举报保密；（3）接受匿名举报；（4）保护举报人免于遭受打击报复；（5）便于人员获得建议。

组织应确保所有人员了解举报程序、了解其自身的权力和保障机制，并能够运用相关程序。

国务院发布的《关于加强和规范事中事后监管的指导意见》明确提出建立"吹哨人"制度，这是国务院首次对建立"吹哨人"制度作出部署。其第16条规定，发挥社会监督作用。建立"吹哨人"、内部举报人等制度，对举报严重违法违规行为和重大风险隐患的有功人员予以重奖和严格保护。畅通群众监督渠道，整合优化政府投诉举报平台功能，力争做到"一号响应"。

1. 建立畅通的举报渠道。企业设立由专人负责的举报热线、专门的举报邮箱。举报人既可以向企业合规管理部门、纪检监察机构或审计部门举报，也可以向管理层举报。

2. 企业制定专门制度，对接收的举报信息进行分类管理，按照制度流程对举报信息积极反馈。

3. 接受匿名举报、保护举报信息及举报人。

4. 举报奖励。企业可以设立举报奖金池，对于举报信息避免企业重大损失的及其他对企业有重大贡献的，予以奖励。

三、违规调查机制

根据《合规管理体系 要求及使用指南》（GB/T 35770—2022）对调查过程的规定，组织应开发、确立、实施并维护过程，以评估、评价、调查有关涉嫌或实际的不合规情形的报告，并做出结论。这些过程应确保能公平、公正地作出决定。调查过程应由具备相应能力的人员独立进行，且避免利益冲突。组织应利用调查结果改进合规管理体系，应定期向治理机构或最高管理者报告调查的次数和结果，应保留有关调查的文件化信息。

国务院国资委在《中央企业合规管理指引（试行）》《中央企业合规管理办法》中都把合规调查列为合规管理牵头部门的主要职责之一。

《企业境外经营合规管理指引》第20条规定，企业应根据自身特点和实际情况建立和完善合规信息举报体系。员工、客户和第三方均有权进行举报和投诉，企业应充分保护举报人。合规管理部门或其他受理举报的监督部门应针对举报信息制定调查方案并开展调查。形成调查结论以后，企业应按照相关管理制度对违规行为进行处理。

根据国务院国资委《中央企业合规管理指引（试行）》第10条的规定，合规管理部门受理职责范围内的违规举报，组织或参与对违规事件的调查，并提出处理建议。国务院国资委《中央企业合规管理办法》第24条规定："中央企业应当设立违规举报平台，公布举报电话、邮箱或者信箱，相关部门按照职责权限受理违规举报，并就举报问题进行调查和处理，对造成资产损失或者严重不良后果的，移交责任追究部门；对涉嫌违纪违法的，按照规定移交纪检监察等相关部门或者机构。中央企业应当对举报人的身份和举报事项严格保密，对举报属实的举报人可以给予适当奖励。任何单位和个人不得以任何形式对举报人进行打击报复。"

违规调查是一项严肃的合规管理工作。违规调查的程序、方法、措施等应当符合合规规范。《监察法》第5条规定："国家监察工作严格遵照宪法和法律，以事实为根据，以法律为准绳；在适用法律上一律平等，保障当事人的合法权益；权责对等，严格监督；惩戒与教育相结合，宽严相济。"第18条规定："监察机关行使监督、调查职权，有权依法向有关单位和个人了解情况，收集、调取证据。有关单位和个人应当如实提供。监察机关及其工作人员对监督、调查过程中知悉的国家秘密、商业秘密、个人隐私，应当保密。任何单位和个人不得伪造、隐匿或者毁灭证据。"第56条规定，监察人员必须模范遵守宪法和法律，忠于职守、秉公执法，清正廉洁、保守秘密。

四、违规处置机制

国务院办公厅《关于建立国有企业违规经营投资责任追究制度的意见》明确了违规责任追究处理的五种方式：（1）组织处理。包括批评教育、责令书面检查、通报批评、诫勉、停职、调离工作岗位、降职、改任非领导职务、责令辞职、免职等。（2）扣减薪酬。扣减和追索绩效年薪或任期激励收入，终止或收回中长期激励收益，取消参加中长期激励资格等。（3）禁入限制。5年内直至终身不得担任国有企业董事、监事、高级管理人员。（4）纪律处分。由相应的纪检监察机关依法依规查处。（5）移送司法机关处理。依据国家有关法律规定，移送司法机关查处。以上处理方式可以单独使用，也可以合并使用。

对于企业而言，在建立本企业违规处置机制时，建议做到如下举措，确保违规处置的合法合理：一是建立健全处置依据。违规行为如果涉嫌违反党纪、国法的，依据党规党纪、相关法律规定处置。违规行为如果只是一般违规，则给予违规人员的处置一般是训诫、口头或书面警告、降职、调职、解除劳动关系等。对于上述处置意见必须在企业员工手册或其他相关制度中有明确规定，且该制度的制定符合法律程序，如召开工会、员工代表大会、制度公示告知等。二是违规处置除了重视实体规定，还要确保处置符合相关的程序规定。

五、追责问责机制

国务院国资委《中央企业合规管理办法》第25条规定："中央企业应当完善违规行为追责问责机制，明确责任范围，细化问责标准，针对问题和线索及时开展调查，按照有关规定严肃追究违规人员责任。中央企业应当建立所属单位经营管理和员工履职违规行为记录制度，将违规行为性质、发生次数、危害程度等作为考核评价、职级评定等工作的重要依据。"

第十节　合规考核与队伍建设

合规考核与合规人才队伍建设在企业合规建设过程中起着至关重要的作用。建立合规管理评价机制，定期对合规管理体系运行情况进行全面评价；加强合规队伍建设，做好合规考核与晋升、评优等激励的关系及日常管理工作中的合规赋能，才能充分调动合规队伍开展工作的积极性、主动性、创造性，有助于增强企业合规建设能力，保障企业依法合规发展有着深远的意义。

一、合规考核的相关要求

《中央企业合规管理指引（试行）》第23条规定："加强合规考核评价，把合规经营管理情况纳入对各部门和所属企业负责人的年度综合考核，细化评价指标。对所属单位和员工合规职责履行情况进行评价，并将结果作为员工考核、干部任用、评先选优等工作的重要依据。"

《中央企业合规管理办法》第27条规定："中央企业应当定期开展合规管理体系有效性评价，针对重点业务合规管理情况适时开展专项评价，强化评价结果运用。"

《企业境外经营合规管理指引》第18条规定，合规考核应全面覆盖企业的各项管理工作。合规考核结果应作为企业绩效考核的重要依据，与评优评先、职务任免、职务晋升以及薪酬待遇等挂钩。境外经营相关部门和境外分支机构可以制定单独的合规绩效考核机制，也可将合规考核标准融入总体的绩效管理体系中。考核内容包括但不限于按时参加合规培训，严格执行合规管理制度，积极支持和配合合规管理机构工作，及时汇报合规风险等。

《合规管理体系 要求及使用指南》（GB/T 35770—2022）中没有"合规考核"的概念，与之对应的是"绩效评价"，梳理其相关规定，绩效评价分为四个步骤,即监视、测量、分析和评价。

9.1.1　通则

组织应对合规管理体系进行监视,以确保实现合规目标。

组织应确定:

——需要监视和测量什么;

——适用的监视、测量、分析和评价的方法,以确保有效的结果;

——何时实施监视和测量;

——何时对监视和测量的结果进行分析和评价。

文件化信息应作为结果证据可获取。

组织应评价合规绩效和合规管理体系的有效性。

9.1.2　合规绩效的反馈来源

组织应确立、实施、评价和维护能够使其从多种渠道寻求并获取合规绩效反馈的过程。组织应对信息进行分析和严格评估,以确定不合规的根本原因,确保采取适当的措施,并在4.6要求的定期风险评估中反映上述信息。

9.1.3　指标的开发

组织应开发、实施和维护一套适当的指标,以帮助组织评价其合规目标的实现情况并评估合规绩效。

分析梳理前述规定,合规考核一般分为部门考核与员工个人考核。对于集团企业,还包括对下属子公司的合规考核。

合规考核内容一般包括:合规培训情况、合规履行情况、不合规事项、对合规部门工作支持情况、违规报告、举报执行情况、合规调查情况。

二、合规队伍建设的相关要求

《中央企业合规管理指引(试行)》第25条规定:"建立专业化、高素质的合规管理队伍,根据业务规模、合规风险水平等因素配备合规管理人员,持续加强业务培训,提升队伍能力水平。海外经营重要地区、重点项目应当明确合规管理机构或配备专职人员,切实防范合规风险。"

国务院国资委《中央企业合规管理办法》第25条第2款规定，中央企业应当建立所属单位经营管理和员工履职违规行为记录制度，将违规行为性质、发生次数、危害程度等作为考核评价、职级评定等工作的重要依据。

加强合规队伍建设既要建立专业化、高素质的合规管理队伍，持续加强业务培训，又要做好合规考核工作，奖罚分明，充分调动合规队伍开展工作的积极性和主动性。

合规队伍建设包含的事项通常有：合规管理部门的编制规模；合规管理人员、合规管理员、合规联络员的学历背景、经验能力等。强化队伍建设的方式是扩编与培养培训。加强合规管理员、合规联络员的身份认同感需要做好合规考核与晋升、评优等激励的关系及日常管理工作中的合规赋能。

示例

公司员工年度考核表

姓　名		入职日期		专业职称	
所在项目		联系电话		职务/岗位	
本年度岗位任务及完成情况（本人填写）					
一：本年度岗位任务 二：完成情况					
下年度工作计划：					
部门考核情况（部门负责人填写）					
考核项目	主要考核内容				考核意见
出勤情况	迟到、早退、旷工、请假情况。				□满意 □基本满意 □不满意

续表

专业水平	建设工程相关法律、法规了解情况；监理工作程序熟悉情况；专业规范、标准掌握情况；专业新知识的学习和接受能力；监理经验丰富与否；运用专业知识解决技术问题的能力。	□满意 □基本满意 □不满意
工作情况	岗位任务完成情况；监理日志填写情况；监理资料及时情况；工作认真准确与否；工作效果如何。	□满意 □基本满意 □不满意
团队意识	服从工作安排情况；与公司同事之间能否密切合作；岗位职责内的工作是否主动；团队事务是否主动参与。	□满意 □基本满意 □不满意
协调能力	语言表达能力；与工程相关方的沟通能力；协调的效果。	□满意 □基本满意 □不满意
职业道德	是否具有服务意识；能否自觉遵守公司制定的规章制度；工作是否勤勉、敬业、具有责任心；是否能坚持科学、规范、诚信、公正的监理工作理念；是否存在索贿现象；是否受到工程相关方的投诉。	□满意 □基本满意 □不满意

考核结论：□满意　□基本满意　□不满意
同意继续履职与否：□同意　　□不同意。
改进建议：

项目负责人签名：　　　　　　　　　　部门经理签名：
　　　　　　　　　　　　　　　　　　　　年　月　日

续表

公司审核意见
审核意见：同意续签劳动合同与否：□同意　□不同意。
审核人签名：　　　　　　　　　　　行政主管签名： 公司负责人签名：　　　　　　　　　公司盖章： 　　　　　　　　　　　　　　　　　　　　　年　月　日

第十一节　合规培训与文化宣贯

企业全面合规建设中的宣贯与培训主要是对企业的全体员工，包括治理层、管理层、普通员工针对企业的合规建设体系、合规管理制度、合规运行与保障进行全面培训，以达到全体员工熟知企业的合规要求、合规理念、合规文化，在企业经营管理过程中，各司其职，合规履职的目的。

一、合规培训与文化宣贯的意义

在功能方面，宣贯是一种有组织的管理行为，其目的是及时提高员工的某类水平以适应新的规则，多用于企业管理模式、运作模式的转换阶段。同时，它也是培训的一种，通过传播各种工作规范、工作方法、管理理念等方式提高员工的认知水平和工作能力，并从整体上提高企业的质量水平、安全水平和工作效率。

（一）促进企业成长

培训是企业的战略性管理举措，企业的内部环境、外部环境一直处于变化之中，企业只有与时俱进地调整合规要求、合规规定、外规内化、合规风险库，才能确保企业日常经营管理依法合规。

1.适应外部环境变化

企业的外部环境包括经济环境、法律环境、国际形势、行业趋势，外部环境的变化会直接影响企业的合规要求，企业需要对外界变化有足够的认识，调整自身的合规管理体系，适应形势，确保企业经营合规，健康发展。

2.适应内在发展需要

企业经营业务的变更，人员的流动，需要企业增加企业数据合规库内容，培训企业员工了解新的合规要求，确保合规履职。

（二）培训促进员工成长

1.提升员工的工作能力，有利于员工个人素质的提升。

2.通过培训，满足了员工个人成长的需要，合规履职，稳步发展。

二、合规培训与文化宣贯的相关要求

国务院国资委《中央企业合规管理指引（试行）》第26条规定："重视合规培训，结合法治宣传教育，建立制度化、常态化培训机制，确保员工理解、遵循企业合规目标和要求。"第27条规定："积极培育合规文化，通过制定发放合规手册、签订合规承诺书等方式，强化全员安全、质量、诚信和廉洁等意识，树立依法合规、守法诚信的价值观，牢固合规经营的思想基础。"

国务院国资委《中央企业合规管理办法》第29条规定："中央企业应当将合规管理纳入党委（党组）法治专题学习，推动企业领导人员强化合规意识，带头依法依规开展经营管理活动。"第30条规定："中央企业应当建立常态化合规培训机制，制定年度培训计划，将合规管理作为管理人员、重点岗位人员和新入职人员培训必修内容。"

另外，国务院国资委在《关于进一步深化法治央企建设的意见》中强调，中央企业要厚植法治文化，深入学习宣传习近平法治思想，将培育法治文化作为法治建设的基础工程，使依法合规、守法诚信成为全体员工的自觉行为和基本准则。落实"八五"普法要求,进一步推进法治宣传教育制度化、常态化、多样化,将法治学习作为干部职工入职学习、职业培训、继续教育的必修课,广泛宣传与企业经营管理和职工切身利益密切相关的法律法规。总结法治建设典型做法、成功经验和进展成果,通过开展选树典型、评比表彰、集中宣传等形式,营造学习先进、争当先进、赶超先进的良好氛围。

三、合规培训与文化宣贯的原则

宣贯可以简单地理解为宣传、贯彻。在管理领域中,通常是指通过一定的形式和内容将某种理念或行为规范等宣讲给企业员工,以帮助员工提高认识、充分理解并按照要求进行实际操作。在广义上,宣贯是一种在特定阶段针对特定目标的培训。

（一）全面覆盖原则

《中央企业合规管理指引（试行）》《中央企业合规管理办法》中都强调中央企业建立健全合规管理体系的基本原则是全面覆盖,坚持将合规要求覆盖生产经营管理各领域、各环节,落实到各部门、各级子企业、分支机构和全体员工。在《中央企业合规管理办法》中还强调第一责任人、领导专题学习。因此,合规培训,不是仅对员工的培训,企业的治理层、管理层应带头接受合规培训。

（二）针对性原则

针对董事会、经理层、中层管理人员、普通员工制定不同的培训内容,企业的合规管理体系庞大,合规制度很多,所以在培训时,需要具有针对性,确保全体员工熟知自己工作范围内的合规职责。

（三）常态化、制度化原则

合规管理是融入企业生产经营活动全过程的管理要求,合规培训是将企业合规理念、合规文化、合规职责让企业全体员工了解并严格遵守的最佳方法,故企业需要制定培训制度,将企业培训常态化。

（四）持续强化更新原则

企业的合规风险会随着内部、外部环境的变化而变化，外部环境包括法律法规、政策、监管要求、国际形势等，内部环境包括企业经营计划调整等，所以，合规培训也需要根据企业实际情况进行动态调整。

四、合规培训与文化宣贯的程序

合规培训程序一般包括：（1）制订合规培训计划；（2）确定培训内容；（3）培训考试；（4）合规培训的记录与保存；（5）合规培训报告；（6）再培训。原则上，当员工出现下述情况时，需要再培训：员工角色或职责改变；企业内部方针、程序和过程改变；企业组织机构改变；企业合规义务（尤其是法律或相关方）要求改变；企业活动、产品或服务改变；从监视、审核、评审、投诉和不合规（包括利益相关方反馈）产生的问题。

文化宣贯程序一般包括：（1）确定宣贯目标；（2）制订宣贯计划；（3）开展内部宣贯；（4）发布宣贯材料；（5）定期检查评估；（6）建立沟通与反馈渠道；（7）强化领导示范；（8）奖惩机制与监督；（9）日常审查和更新。

示例

公司境外业务合规培训与宣传管理办法

第一条 为了规范集团公司及所属各单位在境外的经营和管理行为，防范业务合规风险，提高内部控制水平，特制定本办法。

第二条 本办法适用于集团公司及所属各单位的境外业务。

第三条 本办法通过合规培训与宣贯等合规管理措施，保障境外业务及人员的行为合规。

第四条 集团公司及所属各单位在开展境外业务时，应遵循我国、联合国、多边开发银行和业务所在国（地区）的合规要求，同时要密切关注重点国家（地区）的单边合规要求和业务密切联系国（地区）的合规要求，动态开展国际合规管理培训和宣贯工作。

第五条 集团公司法律合规部是境外合规管理的综合管理部门，在集团公司境外业务分管领导和总法律顾问的领导下，负责境外合规宏观性、战略性和体系性工作，负责制定和完善境外法律与合规管理制度和机制，推动涉外法律合规队伍建设，指导和检查所属单位境外业务法律合规培训与宣贯工作。

第六条 集团公司国际事业部是境外业务合规工作的专项管理部门，负责境外合规管理的专业性、业务性和管理性工作，并负责组织开展国际业务合规培训和评价。

第七条 为保证所有涉及境外业务的人员能够更好地理解并遵守境外业务合规管理规定，集团公司及所属单位应定期组织员工进行合规培训与宣贯。

第八条 集团公司国际事业部应于每年12月向集团所属公司征集下一年度境外业务合规培训需求及建议。集团所属公司要结合自身业务中的境外业务合规风险及员工的合规意识和管理水平进行认真分析、评价，拟定并提交境外业务合规培训需求与建议。

第九条 集团公司国际事业部根据汇总的需求和建议，拟订次年境外业务合规培训计划报集团公司培训主管部门审核，并按照计划组织实施。

第十条 集团所属公司负责组织各自国别范围内的合规培训。根据年度培训计划提前制订培训方案，详细规划培训的目的及要求、培训对象及人数、培训内容及方法、培训时间及地点、培训师资及课件（教材）、培训经费等。

第十一条 合规培训分为现场培训和线上培训两种形式。集团所属公司应每年至少举办一次现场培训，并根据业务需要或监管要求，不定期在境外举办现场培训。如遇特殊情况，可以采用线上培训的方式进行。

第十二条 涉外业务员工应每年至少参加一次现场培训或线上培训。

第十三条 集团所属公司合规管理部门应对员工参加合规培训的过程进行监督和记录；并对参训人员进行考核，考核不合格者不得担任各级境外业务的负责人及合规专员，也不得在境外开展业务。

第十四条　员工在接受了合规培训之后，应当对其进行评价，由培训组织者将培训效果评估表发放给学员，学员可以根据评估表的内容，对课程内容、讲师授课质量等进行打分，并提出改进意见和建议。

第十五条　各单位应建立合规培训档案，其中应当包含年度境外业务合规培训计划、年度境外业务合规培训总结、境外业务合规培训记录、考核评价结果等。

第十六条　集团公司及所属各单位应利用普法、评奖、征文等各种形式，利用官网、内网、公众号、内刊等多种渠道向员工和第三方宣贯合规理念。

第十七条　本办法的解释权归集团公司法律合规部所有。

第十八条　本办法自发布之日起施行。

第十二节　合规信息化、数字化

随着信息化、数字化、智能化技术的快速发展和成熟，企业合规管理也需要信息化、数字化、智能化。实现合规管理信息化，可以大大提高企业合规管理的效率和效能。

一、合规信息化、数字化的相关要求

国务院国资委《中央企业合规管理指引（试行）》第24条规定："强化合规管理信息化建设，通过信息化手段优化管理流程，记录和保存相关信息。运用大数据等工具，加强对经营管理行为依法合规情况的实时在线监控和风险分析，实现信息集成与共享。"

国务院国资委《中央企业合规管理办法》第六章"信息化建设"明确规定了信息化建设相关内容，可见国资委对央企合规数字化建设的重视。

国务院国资委《关于进一步深化法治央企建设的意见》指出，着力提升

数字化管理能力。运用区块链、大数据、云计算、人工智能等新一代信息技术，推动法务管理从信息化向数字化升级，探索智能化应用场景，有效提高管理效能。深化合同管理、案件管理、合规管理等重点领域信息化、数字化建设，将法律审核嵌入重大决策、重要业务管理流程，通过大数据等手段，实现法律合规风险在线识别、分析、评估、防控。推动法务管理系统向各级子企业和重要项目延伸，2025年实现上下贯通、全面覆盖。推动法务管理系统与财务、产权、投资等系统的互联互通，做好与国资国企在线监管系统的对接，促进业务数据相互融合、风险防范共同响应。

（一）信息化1.0版

信息化1.0版指"集约式"合规信息化，合规工作模块的信息化。将企业的规章制度、专项合规指南、人员管理、合规案例、合规培训、合规信用记录等通过数字化手段建立合规信息化系统。

（二）信息化2.0版

信息化2.0版指"分布式"合规信息化。

1.合规审查的信息化。对规章制度制定、重大决策事项、重要合同签订、重大项目运营等实现线上合规审查和审批。

2.流程管控的信息化。运用信息化手段将合规要求嵌入业务流程，明确相关条件和责任主体，强化过程管控。

（三）信息化3.0版

信息化3.0版指数字化赋能，通过法律数据库、风险数据库、合规案例库的建立以及云计算、区块链技术的应用，对重点领域、关键节点开展实时动态监测，实现合规风险预警、合规审查的智能化。

二、合规管理信息化建设的主要内容

（一）普及合规知识

1.企业法律数据库、风险数据库、合规案例库。

2.企业合规管理优秀企业经验分享。

3.企业合规管理的内部格式文件、模板。

（二）合规宣传

1.宣传计划的制订与修改。

2.宣传计划的实施及跟踪。

3.宣传计划实施的统计及查询。

（三）合规组织

合规委员会、合规管理牵头部门、合规管理员、合规联络员、合规专员等各层级组织、人员及其职责，以及合规管理中的授权管理体系文件。

（四）合规咨询

1.合规风险提示。

2.问题库查询。

3.合规管理牵头部门合规咨询服务流程。

（五）合规风险管理

1.识别并发布合规义务清单及具体内容。

2.公布合规风险评估标准、方法及评估程序。

3.收集合规风险信息、线索。

4.合规风险清单的更新。

5.合规风险的日常监测和预警。

6.合规风险应对整改计划和方案。

7.跟踪、监督检查合规风险整改。

（六）合规管理制度和流程

1.公布合规管理制度与流程。

2.运用信息化手段将合规要求嵌入业务流程，强化过程管控。

3.跟踪监督合规管理制度与流程的执行。

4.收集对合规管理制度与流程的修改意见。

5.组织对合规管理制度与流程的修改。

（七）合规投诉及举报

1. 投诉及举报受理。

2. 对投诉及举报信息的评估。

3. 立项处理投诉及举报。

4. 结案处理。

5. 相关信息存档。

6. 投诉及举报信息统计。

7. 投诉及举报信息查询。

（八）合规审查

1. 合规审查人员。

2. 合规审查依据。

3. 合规审查程序。

4. 对规章制度制定、重大决策事项、重要合同签订、重大项目运营实现线上合规审查和审批。

（九）合规管理评估

1. 发布评估计划。

2. 成立评估小组。

3. 上传、汇总评估文件。

4. 发布评估标准。

5. 发布评估报告。

6. 发布整改计划和方案。

7. 跟踪、监督整改进程。

（十）合规管理考核与评价

1. 发布考核指标。

2. 发布考核标准。

3. 发布考核评价结果。

4. 跟踪、监督考核评价结果执行。

（十一）合规宣传与培训

1. 提供线上合规宣传与培训平台。

2. 发布合规宣传与培训课程资料。

（十二）违规管理

1. 公布违规举报电话、电子邮箱、负责部门及负责人的联系方式。

2. 提供线上违规举报链接。

3. 提交、审批违规调查计划。

4. 发布违规调查结果和处置、问责决定。

5. 跟踪、监督违规处置、问责执行。

（十三）合规管理计划与合规报告

1. 收集合规管理计划、合规报告信息资料和意见。

2. 修改、提交、审批合规管理计划、合规报告。

3. 发布合规管理计划、合规报告。

4. 跟踪、监督合规管理计划、合规报告的执行。

（十四）加强互联互通以实现动态监测

1. 加快推动合规管理信息系统与本企业其他管理信息系统、国资委国资监管信息系统互联互通，实现基本数据共同共享。加大信息系统推广应用力度，实现本企业内全覆盖。

2. 充分利用大数据、云计算等技术，对重点领域、关键节点开展实时动态监测，实现合规风险即时预警，实时监控。

（十五）收集、存储和管理企业员工的合规档案信息

收集、存储和管理企业员工的合规档案信息是做好合规管理信息化建设的重要一环。

建立合规档案信息，整合数据综合分析，以便员工合规行为整体评价更客观。同时，突出合规预警督促作用，有效预警员工的违规行为，督促员工自觉遵规守纪，努力减少违规违纪等情况，形成依法合规的内生动力。

第十三节　合规管理有效性评估与闭环管理

合规管理的目的是降低和有效防控合规风险，合规管理并不能帮助企业杜绝合规风险，但是能协助企业降低和有效防控合规风险。合规管理体系是一个完整的、有机的整体，只有其各个组成部分都落实到位和有效运行，整个体系才能有效运行和发挥作用。

一、全面合规管理

合规管理是全面管理。《中央企业合规管理指引（试行）》《中央企业合规管理办法》均规定中央企业应当按照全面覆盖原则建立健全合规管理体系。全面覆盖，即坚持将合规要求覆盖生产经营管理各领域环节，落实到各部门、各级子企业、分支机构和全体员工。同时要求企业根据外部环境变化，结合自身实际，在全面推进合规管理的基础上，突出重点领域、重点环节和重点人员，建立健全合法合规性审查机制，将其作为经营管理行为的必经前置程序，加大对规章制度制定、重大决策事项、重要合同签订、重大项目运营等合法合规性审查力度，切实防范合规风险。

全面合规管理是基础，其要求企业领导带头合规。《中央企业合规管理办法》第10条明确规定，中央企业主要负责人作为推进法治建设第一责任人，应当切实履行依法合规经营重要组织者、推动者和实践者职责，积极推动合规管理各项工作。第13条至第15条规定了三道防线，强调了管业务必须管合规，建立全员合规责任制。合规管理要以点带面、点面结合，不能以点概面、以偏概全。

合规管理的目的是有效防控合规风险，合规管理就是底线管理或红线管理，要求企业及其员工不触碰合规义务与合规要求的底线，不逾越合规义务与合规要求的红线。

合规管理是长效机制。合规管理从体系搭建到运行机制、保障机制有效运行，至少需要3年时间。合规管理的核心是合规风险管理，需要持续改进、持之以恒。

二、合规管理有效性评估的内容

（一）合规管理现状体检评估

经过体检评估，识别合规管理哪些方面还不符合监管机构要求，哪些方面与良好的合规实践还有差距。

（二）合规管理对标一流方案

合理设定企业合规管理建设目标，制订完整可行的工作方案，确保企业依照工作方案指定的路线图和时间表按时达成建设目标。

（三）合规管理有效性评估指标设计

结合中外先进经验、相关规定，制定既符合本土企业实际情况又与国际最先进管理经验同样水准的合规管理有效性评估指标体系。

（四）合规管理有效性评估实施方案

充分利用丰富的合规体系建设经验，通过问卷调查、调研访谈、实地走访、测试验证等各种成熟调研方法，保证企业指标体系得到客观深入的验证，并完整反映企业合规管理建设和运行的实际情况。

（五）合规管理有效性评估报告

基于评估和调研结论，为企业出具专业的合规管理有效性评估报告，在报告中，全方位、立体式呈现企业合规管理现状、问题，并据此提出有针对性、具备实操性的改进和优化建议。

（六）合规管理有效性评估制度

根据企业实际情况，参考相关规定，制定企业合规管理有效性评估制度，作为企业合规管理专项制度之一。通过有效性评估的制度化，企业能够在没有第三方机构介入的情况下，自行开展定期或不定期评估活动，动态监测和优化完善合规体系运行情况。

（七）合规管理有效性贯标、认证

企业对照"标准"进行有效性评估，找出问题和差距，提出有效改进措施，满足认证机构要求，以便企业顺利获得认证证书。

（八）合规管理有效性动态调整与持续优化

在有效性评估结论的基础上，不断推进企业合规管理的建设、运行和落地，并根据合规管理落地情况进行持续优化。

三、如何具体开展有效性评估

（一）评估依据

1. 国务院国资委、发改委等关于企业合规管理的规范性文件，包括《中央企业合规管理指引（试行）》《中央企业合规管理办法》《企业境外经营合规管理指引》、合规管理强化系列通知和会议纪要、全面风险管理指引、内控建设实施意见等。

2. 现行合规管理体系标准指南。

3. 同行业标杆企业在某些领域的实践做法。

（二）评估内容

1. 合规管理组织架构，包括党组织、董事会、经理层合规职责规定和落实情况、第一责任人职责落实情况、合规委员会设置和实际运行情况、合规负责人（首席合规官）设置和履职情况、合规牵头部门（合规委员会办公室）职责设置和履职情况、合规管理员制度落实和运行情况、子企业合规管理组织机构情况等。

2. 合规管理制度体系，包括合规管理基本制度、配套制度、合规管理专项指引，重点领域专项合规制度，以及其他业务制度的合规内容，等等。

3. 合规管理运行和保障机制，包括合规风险识别、应对和防控机制（三道防线作用发挥情况），合规审查机制建设情况，违规举报和案件调查机制情况、合规报告、违规举报机制、合规队伍建设、绩效考核、经费保障情况、合规培训、文化宣贯情况等。

4. 相关合规文件，包括合规宣言、诚信合规手册、合规承诺、专项合规示范条款等。

（三）评估方法

1. 书面文件调研。通过对公司章程和现行规章制度、组织体系架构、业务情况简述、总部部门和岗位职责清单、公司近三年合规工作报告和有关合规重要文件、风险清单、违规事件统计清单、法律合规部近三年工作报告等材料的审阅，初步了解公司合规管理体系建设现状。本方法重在了解公司合规管理组织架构、制度体系、合规文件情况。

2. 设计评估指标。

3. 开展问卷调查。通过设置科学的调研指标，对公司开展问卷调查。目的在于进一步了解公司合规管理制度落实情况、合规运行和保障机制落实情况、合规风险防控情况。

4. 确立对标标准。合规管理永无止境，制定目标不宜太高太空，而应切合实际、注重公司发展的阶段性特征。

5. 形成分析建议，摸清企业情况并明确建设目标，制订完善可行的工作方案，列明路线图和时间表。

四、合规管理体系有效落地运行的体现

合规管理体系有效落地运行的体现：（1）组织体系：合规管理组织体系健全，合规职责明确；（2）全面合规：治理层、管理层、普通员工合规管理职责明确，全员合规；（3）制度体系：制度体系完善，充分实现业规融合；（4）合规风险管理：建立健全日常监测预警和持续改进机制，有效防控合规风险；（5）违规管理：违规追责机制、激励约束机制、合规考核机制有效运行、发挥作用；（6）合规管理队伍：合规管理牵头部门、合规管理员、合规联络员、合规专员配备齐全，且具有专业能力，合规管理能力显著提升；（7）合规监管：合规管理评估、合规检查、合规举报、合规调查等联合监督机制有效运行；（8）一体化管理：法律、合规、风险、内控

一体化及大监督体系的建立并有效运行；（9）合规管理信息化：运用信息化手段将合规要求嵌入业务流程，针对关键节点加强合法合规性审查，强化过程管控，合规管理信息系统与本企业其他管理系统、国资委国资监管信息系统互联互通，数据共享，实现动态监测，合规风险即时预警；（10）合规文化：建立良好的企业文化，合规成为全员共识及自觉遵守的习惯。

企业在经营过程中，企业的外部环境不断变化，法律、法规、监管政策不断调整，国际形势也不断变化，企业的合规要求也要适时调整，故合规管理、合规体系建设永远在路上，通过有效性评估补齐短板，提升能力，阶段性建设需要在各个方面不断深化，合规形势、合规理论也在不断发展，动态的闭环管理是企业持续发展的需要。

第五章 企业合规管理的其他问题

第一节 合规管理资料库

一、外规管理

外规主要包括法律法规、党内法规、监管机构发布的命令、条例或指南，国际条约、公约和协议，法院判决或行政决定，行业要求、行业标准和规范等。外规管理就是对外规的增、删、改、查的管理。外规管理体现在：（1）外规分类管理。（2）外规录入、搜索、浏览、下载和编辑。（3）可实现全网自动采集、通过大数据采集技术，定时定点进行全网公开采集。采集内容不限于法律法规，还可以利用技术接口，采集法律裁判文书、公开的案件、主流媒体的新闻消息等，形成外规库、裁判文书库、合规案例库等。（4）外规的有效性管理（外规有效期的起止时间）。（5）可定期自动更新。（6）能够对附件、外规解读、风险提示等文件进行上传、编辑、查询。（7）外规浏览下载数量、人员等信息的统计。

二、内规管理

内规主要是指企业的各项规章制度。内规管理就是对企业各项规章制度的增、删、改、查的管理。内规管理功能：（1）内外规关联；（2）能够对附件、外规解读、风险提示等文件进行上传、编辑、查询；（3）内规浏览下载数量、人员等信息的统计；（4）能够把内规与业务类别、业务流程相关联。

三、合规义务库

合规义务库的主要功能：（1）可按业务类别、部门、岗位增、删、改、查；（2）可与内规和外规关联；（3）可与风险关联；（4）可按关键人姓名关联。

四、合规风险库

合规义务库和合规风险库是企业开展合规管理、履行合规义务的基础。企业应建立初始合规风险库，并根据后续监测和检查出的合规问题信息对风险数据进行更新。合规风险库中的信息包括合规风险评估的相关信息，如合规风险大小、等级等信息。企业建立并维护一个全视角下的合规风险库，有利于企业随时查看自己的合规风险分布情况，并且可以为后续的风险应对提供决策依据。

五、合规问题管理

合规问题管理可以满足合规管理持续改进的需求。它可以对应内部控制的缺陷管理。合规问题管理的主要功能包括：（1）问题提出管理。（2）问题分发管理。可自动根据问题的内容将问题分发到相关责任部门。（3）问题答复与反馈。（4）能够对外部监管检查、内部合规检查、合规审核、内部评价，以及风险监测发现的各种问题进行统一管理，包括对各类问题的录入、修改、删除、分类统计。（5）能够对问题进行认定、原因分析、风险点定位等。（6）问题整改、督办。（7）能够对问题的整改、整改跟踪、问责、违规积分等进行关联操作。（8）能够实现问题清单的多维度查询。（9）可根据整改通知书的整改期限来查询问题。（10）能够实现内部控制缺陷、违规事件、操作风险损失事件的关联管理和统一管理。

六、合规事件管理

合规事件管理包括对成功防范的潜在事件的管理及对违规事件的管理。

合规事件管理通过对合规和违规事件的录入、删除、修改，对已经违规的事件进行原因分析、风险点定位、整改跟踪等，对违规事件管理中的大量数据进行抓取、分析、统计，然后抽取关键指标，促进事件的整改和跟踪，为内部控制缺陷库、操作风险损失事件库的建立提供支撑。合规事件管理的功能包括：（1）成功防范事件登记；（2）成功防范事件查询；（3）成功防范事件统计；（4）违规事件登记；（5）违规事件跟踪；（6）违规事件查询；（7）违规事件统计。

第二节　全员合规——商业行为准则

全员合规，通常指全体员工的诚信合规，实际上除了诚信合规外，还有反垄断与不正当竞争、利益冲突、信息披露、财务合规、社区责任、劳动者保护、客户和消费者保护、商业合作伙伴管理等合规义务。诚信合规也是一个大概念，诚信合规是合规的一个综合性合规要素，其细分类别也包含反商业贿赂、礼品与邀请、赞助与捐赠、廉洁从业、招投标合规等。在企业全面合规建设中通常表现为员工签订的合规协议、合规承诺书、企业合规手册、企业反商业贿赂管理办法、企业礼品与邀请管理办法、企业赞助与捐赠管理办法、企业廉洁从业管理办法、企业招投标管理办法、企业反垄断与不正当竞争管理办法、企业利益冲突管理办法、企业信息披露管理办法、企业财务管理办法、员工手册、商业合作伙伴管理办法等企业的各项规章制度。

国资委推进的央企、国企全面合规建设中的央企、国企普遍存在的现状是员工数量巨大。面对数量巨大的基层员工，试图通过企业制定的一些规章制度、企业合规手册、短期培训来达到国资委所要求的"全员合规"等合规要求是比较困难的,故在企业合规全面建设中除制定上述合规制度以符合国资委要求外,还应在企业内部制定通俗易懂的商业行为准则,以便能够达到让所有员工在最短时间内对企业合规及自身合规义务有所了解,并遵守商业行为准则的要求,从而达到全员合规的要求。

商业行为准则制定的目的是使全体员工易于理解,并指引全体员工以正确的方式开展工作,以达到全员合规的目的。

商业行为准则的制定通常包括两部分内容,即序言、主文。

一、序言

序言中通常包括的内容有企业的基本原则、企业的简介及期望、企业的合规文化及价值观、董事长寄语、首席合规官寄语等内容。

企业的基本原则是所有员工必须遵守的原则,不容妥协、不得违反、全体员工必须严格遵守商业行为准则,有助于企业通过公平竞争达到企业追求的目标。

企业基本原则在具体制定时,需要对企业进行详细尽调、访谈,与企业管理层沟通后,根据企业的具体情况、发展历史、企业文化、合规文化、合规重点领域、违规易发领域、员工基本情况等因素,结合企业在全面合规建设中的合规制度,最终确定。

通常情况下,企业基本原则内容包括:员工行为举止得体、精诚合作的核心价值观、保护公司是每位员工的责任、在公平竞争中制胜、遵守反垄断法与公平竞争、遵守贸易和出口控制规范、廉洁从业、遵守利益冲突规定、禁止内部交易、与负责任的合作伙伴合作、勇于承担社会和环境责任。

董事长寄语通常可以用亲切的语言,表达出董事长对企业的期望、员工的期望、企业的文化、企业的价值观、企业的奋斗目标、企业的使命等内容。例如,董事长寄语可以表述为:"我们致力于成为一家培育人才、鼓励多元性、人与人之间互相尊重的企业。所有员工都有责任帮助公司成为一家茁壮成长并迈向卓越的企业，一家培育自由表达的文化和坦诚交流的氛围的企业。唯有在这样的环境和氛围中，我们才能在日益复杂的外部环境中战胜应对一切挑战，最终实现我们的宏愿。"

首席合规官寄语通常可以表达出首席合规官对全员合规的期望及企业合规的价值观。

二、主文

商业行为准则主文的编写要依据企业全面合规建设中的各种相关制度，如企业反垄断与不正当竞争管理办法、企业利益冲突管理办法、企业信息披露管理办法、企业财务管理办法、员工手册、商业合作伙伴管理办法等。在与企业管理层有效沟通后，就企业合规文化、合规价值观、重点合规领域、员工违规易发领域等结合企业员工具体情况，最终确定商业行为准则内容。

在制定商业行为准则时，要用简单、通俗、易懂的语言告诉全体员工在商业行为时可以做什么，不可以做什么。在最短时间内，知晓企业的各项规章制度中的合规责任，且知晓如违反商业行为准则的后果，让全体员工时刻遵守商业行为准则的规定，进而实现全员合规的目的。

商业行为准则的主文内容，主要包括违规责任、廉洁从业、反垄断与不正当竞争、公司品牌与知识产权、利益冲突、财务合规、个人信息保护、员工保护、合作伙伴管理、环境保护等。

（一）违规责任

违反法律或未能遵守商业行为准则会给公司和员工带来严重的后果。对公司而言，此类后果可能为：（1）损害公司的声誉、品牌和市场价值；（2）巨额罚款和损害赔偿；（3）行政处罚及刑事责任。

（二）廉洁从业

公司反对一切形式的腐败。腐败是指不诚实或不合法的行为，特别是利用职权受贿、行贿，此外还包括商业欺诈、贪污、徇私枉法以及裙带关系等。在任何业务往来中，包括公司通过外部合作伙伴进行的商业交易，公司绝不容忍任何形式的腐败。公司全体员工均不得主动或被动地参与任何形式的腐败行为，发现可疑的腐败活动应主动向纪检监督部门、合规部门举报。

最常见的腐败形式是行贿。行贿是指以获得不正当利益为目的，向公职人员、公共部门或个人提供、承诺或给予货币、礼物或其他利益的行为。

行贿是一种刑事犯罪行为，公司绝不容忍任何形式的行贿。全体员工均应当做到：（1）不给予或接受不当的礼品或款待；（2）不给予或接受不当的差旅费用；（3）不给予或接受不恰当的捐赠、赞助或会员资格；（4）不给予或接受不恰当的现金付款；（5）不利用第三方代表公司行贿；（6）不给予或接受不当的居间费。

关于礼品和款待仅限于合理范围内，具体标准参考各家公司制定的礼品与邀请管理办法。关于赞助、捐赠、慈善捐献活动，仅限于以宣传公司为目的，这对于公司履行社会承诺和追求公司目标十分重要，不得为了获取不当利益而承诺、提供、开展这些活动。

（三）反垄断与不正当竞争

公司追求的目标是在公平竞争中制胜，同时也希望通过共同的努力，为所有市场参与者创造公正、公平和廉洁的市场条件。

《反垄断法》保护自由、公平和有效的竞争，保护客户、公司和整个社会的利益。违反《反垄断法》会给公司和相关员工带来严重的后果，如高额罚款、丧失公开竞标资格、赔偿损失和名誉受损。因此公司应认真遵守《反垄断法》，不得与竞争对手签订反竞争协议。反竞争协议包括与竞争对手的价格协定、分割市场、客户或地区的约定，以及项目协议。滥用市场支配地位也是被禁止的反竞争行为。

只有当有令人信服的商业理由并且不涉及反垄断问题时，公司才会与竞争对手进行下一步的商谈。但在商谈中要注意以下问题不应与竞争对手谈论：（1）价格、价格构成或其他条件；（2）市场、客户或区域分割；（3）商业机会或潜在订单；（4）产能、产量或配额；（5）公司战略或未来市场行为，如销售策略、现行或未来的产品开发、投资和联合抵制；

（6）报价和项目投标；（7）投标期间的行为或提交虚假报价。

保护商业秘密是《反不正当竞争法》中的重要内容，公司应谨慎地处理公司和竞争对手、客户、销售伙伴、供应商等第三方之间的保密信息。

保密信息是不打算公开的信息，可能包括来自或关于公司、供应商、客户、员工、代理、顾问或其他按照法律和合同要求规定应予保护的第三方的非公开信息。其中可能包括：（1）公司组织和设施、价格、销售、利润、市场、客户和其他业务事宜的详细信息；（2）报价文件；（3）关于制造、研发和开发过程的信息；（4）技术信息和内部报告数据。

禁止公司员工无正当理由地从第三方获得保密信息，并以非法方式使用这些信息；也绝对不可以使用前任雇主的保密文件并将其存储在公司网络上。

（四）公司品牌与知识产权

公司品牌是公司业务不可分割的一部分，代表着创新和质量，具有重要的战略意义，是公司的企业资产和能力之一。品牌可以让客户产生信任感，对公司所有的业务活动都有积极的影响。凭借公司品牌，才能在竞争中脱颖而出。

除了公司品牌之外，公司的知识产权、专利、保密技术和相应的保护措施，都对公司的业务成功至关重要。

如果公司的创新没有得到保护，第三方就可以复制公司的产品，会导致公司丧失竞争优势；当公司的创新受到侵犯时，就失去了研发投资的价值。因此，公司要注重知识产权保护。

公司作为发明人，要通过及时申请知识产权为公司提供支持，如果发现涉嫌侵犯知识产权的情况要及时上报。同时，也要尊重第三方的知识产权。比如，根据适用的许可条款使用计算机软件，并确保在公司的产品和解决方案中符合集成的第三方软件、商业软件和开放源码软件的所有许可要求。

（五）利益冲突

如果个人利益与公司利益存在差异，那么日常业务中便会存在利益冲突。全体员工必须以公司的最佳利益作出商业决策，而非基于个人利益；当任何可能影响我们履行职责的个人利益存在时，我们都要及时上报。

为了保护自己和公司，需要密切关注可能出现的利益冲突。可以借助以下问题，评估是否存在或出现冲突：（1）为公司作出的决策是否受到了个人利益的影响；（2）这种情况会给客户、商业伙伴和投资者等第三方留下什么印象；（3）公众对商业决策有何反应。

此外，在与公司的竞争对手或者客户建立业务关系时，或者与投资公司的竞争对手或客户建立业务关系时，都有可能产生利益冲突。

全体员工均应做到，任何时候都不得加入与本公司有竞争关系的公司或为其工作；任何时候都不得从事任何与公司有竞争的活动。

典型的竞争情况如下：（1）公司员工同时为公司的竞争对手工作或提供建议。（2）员工私自从事的业务直接与公司竞争。（3）如从事第二职业的工作妨碍了员工正确履职时，也可能出现冲突；所有员工在从事有偿第二职业之前，必须以书面形式请示人力资源部，仅在获得书面同意后才可从事该项工作。（4）投资第三方公司也会引发利益冲突；所有员工必须以书面形式将任何直接或间接投资情况告知人力资源部。

（六）财务合规

公司的账户和财务记录包括为财务报告和纰漏的目的而提供的所有数据、证书和其他书面材料，以及为其他目的收集的材料。

如果公司在适用税法或税务法规之间存在冲突时，要保证根据相关的经验和法律环境和公司的业务模式纳税；任何时候不使用虚假的架构或信箱公司来获取非法的税务优惠；根据现行法规，向税务机关提供公司税务策略和业务活动相关透明信息。

公司全体员工均需对税务事宜负责，即使不直接在财务或税务部门工作的员工也要负责，正确反映业务活动的财务状况，不仅是财务部门的责任，也是全体员工的责任，所有交易必须正确反映税务目的。以客户发票为例，除其他必要内容外，必须包含所提供服务内容的准确信息和正确的增值税金额。

（七）个人信息保护

个人信息是指关于特定或可识别的自然人的相关信息，如姓名和地址、照片、身份证号、银行信息或健康信息。个人信息的保护在我们数字化的世界中扮演着重要的角色。

公司应认真负责地处理这些信息，尊重每个人的隐私。公司中所有在工作中负责处理员工、客户或者第三方个人信息的人员都肩负着重大的责任。个人信息的丢失或者不当使用，会对相关个人造成严重后果。公司必须确保这些信息得到有效保护，并只用于合法目的。

公司仅出于合法、预先确定的目的并以透明且保密的方式收集和处理个人信息；只有对个人信息采取适当的技术和组织措施加以保护、以避免丢失、篡改以及未经授权的使用或纰漏后，公司才会处理这些信息；对于可能违反个人信息保护规定的行为，发现后必须立即上报。

（八）员工的保护

员工保护的相关内容包括：（1）公司保护员工的基本权利、健康和人身安全；（2）公司促进管理层、员工和员工代表之间的公平合作，并保护员工的基本权利；（3）任何人都不应违背自身意愿被雇用或提供劳动，禁止一切形式的强迫劳动；（4）公司支付公平的酬劳，公司遵循"同工同酬"原则，严禁性别歧视；（5）公司遵守所有适用的工作时间规定；（6）公司对员工的关怀是企业责任的一部分；（7）公司维护并提升员工的健康和福利，防范与工作相关的事故风险，并为维持和促进员工的身心健康提供广泛支持；（8）公司提供安全的工作环境，以确保员工在工作日结束时安全无恙地回家；（9）全体员工必须遵守工作场所的安全规定；（10）全体员工发现有危险的情况，必须立即上报；（11）公司员工是公司最宝贵的资产，员工的健康和安全是公司工作的重中之重。

（九）合作伙伴管理

公司应仔细筛查并监督业务合作伙伴，考虑他们各自的风险，并致力于确保公司价值链中的合作伙伴了解并遵守公司的价值观和合规标准，坚持合同规定，要求公司的合作伙伴按照所有适用的规则和规范行事。

公司必须以审慎的眼光对以下危险信号进行质疑和澄清：（1）财务记录和付款明细不一致；（2）价格高、折扣大或利润率过高；（3）责任不明确或资格有问题的合作伙伴；（4）可疑的私人关系或业务安排；（5）不寻常的高额费用或佣金、过度的礼品、娱乐或招待；（6）拒绝反腐败合同条款；（7）无正当商业理由，要求支付预付款；（8）要求现金支付或转账到离岸银行账户或第三方。

与客户、供应商和其他业务伙伴的合作关系是公司业务的根本所在。公司只与遵守法律、信誉良好的合作伙伴保持业务关系，公司通过仔细甄选供应商和其他业务伙伴，并通过公司的规定标准来保障客户的利益；公司只与准备解决问题或实施降低风险措施的供应商合作，公司与供应商及业务伙伴密切合作，同时帮助他们改进，持续分析当前的业务关系，并对新出现的风险做出反映。

（十）环境保护

环境保护是企业责任、社会责任，也是公司成功的重要因素。公司的目标是保护环境、节约资源。公司与客户一起致力于环境保护，如不断改善能源、提高资源效率。公司希望每天都从事环保活动。当涉及环境时，公司及全体员工应该意识到示范作用。公司积极开展环保项目，旨在保护在整个产品生命周期内的资源，减少回收废物，并使公司的商业活动实现低碳化。

公司环境保护业务组合是应对气候变化、资源稀缺和环境威胁的措施。公司通过开发面向未来、资源高效的解决方案、产品和商业模式来满足生态要求。持续和创新的环境保护管理是公司业务流程的一个组成部分，气候保护对公司来说，尤其重要。气候保护与能源消耗密切相关，公司应合理有效地利用能源，尽量避免产生废物垃圾，或者进行回收，避免不必要的排放和噪声污染。

> 示例

员工商业行为准则

前言

《员工商业行为准则》是公司通过实践积累凝结成的价值观、商业原则和商业行为，是公司对您在业务行为中的期望。

我们希望您严格遵守《员工商业行为准则》中的各项规定，并坚定不移地恪守道德规范和法律法规，这将帮助我们与我们的客户、合作伙伴建立起相互信赖的关系，是我们现在和将来取得成功的基石。

但是没有一套行为准则可以面面俱到并适用始终，随着公司的经营发展和所处环境的变化，我们将根据实际情况及时修订《员工商业行为准则》。欢迎您随时向直管负责人或相关部门提出合理化建议，但在正式修订之前，请您严格遵守。

如果您对业务规则解释和适用上存有疑惑，您可向您的上级负责人进行咨询。如果上级负责人未能给予您明确答复，您可以向人力资源部进行咨询。

《员工商业行为准则》适用于全体员工，每位员工均应签署、学习、掌握并遵守《员工商业行为准则》的各项要求。员工如有违反本准则的行为，将会受相应处罚（包括但不限于无条件解除劳动合同、追究法律责任等）。

如果您发现有任何违反本准则的行为，可以通过以下渠道进行投诉举报：

电子邮箱：……

公司将对举报内容组织调查，严禁任何人对举报者采取打击报复的行为。

《员工商业行为准则》由人力资源部负责解释及定期修订。

第一章　商业行为准则

1.1 基本准则

本公司全体员工均应诚实守信，遵守商业行为准则，诚实劳动、恪尽职守、严禁欺诈。每位员工应做到：

处理所有业务活动与业务关系时，必须诚实、守信；

遵守国家有关业务经营活动相关的法律和法规；

保护并正当使用资产，尊重他人知识产权；

维护公司利益，妥善处理公、私利益关系。

1.2 工作场所业务行为

1.2.1 维护工作环境

在公司工作场所内，禁止出现以下行为：

（1）严禁持械斗殴，煽动、引发暴力事件；

（2）严禁性别歧视，宗教信仰歧视，使用侮辱性词语；

（3）严禁饮用酒精饮料。

1.2.2 保护公司资产与信息安全

公司有多种类型的资产，包括有形资产和无形资产。公司的知识产权，尤其是技术秘密与商业秘密，是公司最重要的资产，是全体员工辛勤劳动的成果。资产的遗失、被盗或被滥用，均对公司的未来造成危害，所以妥善保护资产至关重要。公司员工经常会被委托管理或知悉一般不为他人或公众所知悉的信息，这些信息都视为公司机密，员工在未经授权的情况，禁止透露任何信息。员工对公司的一切有形资产、知识产权、技术秘密与商业秘密、其他无形资产及各种信息负有保护义务，同时应时刻注意资产及信息的安全隐患，发现异常情况应立即向直接上级或相关管理部门报告。

1.2.2.1 公司有形资产

公司的有形资产包括如厂房、设备、系统、设施、用品等，只能用于公司业务或经相关管理层授权使用目的。

1.2.2.2 公司专有信息

公司专有信息指公司的所有信息,包括但不限于公司各数据库中包含的信息。与公司目前或未来产品、服务或研究有关的技术或科技信息、业务或营销计划或预测、营业收入或其他财务资料、人事资料(包含主管或组织变更)、源代码形式的软件、公司从咨询机构等第三方获得的咨询成果或资料、教材等均属于公司专有信息。此类信息,尤其是公司的保密信息,是公司在市场竞争中占有优势的保证。一旦专有信息未经授权泄露、被竞争对手或其他行业人员利用,公司将遭受严重损害。

1.2.2.2.1 除非是正常工作部分,员工不得使用或披露公司的专有信息。如果某信息有可能构成公司的专有信息,员工在发布或披露该信息前必须请示其主管。

1.2.2.2.2 员工也应避免无意地泄露公司专有信息。为了防止无意泄密,员工不得和任何未经授权的人员讨论公司专有信息,也不得在任何有未经授权人员的场合谈论公司专有信息,如在交易会、机场等公共场所,或在使用移动电话、无线电及其他电子媒体或数据库时。在与家人或朋友谈话时,也应避免谈及公司的保密信息,因为他们可能在不知情或疏忽的情况下,将信息透露给他人。

1.2.2.2.3 员工透露少量的保密资料也可能导致严重的泄密事件,因为所泄露的片段消息,可与其他来源的片段消息组合,构成完整的信息。因此员工须时刻警惕,确保公司信息的安全性。

1.2.2.2.4 员工对公司专有信息均负有保密责任,并且在离职之后也仍然负有保密的义务。

1.2.2.3 公司知识产权

公司的知识产权包括但不限于专利、商标、版权、商业秘密和其他信息。员工应遵守公司知识产权和信息安全政策,保护和合法使用公司的知识产权。

员工从事管理、技术、产品规划、程序设计、科学研究、培训教学或其他工作所获得的智力成果的一切权利与利益均归公司所有。这些智力成果包括但不限于：与公司现在或未来业务或研发有关的构想、发明、设计、计算机程序以及各种技术文件等，以及员工从事公司业务或代表公司时所产生的构想、发明、设计、计算机程序、技术文件等。如产生了上述智力成果，员工应向公司及时报告。

1.2.2.3.1 服务期内知识产权管理

（1）在研发新产品或服务，或使用新产品或服务的名称之前，应确认是否存在知识产权问题；

（2）在申请专利前，应征询知识产权相关人员意见，并应将已申请或已取得专利的复本提交给知识产权管理人员；

（3）在配合公司知识产权人员完成专利申请之前，不得擅自介绍或披露有关新产品或服务的信息；

（4）如果员工认为该构想、发明、设计或计算机程序不在公司现在或未来的业务范围内，也不是从事公司工作而产生的，员工应该与知识产权相关负责人协商确定。

1.2.2.3.2 参与外部的与标准相关的组织

员工参加任何外部的与标准相关的组织和活动之前，必须获得相关管理层的批准，并应同时听从知识产权主管部门的意见。参加与标准相关活动的员工须承担以下责任：

（1）了解并遵守公司和员工本人对与标准相关的组织的承诺及义务；

（2）保护公司知识产权，尤其是在向某个组织有所承诺或贡献时；

（3）避免任何利益冲突的责任。

1.2.2.3.3 离开公司的交接

员工无论因何种原因离开公司，必须向公司移交所持有的所有公司财产，包括但不限于文件及任何含有公司专有信息的介质等，并且不得泄露或使用公司专有信息。在员工离职之后，公司仍将继续拥有员工在聘用期间创作所产生的知识产权。员工离职不能带走和使用任何公司的资产、文档、代码、技术和其他专有信息,即使这些资产文档、代码、技术和其他信息是该员工本人在公司期间所产生或创造的。

1.2.2.4 信息记录、报告与保存

员工应正确并诚实地记录和报告信息。每位员工都会制作某种记录并提交给公司,如产品工程师的产品测试报告、营销人员的销售报告、会计人员的营业收入及成本报告、研发人员的研究报告、技术支持工程师的服务报告等。

1.2.2.4.1 费用单据

费用报销单是公司重要的财务报告之一,员工可报销公司制度许可范围内的花费,但必须是真实的、为业务而发生的费用。不得对任何未实际发生的费用,或任何非业务原因发生的费用进行报销。虚假报销是不诚实的行为,是绝对禁止的。

1.2.2.4.2 公司内部财务报告

作为一个诚信的公司,我们严格遵守与公认会计原则相一致的会计记账标准,公司要求反映公司商业交易和资产处置情况的簿记和记录必须真实有效,严禁向公司管理层提交不实报告。

1.2.2.4.3 信息处理

员工应遵守公司保密制度,正确保存及销毁所处理的文件。信息处理要求适用于储存于任何介质上的信息,包含纸质文件或电子邮件等电子记录。

1.2.2.5 隐私权

公司严格恪守尊重员工个人隐私的原则,但凡属私人物品、留言、信件或资料等不宜放置在办公区域。公司保留在不另行通知的情况下随时搜查公司财产(包括但不限于公司提供的办公设备、储物柜以及其他资料信息等)的权利。员工未经授权许可,不得侵犯其他同事的工作空间,包括资料文件等。

1.3 对外业务行为

1.3.1 承诺或签约

任何员工不得在正当流程和授权外作出商业上或其他方面的承诺或约

定,即员工在未取得相关授权之前,不得向第三人做出任何口头或书面的承诺,如达成新合同或修改现有的合同。

1.3.2 避免错误说明

建立在明确沟通基础上的诚信,是道德行为中不可或缺的部分,而由此产生的信赖,对维持稳定而持久的关系极为重要。员工在对外的业务交往中,不得向任何人士作错误说明或不实陈述。如员工认为别人可能存在误解,应立即更正。

1.3.3 与供应商关系

在选择供应商时,要遵守认真、客观、公正的原则,从公司利益最大化出发,充分衡量供应商技术、实施设备、人员、工序、控制及价格等方面是否符合公司标准要求,选择最优供应商。

公司将公平对待合格的供应商并为他们提供平等的竞争机会,公司所有员工必须遵守以下原则:

(1)不得因为与供应商代表或供应商其他人员的个人关系而影响专业的商业判断,并保证不对供应商产生任何个人义务。如员工无法妥善处理好个人与供应商关系,应及时向部门负责人提出请示,回避这一特定职责。

(2)坚持要求现在和潜在的供应商在与公司的所有业务往来中遵循高层次的专业标准和道德标准。

(3)在与供应商交流保密信息时应采用安全的办法,慎重选择电子邮件、传真等信息传递手段,并禁止在工作以外使用这些信息。

1.3.4 市场竞争

1.3.4.1 公司以积极进取的态度争取业务。员工从事营销或服务活动时,公司要求员工的市场活动不仅要积极、有效,也要合乎法律及商业道德。

1.3.4.2 公司的政策是以优质的产品与管家式的服务来争取客户。员工在市场竞争中不得对竞争对手或其产品、服务作出不实或误导性的陈述、影射,这种行为可能会引起客户和竞争对手的不满。与竞争对手或其产品、服务质量进行比较时,必须根据事实作出完整的评价。

1.3.5 与其他组织的关系

1.3.5.1 与竞争对手的业务接触

公司员工在一些特定情况下，可能会与竞争对手碰面、交谈或参加相同的行业活动或行业会议。在与竞争对手接触时，公司员工需做到以下几点：

（1）与竞争对手接触时，不应讨论定价政策、合同条款、成本、存货、营销与产品计划、市场调查及研究、生产计划与生产能力等，也不应讨论其他任何公司专有信息或保密信息。

（2）与竞争对手讨论或会开展的合作可能违反公司规定或相关法律，员工应立即停止对话，并告知对方不能谈及相关事项。如有必要，员工可以离场。

1.3.5.2 与大型国有企业和其他特定企业的业务接触

公司客户群体主要面向大型国有企业，在与大型国企的合作过程中，员工应当了解和完全遵守与其合作过程中的各项规章制度和相关法律法规，不得违反。

1.3.6 尊重他人知识产权

保护公司自有知识产权和尊重他人知识产权同样重要，公司员工需尊重他人知识产权，避免未经他人许可擅自使用他人知识产权给自己及公司带来不必要的经济损失或法律处罚。

1.3.6.1 妥善处理他人专有信息

（1）在业务开展过程中，其他公司或人员可能会透露或自愿提供专有信息，员工在接触到该专有信息时，应妥善处理，避免公司被控非法或未经授权使用他人专有信息。

（2）公司员工在未经第三方授权和公司同意的前提下，不得将第三方专有信息或其他拥有知识产权的信息带入公司或用于公司的业务。

1.3.6.2 软件使用

公司为员工配置办公电脑，并在员工入职前为员工安装日常工作所需的所有软件，员工不得擅自下载安装未经验证授权的软件。如有软件下载需求，须征求公司信息化部门意见后方可进行安装。

1.3.7 馈赠与款待

员工在任何情况下，都不应该将自己置于为可能会与公司具有业务关系或考虑和公司建立业务关系的任何企业承担责任的境地，这将使员工受其影响无法作出符合公司最佳利益的决定。基于这些原因，员工不得接受或提供超出一般价值的馈赠或商业款待。

1.3.7.1 商业款待

员工可接受或向他人提供正常的、符合商业惯例的款待，如餐宴等，但费用必须合理，且不被法律或已知的客户、商业伙伴、供应商的商业惯例禁止。

1.3.7.2 馈赠

（1）员工应该避免受贿或者存在令人怀疑受贿的行为；

（2）员工及家属不能接受可能影响与公司业务关系的任何赠礼；

（3）严禁任何直接或间接向业务关联单位索取礼物或利益；

（4）严禁接受任何回扣、佣金、小费等；

（5）在某些特殊情况下，员工因一时推脱不掉，而收到金钱或异于一般商业惯例的礼品，应马上报告主管，并上交公司。

1.4 个人行为

1.4.1 避免利益冲突

公司尊重并保护员工个人的私人生活，但每一个员工都需要避免任何损害公司利益或者利用公司谋取个人私利的事件发生。公司禁止员工以牺牲公司利益来增加个人私利的任何行为，公司禁止的利益冲突形式包括但不限于以下几个方面：

（1）未经公司同意，在竞争对手公司工作或任职获得相应利益；

（2）在工余时间，从事与公司利益有冲突的开发、销售等工作获得相应利益；

（3）在公司供应商机构任职或担当顾问，向供应商提供有关公司业务的建议或服务而获得金钱或任何形式的利益；

（4）员工及其家人利用内幕消息和内幕交易为己谋取经济利益或其他利益。

1.4.2 个人行为约束

员工个人品德操守会直接影响公司的形象与信誉，员工在履行工作职责或在代表公司形象的场合中，须保持行为举止得体大方，避免所有可能导致公司在符合法律要求和道德标准方面出现问题，而使公司形象及信誉遭受影响的个人行为。

第二章 违规处罚

《员工商业行为准则》是公司所有员工最基本的商业行为准则，也是全体员工的职业行为高压线，我们诚挚地提醒您，如果您出现如下违规，公司将无条件零补偿地与您解除劳动合同，对于您给公司造成的损失以及带来的负面影响，公司将保留追究您经济和法律责任的权利。

（1）员工触犯国家法律，被法院裁决判处定罪的；

（2）因个人原因，导致重大事故（包括但不限于安全及经济事故等）发生，给公司造成直接经济损失3万元以上的；

（3）未经公司授权向合作伙伴借取资金物资、以职务之便要求或接受他人（包括但不限于公司内部员工、供应商、合作伙伴）财物，包括各类有价值的财物、财产；

（4）未经公司授权同意，允许他人使用公司专利技术、知识产权；

（5）未经他人授权许可，使用他人知识产权或技术，给公司造成损失的；

（6）未经公司授权，私自更改或与他人重新达成口头或书面承诺的；

（7）因个人原因，造成公司技术专利、知识产权、商业机密、核心技术人员信息泄露，使公司蒙受重大损失；

（8）帮助他人窃取公司技术、资产等其他信息资料；

（9）离职后，将涉及公司技术机密、商业机密及人员机密等资料带离公司，造成公司损失的；

（10）伪造业绩资料，使用其他欺瞒手段获取奖金、公司股权等；

（11）业务报销费用弄虚作假，报销费用未用于公司业务开展、假借业务开展，利用公款进行私人消费；

（12）在职期间，从事第二职业，包括但不限于自行创办公司、兼职、入股其他业务关联单位；

（13）员工及其家属利用内幕消息或内幕交易获取经济利益或其他利益的。

本人确认已经仔细阅读并完全知悉、清楚员工商业行为准则内容，并将遵照执行。

姓名：

身份证件号码：

日期：

第二编

企业合规不起诉

第一章　刑事合规的兴起

刑事合规于 20 世纪 90 年代发端于美国，其对刑事合规制度较为系统的规定为其他国家刑事合规制度的确立提供了重要参照。刑事合规在全球范围内呈现出快速演进与发展趋势，无疑是多方面因素共同作用的结果。集中表现为三个方面的协调推动：一是基于现代社会理念形成的观念牵引力；二是基于对传统企业合规制度在预防犯罪方面的苍白无力的检讨而产生的政策推动力；三是刑事合规的制度安排利于实现国家与企业合作共赢所生的内驱力。

一、观念牵引力，与社会治理理念高度契合

刑事合规与社会治理理念具有高度的契合性。社会治理作为以融合政府力量和社会力量应对各种相关交织的复杂社会问题从而实现善治为目标的管理形式，其核心议题是要解决政府、市场、社会三者之间可能出现的冲突与合作方式问题。

首先，社会治理理念必然要求与犯罪作斗争的观念发生根本转变。犯罪治理不再被视为国家的专属事务，而是事关社会安宁与可持续发展和公民生活质量的公共事务。刑事合规，作为一种旨在融合国家力量和企业力量共同与犯罪作斗争的新型制度安排与运行机制，不仅很好地承载了社会治理的价值理念，而且为实现这一价值理念提供了可操作性的路径选择与技术手段。

其次，社会治理理念必然要求形成新的犯罪治理格局。由过去单一国家力量的运用，轻社会力量的激发，以及重打击、轻预防的治理模式，转变为

强调激发社会组织力量参与以及坚持标本兼治、预防为本的治理模式。刑事合规作为一种注重国家与企业之间良性互动的，旨在激发企业自主预防意识与能力的制度体系与运行机制，为制度化地吸收企业资源参与犯罪治理改变国家单向治理实现国家与企业的合作预防提供了至今最具可行性的策略构想。

最后，从更广泛意义上看，刑事合规利于社会监管资源的优化配置，加速推进国家治理现代化的进程。

二、政策推动力，对企业犯罪预防无力的理性反思

刑事合规兴起的一个重要政策推动力，就是基于对传统企业合规与刑法预防企业犯罪苍白无力的理性反思。刑事政策重心的变化，如同经济政策一样，是在各种替代性制度之间进行比较选择的结果。刑事合规制度之所以受到众多国家的青睐，从刑事政策角度看，首先是因为传统企业合规虽然有促进企业自我监管、普遍守法的良好期待，但在法规的实际遵守上却往往流于形式，更难以发挥促进企业建立具有犯罪预防功能的治理结构的深刻反思。

现代企业制度诞生于企业对法律的自觉遵守，而实施企业合规计划的目的也在于通过民事责任和行政处罚来强化企业内部的合规管理。

在刑事合规框架下，一方面，企业合规被纳入刑事政策视野并被制度化地确立，立法上通过对实施合规计划的目的的明示，并将及时发现犯罪、报告犯罪以及配合司法机关调查、完善合规计划预防类似行为再次发生等要求具体化为合规计划的构成要素，从而为企业构建刑事风险内控机制提供了明确指引；另一方面，又将企业实施合规计划的有效性与对企业刑事责任的评价相联系，使得原先体现企业责任和商业伦理的合规计划有了可以落地的评判依据与更加有力的监督保障，推动企业将高质量的合规计划不断引入企业经营与管理活动之中，构建起具有预防犯罪功能的治理结构。从国家层面致力于引导和激励企业预防犯罪，企业依据立法引导构建预防犯罪的内控机制，主动避免刑事责任风险，形成国家与企业共同努力，合作预防犯罪的良性治理格局。

三、内生性驱动力，能形成国家与企业双赢局面

从国家立场看，在刑事立法中引入合规理念，创设和推行刑事合规制度，可带来多方面的重大利益。

首先，刑事合规以引导、激励企业自主预防为基本导向，可以有效激发企业自主预防意愿，显著提高企业犯罪的治理质量。

其次，利于国家减轻监管负担，提高发现和查处犯罪的效率。

最后，利于克服事后制裁弊端，平衡刑法干预的法律效果与社会效果。

第二章 中国企业合规不起诉的发展及趋势

第一节 中国企业合规不起诉的发展

一、发展现状

基于优化营商环境,保护民营企业的初心,在最高人民检察院的推动下,企业合规不起诉改革已经正式启动,开启了"企业合规监管试点"的改革探索,2020年,"六稳""六保"成为国家工作的主要目标,企业合规不起诉开始在我国本土兴起,因此,2020年成为我国合规不起诉元年。自2020年3月起,最高人民检察院在上海浦东、金山,江苏张家港,山东郯城,广东深圳南山、保安六家基层检察院开展企业合规改革第一期试点工作,一定程度上,标志着"企业合规改革"在中国正式拉开帷幕。2021年4月,最高人民检察院发布了《关于开展企业合规改革试点工作方案》,启动了第二期"企业合规改革"试点工作。第二期改革试点范围较第一期有所扩大,涉及北京、辽宁、上海、江苏、浙江、福建、山东、湖北、湖南、广东十个省(直辖市)。上述省级检察院可根据本地情况,自行确定1个至2个设区的市级检察院及其所辖基层院作为试点单位。2021年6月3日,最高人民检察院、司法部、财政部、生态环境部等联合发布的《关于建立涉案企业合规第三方监督评估机制的指导意见（试行）》第14条第1款规定，人民检察院在办理涉企犯罪案件过程中，应当将第三方组织合规考察书面报告、涉案企业合规计划、定期书面报告等合规材料，作为依法作出批捕或者不批准逮捕、起诉或者不起诉以及是否变更强制措施等决定，提出量刑建议或者检察建议、检察意见的重要参考。企业合规改革的着眼点在于将企业合规激励机制引入批捕、公诉等制度之中，并使之成为对涉罪企业和负有责任的企业高管等自然人作出从宽处理的重要依据。合规不起诉改革体现了我国检察机关的重大政治担当，即从单纯的办理案件走向积极地参与社会治理。自2014年中央新一轮司法体制改革启动以来，检察机关通过提起民事公益诉讼和行政公益诉讼，逐步加强对社会治理的积极参与。在2019年通过的《人民检察院检察建议工作规定》中，最高人民检察院将检察建议分为四种类型，其中一种就是社会治理检察建议。本轮企业合规不起诉改革也是检察机关参与社会治理的一种探索。检察机关以合规激励的方式，让涉嫌犯罪的企业进行有效整改、堵塞漏洞、消除犯罪隐患，并且督促监管部门加强对企业的合规监管，推动行政机关引入协商性执法方式，激活企业内部的自我监管，这些都是检察机关参与社会治理的新方式和新举措。通过转变检察理念和检察职能，检察机关成功地参与到国家治理现代化进程之中。

二、呈现特点

合规不起诉第一轮改革发生在基层检察院，试点案例主要是中小微企业实施的轻微单位犯罪案件，如今第二轮改革由省级检察院统一部署，市级检察院负责推进。合规不起诉改革体现了三大司法理念：一是对企业加强司法保护；二是推动企业有效治理；三是检察机关参与社会治理。基于社会公共利益的考量，对涉嫌犯罪的企业采取慎用刑事制裁措施的宽大政策，是贯彻落实最高决策层保护民营企业政治要求的司法举措。检察机关通过督促企业进行合规整改，建立合规管理体系，完成去犯罪化改造。

我国的合规不起诉在首轮试点中主要呈现两种模式：检察建议模式和附条件不起诉模式。检察建议模式，是指检察机关对企业作出相对不起诉决定的同时，向其送达检察建议，要求其在一定期限内建立专项合规体系；附条件不起诉模式，是指检察机关对提交合规计划的企业，作出暂缓起诉、合规考察或者附条件不起诉的决定，设定一定的考验期，责令其聘请合规监管人，由合规监管人对企业合规情况进行全流程监管，并定期提交合规进展报告，在考验结束后，检察机关根据企业合规的情况，作出是否提起公诉的决定。

当前，我国检察机关把合规不起诉的适用范围限定为中小微企业涉嫌实施的轻微犯罪案件，尤其是直接责任人可能被判处3年有期徒刑以下刑罚的轻微案件。

第二节　中国企业合规不起诉发展趋势探讨

企业合规，是近年来刑法理论界的热点话题，更是检察机关所关注的一个重要领域。为贯彻落实党的十九届四中全会通过的《中共中央关于坚持和完善中国特色社会主义制度　推进国家治理体系和治理能力现代化若干重大问题的决定》中"健全支持民营经济、外商投资企业发展的法治环境"的精神，最高人民检察院要求对于涉嫌的民营企业和民营企业家，"可捕可不捕的不捕，可诉可不诉的不诉"。基于上述精神和要求，各地方检察机关积极探索对企业经营过程中引发的单位犯罪尝试合规不起诉，并初见成效。2021年6月3日，最高人民检察院、司法部等联合发布的《关于建立涉案企业合规第三方监督评估机制的指导意见（试行）》就如何具体开展涉案企业合规不起诉工作作出了具体规定。其第4条规定："对于同时符合下列条件的涉企犯罪案件，试点地区人民检察院可以根据案件情况适用本指导意见：（一）涉案企业、个人认罪认罚；（二）涉案企业能够正常生产经营，承诺建立或者完善企业合规制度，具备启动第三方机制的基本条件；（三）涉案企业自愿适用第三方机制。"第5条规定："对于具有下列情形之一的涉企犯罪案件，不适用企业合规试点以及第三方机制：（一）个人为进行违法犯罪活动而设立公司、企业的；（二）公司、企业设立后以实施犯罪为主要活动的；（三）公司、企业人员盗用单位名义实施犯罪的；（四）涉嫌危害国家安全犯罪、恐怖活动犯罪的；（五）其他不宜适用的情形。"

一、合规不起诉适用对象范围的扩大

首先，企业合规不起诉的适用主体扩大。第一轮改革仅针对中小微企业，第二轮改革将大型企业纳入试点范围。中小微企业的董事长和总经理往往由一人兼任，董事、监事、高级管理层成员多为家族成员，董事会和监事会形同虚设，根本无法发挥监督和制衡职能，企业运作高度集权化，组织化、流程化程度较低。而大型企业拥有完整的现代公司治理结构，具有建立符合有效合规计划基本标准的合规制度、组织和程序体系的资源。大型企业通过建立合规体系进行有效整改，严格区分企业责任与员工、高管、子公司、第三方商业伙伴、被并购企业的责任，实现去犯罪化，可以有效发挥合规管理体系的功能。其次，企业合规不起诉的适用案件范围扩大。在第一轮改革中，适用合规考察制度的对象多数是轻微犯罪案件。而在第二轮改革中，检察机关从长远角度考虑，将试点罪名从轻微犯罪扩大到一些重大单位犯罪。最后，企业合规不起诉的适用地区范围扩大。在第一轮改革中，最高人民检察院组织了六家基层检察机关开展实验，积累了一定的经验。在第二轮改革中，最高人民检察院确定了十个省市的检察机关作为第二批改革试点单位。对重大单位犯罪案件，省级检察机关可以考虑将此类案件交由地市级检察机关推行附条件不起诉制度改革，最大限度发挥合规不起诉制度的功能。

二、企业合规不起诉确立有效刑事合规的考量因素

有效合规计划的基本标准是指公安司法机关在对企业以及员工进行立案、侦查、起诉、审判等刑事诉讼行为时，评估企业的合规管理体系能否发挥防范、监控和应对违规行为作用所依据的标准。

（一）不同规模企业的有效合规标准

讨论有效合规的标准首先应当考虑企业的规模。合规是有成本的，不同规模的企业经济承受能力不同。并非所有的企业都要进行合规，不同规模的企业合规的标准也应当有所不同。美国并不要求小公司进行合规，但符合一定条件的公司必须合规。不同规模的公司运行结构和机制不同，有效合规的标准也不同。企业合规部通常有三种组织模式：独立模式、复合模式、简单模式。企业合规部具体采取哪一种组织模式，取决于企业的公司结构、经营规模、业务和产品线的运营管理模式，以及政府监管和所在行业所面临的合规风险。不同企业在合规方面努力程度不同、效果不同，应当鼓励企业量力而行，进行不同程度的合规计划。大型企业的合规最为规范，标准也最高，为中小企业起到引领、示范作用。

（二）不同涉案阶段有效合规的标准不同

企业未涉案时有效合规通常表现为静态的、存在于纸面上的合规计划，即满足形式要求的合规计划。而企业涉案处理过程中往往考虑的是动态的有效合规计划，即该计划是否发挥了发现犯罪和调查犯罪的作用。有效合规计划的审查判断将是全面的，既包括静态的、纸面的合规计划，也包括动态的合规计划。前者是基础，后者是重点。

（三）不同领域企业的有效合规标准

企业合规根据其涉及的领域和内容可以分为全面合规、诚信合规和专项合规。全面合规是指在企业建设全面合规体系，合规覆盖企业各业务领域、各部门、各级子企业和全体员工。全面合规也称"大合规"。诚信合规是指以反腐败、反欺诈等为主要内容的合规，诚信合规也称作"小合规"。专项合规是指企业针对重点业务领域、重点管理环节、重点人员等开展专门的合

规风险管理。常见的企业专项合规有：反商业贿赂、反洗钱合规、反垄断合规、数据保护合规等。

（四）不同历史发展阶段企业合规的有效标准

不同发展阶段企业合规的有效标准也不同。从美国企业刑事合规的发展来看，有效刑事合规的标准也经历了一个从低到高的发展过程。

三、合规不起诉中合规监管制度

第一轮合规不起诉试点主要适用于中小微企业，没有涉及大型企业，合规监管制度实践中目前有三种方式：检察院自我监管模式、委托行政机关监管模式、委托独立监管人协助模式。检察院自我监管模式是指由检察院自己完成合规计划的监督考察。检察院委托行政机关监管模式，是指检察院对涉案企业合规建设情况的考察主要委托给相关行政主管部门负责。委托独立监管人协助模式，即检察院委托独立监管人协助监督。

独立监管人制度作为合规监管体系中的重要组成部分，在适用过程中主要围绕执法机关、独立监管人、企业三方之间分配权利义务。借鉴域外经验，独立监管人只适用于大型企业，又考虑到合规的高成本与聘用独立监管人的必要性原则，有人主张应当根据企业的规模确立二元化方案，即独立监管人员适用于大型企业，中小微企业则依靠企业自己的合规人员与检察院的外在监督，完成合规计划的监督考察。考虑到独立监管人的独特性、不可替代的角色价值——专业的、独立的第三人，建议中小微企业也应当适用独立监管人制度。

聘用独立监管人会产生高额的合规费用。在第一轮企业合规不起诉试点中，合规监管费用有两种负担方式：一是由财政部门承担；二是由检察机关承担。之所以这样做，是考虑到合规监管人的独立性，合规监管人的费用不能由企业承担。借鉴域外经验，可以考虑探讨由司法局等机关联合制定企业合规收费指导办法。此项费用包含三部分：一是企业合规建设费用；二是合规监管费用；三是检察机关办案、听证费用，由企业直接向政府指定部门支付，再由有关部门去支付合规各种相关费用。

第三章 企业合规不起诉操作实务

第一节 企业合规不起诉程序

最高人民检察院在推行第一轮企业合规不起诉试点中,一般采取检察机关自启动企业合规与企业主动申请启动模式。

一、检察机关自启动企业合规程序

检察机关自启动企业合规程序的主要步骤包括:(1)检察机关给企业送达企业合规风险告知书;(2)企业签订企业合规整改自愿承诺书;(3)单位合规第三方监督评估机制启动审批表;(4)启动第三方机制商请函;(5)检察机关同意企业合规整改决定书;(6)检察机关送达企业合规涉案企业权利义务告知书;(7)检察机关制定涉案企业合规适用第三方监管评估机制决定书;(8)关于××案企业合规第三方监督评估组织成员的授权书;(9)关于××案企业合规监管组织成员的授权书;(10)第三方人员勤勉尽责、保密承诺书;(11)第三方监督评估组织委托协议书;(12)第三方监督评估委托函(涉及跨区域案件);(13)企业合规程序启动公开宣读笔录;(14)适用企业合规第三方监督评估组织、监管组织成员征询意见书；（15）适用企业合规听取意见书（被害方）；（16）涉案企业合规适用检察建议机制决定书（适用检察建议情形）。

二、企业主动申请启动模式

企业主动申请启动模式程序的主要步骤包括：（1）提请开展合规监督考察的申请书（企业主动申请）；（2）合规整改申请答复书（适用企业主动申请的情形）。

三、合规整改期间

合规整改期间程序的主要步骤包括：（1）企业合规计划报告；（2）合规访谈笔录；（3）××相关合规检查问题清单；（4）合规计划实施阶段报告；（5）第三方监督评估组织报告；（6）合规计划实施报告；（7）第三方监督评估组织考察报告；（8）延长/缩短合规整改考验期申请企业；（9）合规监督考察反馈意见表（适用监管使用）；（10）撤销涉案单位合规制度决定书（不符合条件）。

四、验收期间

验收期间程序的主要步骤包括：（1）合规整改验收申请书；（2）企业合规管理友情提示（面向同领域其他公司）。

示例1

商标违规整改方案

企业涉嫌假冒注册商标罪，可以适用简式合规整改，检察官一般在6个月内对企业开展合规考察。

以下是合规整改的具体方案：

企业内部组建合规小组，进行企业自查，找出违规原因，梳理出合规风险点等，并提出整改方案。

一、梳理企业生产、销售等流程，找出违规的原因。

当企业涉嫌犯罪后，企业首先自查，梳理涉嫌犯罪的原因，以及与此有关的制度、人员、岗位、涉嫌侵权的产品等存在的违规行为。

二、梳理出企业合规风险点。

围绕企业违规中出现的问题，将涉及违规的流程、岗位、单位的规章制度全部梳理一遍，并让相关人员一起参与研究、指出风险点，以及潜在的风险点，并将风险点落实到各岗位，提醒岗位工作人员怎么规避。

这部分工作可由外聘的专业团队完成。

三、企业内部整改，找出解决办法，并提出整改方案。

四、找出上面的原因后，接下来是找出有针对性的解决办法。

（一）商业模式

企业涉嫌犯罪，通常来说是因为商业模式出现了问题，当然不排除原来涉嫌犯罪，但是后来已经停止，只是因为侵权产品没有及时处理完。如果是商业模式出了问题，那么需有壮士断腕之决心，彻底放弃原来的商业模式。

1.企业整改，寻求合规的商业模式。原来的商业模式已经不可行，企业在寻求新的商业模式的过程中，一个最基本的目标是要继续存活下去，根据企业性质的不同，可以采取以下几种方式：

（1）生产型企业。首先检查贴他人品牌的原因，将贴牌和贴自己品牌的产品进行比对，找出原因、差距。另外，最关键的因素是判断自己的产品质量是否合格。在产品质量没问题的情况下，再看看是否投入了广告宣传、销售模式、销售渠道。找出自己品牌产品销量不好的真正原因，组建专业的营销队伍，找到适合企业的营销方案、营销渠道，扩大品牌知名度和影响力，打开市场。

（2）销售型企业。不再销售涉嫌侵权产品，并在这次活动中处理好这些侵权产品，比如看权利人是否同意收购、拍卖、用于公益事业或者销毁。

2.聘请外部律师组成的专业团队，目的是指导、督促企业内部的合规建设，同时向检察院提交合规申请，按照检察院的要求，积极做好企业的整改工作，迎接检查。

（二）企业成立专项资金，用于合规整改。

如上所述，资金是企业合规整改的前提和基础，企业通过自有资金、筹资等方式，准备一笔专用资金，并建立合规专用账户，专款专用。资金的多少，视企业的实际情况定，如有的企业已经建立起自己的销售渠道，所需专项资金相对来说比没有销售渠道的要少。还有的企业可能有多个品牌，这次涉嫌违规的，只是其中的一个品牌。这种情况比企业以侵权为业，每次只用一个仿冒他人的品牌，所需的专项资金相对来说要少。

外聘的专业团队代理企业向检察院做出合规承诺，提出合规不起诉请求，并将企业为合规整改设立的专用账户的必要信息提供给检察院。

外聘的由律师组成的专业团队进驻企业，和企业合规小组成员沟通，了解企业涉嫌违规的原因，从专业的角度分析合规不起诉的可行性，和企业沟通该方案，并商量具体的整改方案。然后和被侵权企业沟通。获得同意后，再向检察院申请简式合规整改。

（三）专业团队协助企业建立比较完善的合规体系。

五、筛查风险点。

如上文所述，企业内部自查过程中，已经梳理了涉嫌犯罪行为的工作制度、相关岗位的风险点，专业团队进驻后，在此基础上，需进一步审查企业的各种制度、规章流程，以及涉及的相关岗位，进一步梳理相关风险点。或者直接由专业团队做排查，筛选出企业运营过程中的所有风险点。

六、留痕、协助企业进一步自查。

企业在专业团队的指导下，对经营过程中的所有行为都注意留痕，建立台账制度，保存好相关证据。专业团队定期审查这些文件，目的是发现企业是否已经改正了之前的违规行为，是否存在新的违规风险。同时制作相关的文件清单及文件，做好迎接检察机关检查的准备。

七、防范经营风险，建立相对完善的合规体系，避免再次发生侵权、犯罪。

八、监督企业合规整改方案的实施，确保检察院最终接受该方案。

监督企业合规整改方案的实施，并做好相应的记录。同时定期和检察院沟通，并迎接检查，对检察机关提出的整改意见，和企业的现状相结合，将企业的合规方案落到实处，确保检察院最终接受合规不起诉方案。至此合规整改方案顺利完成。

九、整改项目的后续。

企业通过整改后，暂时走上了正轨，但是合规是长期的，在企业运营期间始终要注意，企业的合规体系需要一直坚持，不能放松，否则很有可能会再次违规。

示例 2

商标违规专项整改合规计划

案情：未经许可＋相同产品＋相同商标

参考文件：	
1	关于建立涉案企业合规第三方监督评估机制的指导意见（试行）
2	ISO 37301-2021 合规管理体系要求及使用指南
3	《合规管理体系 要求及使用指南》（GB/T 35770—2022）合规管理体系要求及使用指南

商标专项合规整改时间：_____个月（建议6个月左右），从　年　月　日到　年　月　日

主要材料：

1.合规承诺：承诺合规经营，创立企业品牌。企业内部合规小组所有成员签字，加盖企业公章。

2.合规计划（整改方案）：主要围绕与企业涉嫌犯罪有密切联系的企业内部治理结构、规章制度、人员管理等方面存在的问题，制定可行的合规管

理规范，构建有效的合规组织体系，健全合规风险防范报告机制，弥补企业制度建设和监督管理漏洞，防止再次发生相同或者类似的违法犯罪。

3. 自查报告：定期或者不定期对合规计划履行情况进行检查和评估，定期书面报告合规计划的执行情况。

4. 对涉嫌犯罪案件的处理。企业配合调查，赔偿被害人、缴纳罚款等。

第二节　合规计划必须涉及的内容
——以商标合规为例

一．合规团队搭建

1. 由企业负责人牵头，成立企业内部合规小组。该小组分为：

（1）领导小组4人：董事长、总经理、产品经理、合规部负责人。

（2）工作小组5人：合规部负责人、法务总监、知产部负责人或者企业商标业务负责人及其助理、秘书。

企业所有员工都是合规相关规定的实施者、监督者。

2. 外部律师等专业团队。引进外部专业的律师团队，进行商标专项合规整改及合规建设。

二、企业商标整改与合规专项资金

为了确保商标违规整改和合规的可行性，企业出资成立专项资金，专门用于整改、合规、商标授权确权、对违规行动的举报奖励等。未经企业内部合规小组全体成员书面同意，不得挪作他用。

三、风险排查与管控

（一）对企业进行访谈

律师列出访谈问题清单，清单分为两个方面：一方面是企业涉及犯罪的；

另一方面是企业商标确权授权、运营管理和维权等。律师进驻企业进行访谈，查出企业在商标方面存在的风险点。问题清单包含但不限于下述问题：

1. 企业的商业模式。

2. 商标的流程管理，企业内决定、执行使用商标的部门、人员。

3. 企业使用和他人相同商标的目的、原因，以及与被害人公司是否有其他关系等。

4. 企业核心商品/服务。

5. 企业是否有自己的品牌，核心品牌是什么，是否已经注册，权利是否稳定。

6. 核心商标是否已在使用，并保留了相关使用证据；是否存在许可使用等情况。

7. 企业还有哪些产品/服务，还使用了哪些商标。

8. 企业是否榜他人品牌，是否和他人有商标方面的纠纷，是否使用和他人相同或者高度近似的商标，是否有虚假宣传。

9. 核心商标是否和企业字号一致。

10. 产品是否已经或准备延伸到其他领域，延伸领域的商标是否已经注册，是否存在障碍等。

11. 收集企业内部商标管理方面的制度和涉及商标的相关文件。

（二）风险排查、风险管控及有奖违规举报制度

访谈结束后，梳理企业在商标方面存在的风险点，实施风险管控，建立有奖违规举报制度。

1. 风险排查：查出企业涉嫌商标犯罪的具体原因，涉及的相关责任人员以及管理和监管机制上的漏洞等。

2. 风险管控：根据梳理出的相关风险点，建立风险防御制度，明确责任部门、人员和具体的防御方法。

3. 有奖违规举报制度：将商标风险防御制度在企业内部公开，全体员工是风控制度的实施者和监督者，并设立相关举报通道。一旦发现可能存在的

风险，主动、积极通过多渠道向企业风控部、企业负责人、合规小组等反映，对查证属实的，给予相应奖励。

四、企业商标整改和合规管理体系建设

1. 编纂涉及商标的所有法律法规等汇编，同时持续更新，建立企业商标法律法规数据库。目的是将适用的商标管理法律法规等的相关要求转化为企业的规章制度、操作规程，及时传达给相关人员并确保落实到位。

2. 针对企业涉嫌的罪名，通过访谈，找出问题点，进行整改，同时编纂类似违规案例汇编。

3. 梳理、编写商标合规和违规清单，制作合规指引，供企业查询、掌握和执行。

4. 梳理、编写商标领域合规风险清单、违规案例清单，供企业查询、掌握和防范。

5. 建立企业内部商标合规管理制度以及对应的操作规程，明确每个岗位的职责，编制商标岗位操作规程，并在操作规程中用醒目的颜色，如红色标注可能出现的风险点，发放到相关岗位严格执行，并运用可视化的方法予以悬挂和目视管理。让全体员工熟悉并互相督促，需要严格按照操作规程办事，并将该制度纳入企业综合管理体系/合规管理体系中，成为企业内部制度不可缺少的一部分。

6. 全员培训，强化商标意识，培育企业商标文化。全员学习商标整改和合规管理制度。明确培训主管部门，制订年度培训计划并实施，培训应满足相关岗位对人员的商标意识、知识和技能要求，对培训效果进行评估并做好记录。

7. 建立商标整改和合规风险评估表，并对相关部门进行合规风险评估指导培训。

8. 建立商标台账和档案管理。一是编制商标台账，让企业内部商标整改和合规管理等都有据可查。二是建立商标档案资料，建立该档案的目的包

括：（1）商标授权、确权阶段所有的商标档案、文件都需专人负责保管、备查。这些档案资料应永久保存。（2）商标使用证据应持续、永久保存。全部进行电子化档案保存，原件另行保存。

五、企业商标管理，创立企业的核心品牌

1. 商标负责人在外部律师或者专业代理机构的辅助下，梳理企业所有商标，列出商标状况、存在的风险，提出有针对性的解决措施，确保企业的商标能注册。

2. 对商标的运营管理，创立自己的品牌。商标的生命在于使用，商标运营管理的目的在于创建并保护企业的品牌。产品质量是企业的生命。企业创立品牌的方式除了在产品外包装等上使用之外，通常还伴随大量的广告，如各种户外广告、地铁广告、网络广告，参加各种展览、赞助大型活动等提高品牌的知名度。

除了自己的品牌，还需关注国内外同行的品牌，避免和同行的品牌相同/近似，同时在广告中需要避免刻意和他人品牌联系在一起，避免虚假宣传。

对商标的运营管理，企业需要设立运营台账。对上述任何活动都需记录，并且保留相关使用证据。

3. 商标监测。对企业的商标、竞品商标的注册和使用情况都进行监测。目的是发现他人是否有傍企业品牌的行为，同时是否有潜在的侵权纠纷等。

六、绩效评定与改进，定期向检察机关提交自查报告

建立商标管理标准化绩效评定制度，企业内部商标负责人每月进行一次常规自查，验证各项商标管理要求的适宜性、充分性和有效性，发现问题，提出纠正和预防措施，并向合规小组报告。

合规小组根据商标管理标准化建设绩效评定情况，对管理目标与职责、规章制度、操作规程、应急预案等进行分析和修改完善。同时，合规小组定期对商标法律法规、司法解释、操作规程的适用性、有效性和执行情况进行

检查、评估，并依据结果及时修订企业商标管理相关规章制度、操作规程，确保其有效性和适用性。

企业对上述各方面进行自查后，按月向检察机关提交自查报告，并将与检察机关的沟通结果作为接下来继续整改、合规的依据落实到合规计划中，并进一步完善合规计划，促使企业尽快实现整改和合规。整改合规的具体时间也视检察机关核查过的效果定。

示例1（合规计划）

商标整改合规计划

某人民检察院：

××因涉嫌非法制造、销售非法制造的注册商标标识一案被移送贵院审查起诉，贵院就××经营的某贸易有限公司经营过程中存在的合规风险向公司及法定代表人进行了反馈，实事求是、客观公正地指出了公司存在的问题，有针对性地提出了检察建议，并出具合规风险告知书。公司高度重视，对检察院反馈的问题和意见建议，在深入分析原因，查找症结的基础上，结合工作实际，坚持问题导向，以强烈的责任心和高度负责的态度向贵院出具合规承诺书，并将于×××年××月××日开始的××天内开始进行专项合规整改，现制订具体整改方案如下：

一、公司商标审查应当遵守的规定

《民法典》

《商标法》

《商标法实施条例》

《驰名商标认定和保护规定》

《集体商标、证明商标注册和管理规定》

《最高人民法院关于审理商标民事纠纷案件适用法律若干问题的解释》

《最高人民法院、最高人民检察院关于办理侵犯知识产权刑事案件具体

应用法律若干问题的解释》

《最高人民法院、最高人民检察院关于办理侵犯知识产权刑事案件具体应用法律若干问题的解释（二）》

《最高人民法院、最高人民检察院关于办理侵犯知识产权刑事案件具体应用法律若干问题的解释（三）》

二、公司合规风险汇总

（一）企业负责人商标意识薄弱，该公司销售的辅料图案中存在一些可能侵犯商标权的产品，接单时没有实质性审查是否属于侵权产品。根据《商标法》第57条的规定，有下列行为之一的，均属侵犯注册商标专用权：

1. 未经商标注册人的许可，在同一种商品上使用与其注册商标相同的商标的；

2. 未经商标注册人的许可，在同一种商品上使用与其注册商标近似的商标，或者在类似商品上使用与其注册商标相同或者近似的商标，容易导致混淆的；

3. 销售侵犯注册商标专用权的商品的；

4. 伪造、擅自制造他人注册商标标识或者销售伪造、擅自制造的注册商标标识的；

5. 未经商标注册人同意，更换其注册商标并将该更换商标的商品又投入市场的；

6. 故意为侵犯他人商标专用权行为提供便利条件，帮助他人实施侵犯商标专用权行为的；

7. 给他人的注册商标专用权造成其他损害的。

结合企业分析：根据公司柜台上陈列的一系列辅料，部分涉及外国球队、俱乐部以及国家性标志的商标图案可能构成侵权。

综上所述，该企业销售的这些有关球队的商标图案可能存在侵权，一旦该球队有在中国注册商标及类别，而该企业销售的刚好属于这一类别范围的，那就可能存在侵犯注册商标专用权，不仅如此，包括其他商标图案的辅料，是否属于已经注册过的，也是需要审查的，都有可能构成侵权。

（二）进货渠道不规范，缺乏正规买卖合同及正规发票。通过跟涉案企业的沟通了解到，该企业所购进的辅料都是从一些市场上随意购买的，根本就不知道买方的经营是否合法，出自哪里，也没有签订购买协议或者合同发票，导致一旦侵权，企业所承担的责任就比较大。

三、合规监管要点

监督目标	监督要点
商标审查项目	是否存在侵权
买卖交易项目	是否签订合同或者出具发票
柜台陈列辅料项目	检查侵权辅料是否撤除

四、整改承诺

公司同意在合规监督员的监督下建立完善合规体系，将积极配合合规考察工作，向合规监督员提供不限于提供真实、完整、专业的单位经营信息及内部资料。支持合规监督员履行职责，并采取措施切实保障合规监督员不因履行职责遭受不公正、不合理的对待。

五、反馈风险整改措施

（一）公司每次接单时，都要对客户所需要的商标辅料在市场监督管理局或者知识产权网站进行商标审查。可以分为以下几种情况：

1.对于那些明显严重侵犯商标权的辅料图案经审查，属于未经商标注册人的许可，在同一种商品上使用与其注册商标相同的商标情况的，一律不接单。

2.对于那些可能存在部分更改商标字母或者微小变动图案的辅料图案，是属于未经商标注册人的许可，在同一种商品上使用与其注册商标近似的商标，或者在类似商品上使用与其注册商标相同或者近似的商标，容易导致混淆的，一律不接单。

3.对于那些比较少见不被大众普遍认识的商标，要经过审查，确认不存在侵权，可以接单。

（二）公司的每次进货辅料，都要简单地了解下卖方的基本情况，并签订买卖合同，合同要明确经营的合法范围，承诺不存在侵犯商标权的商品，以降低公司的涉案风险。若无合同，也可以出具买卖发票，实名签收，做到有人可循。

（三）关于现在可能存在侵犯商标权的辅料图案，一律不再销售，在陈列柜中撤除，做到合法经营，杜绝侵权行为再次发生。

公司将以此次案件为契机，对照反思，举一反三，认真总结。通过30天的整改，切实有效地提升公司经营合规性，全面履行市场主体义务，坚定不移地将公司合规经营放在更加突出的位置。公司承诺在合规整改结束前出具自查报告，并在听证会上接受质询。

示例2（合规考察指引）

涉知识产权企业合规考察标准指引

一、相关罪名范围

1. 假冒注册商标罪（《刑法》第213条）

2. 销售假冒注册商标的商品罪（《刑法》第214条）

3. 非法制造、销售非法制造的注册商标标识罪（《刑法》第215条）

4. 假冒专利罪（《刑法》第216条）

5. 侵犯著作权罪（《刑法》第217条）

6. 销售侵权复制品罪（《刑法》第218条）

7. 侵犯商业秘密罪（《刑法》第219条）

二、相关合规依据

1.《刑法》

2.《商标法》

3.《专利法》

4.《著作权法》

5.《反不正当竞争法》

6.《商标法实施条例》

7.《专利法实施细则》

8.《著作权法实施条例》

9.《计算机软件保护条例》

10.《信息网络传播权保护条例》

11.《知识产权海关保护条例》

12.《关于禁止侵犯商业秘密行为的若干规定》

13.《最高人民法院、最高人民检察院、公安部关于办理侵犯知识产权刑事案件适用法律若干问题的意见》

14.《最高人民法院、最高人民检察院关于办理侵犯知识产权刑事案件具体应用法律若干问题的解释》

15.《最高人民法院、最高人民检察院关于办理侵犯知识产权刑事案件具体应用法律若干问题的解释（二）》

16.《最高人民法院、最高人民检察院关于办理侵犯知识产权刑事案件具体应用法律若干问题的解释（三）》

17.《最高人民法院、最高人民检察院关于办理非法生产、销售烟草专卖品等刑事案件具体应用法律若干问题的解释》

18.《最高人民法院关于审理非法出版物刑事案件具体应用法律若干问题的解释》

三、专项合规计划

1.进行合规整改并制订合规计划

（1）全面停止涉案违法违规行为并积极退缴非法所得。

①涉案企业全面停止涉案侵犯知识产权的行为，全面销毁用于从事知识产权侵权行为的工具（包括但不限于制造侵权商品、侵权复制品的工具以及制造伪造他人注册商标标识的工具），全面销毁知识产权侵权产品。

②涉案企业对责任人员作出辞退、调整等内部处理。

③涉案企业应当向被侵权人作出足额赔偿并取得被侵权人的书面谅解，

向知识产权执法部门或者检察机关表明愿意退缴非法所得以及缴纳相关罚款，全力配合司法机关的追缴工作，积极采取缴纳罚款等措施，弥补受损的法益。

（2）积极开展自查。

涉案企业应当对标知识产权保护相关法律法规的要求，深刻剖析涉案违法违规行为发生的具体原因，排查企业及有关人员在主观和客观方面的漏洞及薄弱环节，重点开展以下自查工作：

①企业及有关人员是否对知识产权保护相关法律法规有全面了解。企业主要负责人、高级管理人员、关键岗位直接负责人等有关人员在涉案之后是否已经对相关法律法规、制度规定进行学习、是否加深了对知识产权合规要求的了解和认识。

②企业及有关人员是否对涉案侵犯知识产权行为的违法性有深刻认识。企业主要负责人、高级管理人员和关键岗位直接负责人等涉及知识产权违规行为的人员在主观方面是否已经充分认识相关行为的违法性。

③企业是否已经对发生知识产权侵权行为的内部和外部原因进行全面分析。包括但不限于：企业是否设有负责知识产权合规事宜的合规部门，相关岗位或部门的人员是否发挥了防范知识产权违法违规行为的监督作用，企业针对知识产权侵权风险防范和管控制度是否经过合规性的内部审查和外部论证，企业是否对员工进行必要的普法教育和合规文化的培训，企业对违法违规的商业合作模式是否存在重大依赖等。

（3）制订合规计划。

涉案企业制定的合规计划，应当以全面合规为目标、专项合规为重点，主要针对涉及知识产权违法违规行为的企业内部治理结构、规章制度、人员管理等方面存在的问题，制定可行的合规管理规范，构建有效的合规组织体系，完善相关业务管理流程，健全合规风险防范报告机制，弥补企业制度建设和监督管理漏洞，防止再次发生相同或者类似的违法违规行为。在制订合规计划的过程中，应当进一步将与知识产权违法违规行为紧密相关的刑事风险予以统一考量。

鉴于不同种类的知识产权违法违规行为侵犯的知识产权客体有所不同，涉案企业应在以全面合规为目标的基础上，有重点地针对案件相关的知识产权客体设计专项合规计划。涉案企业应当依据法律法规对不同类型知识产权的合规要求，结合自身业务模式及流程，制订覆盖全流程、决策有记录、责任可到人的合规计划。

涉案企业应当充分理解，企业知识产权合规计划的作用不仅限于防范控制涉案企业再度发生侵犯他人知识产权的情形，同时也为涉案企业规范自身知识产权规划与管理，有效保护自身知识产权提供了良好机会。不仅如此，增强企业自身的知识产权规划管理以及保护能力也是一种防范控制自身侵犯他人知识产权的重要手段。因此，涉案企业应当将优化内部知识产权管理、提高保护自身知识产权能力同时作为合规计划设计的重要目标。

2.开展合规建设

涉案企业应当根据自查发现的主观和客观方面的合规漏洞及薄弱环节，结合自身的生产经营管理实际情况，严格按照合规计划，认真开展合规建设。包括但不限于以下几个方面的要求：

（1）企业管理层重视与承诺。

①企业应当承诺每年度对合规建设投入相对充足的资源，包括但不限于配备专门的知识产权合规人员、划拨知识产权合规的专项资金、委托有资质的外部第三方机构协助开展知识产权合规建设等。

②企业实际控制人、主要负责人和高级管理人员应当高度重视企业的合规整改项目，在企业内部以公开方式做出创造和培养合规文化的承诺和表率，并确保合规计划在全体员工中得到明确的传达及有效执行。

③企业实际控制人、主要负责人及高级管理人员应当出具书面承诺书，承诺企业建立专项合规制度并有效运行，对企业在开展业务过程中再次发生类似的违法违规行为承担个人责任，并应当明确说明其违反承诺的不利后果。该书面承诺书应当在企业内部予以公开。

（2）建立和完善内部合规管理组织架构。

①企业应当根据自身规模，建立完善企业知识产权合规管理部门或岗位，并以书面形式明确规定其具体职责及相关权限。通常而言，知识产权合规管理部门的建设应当包括企业知识产权事宜的统一决策机构、执行机构以及企业其他业务部门中负责知识产权事宜的人员。

②在建立企业知识产权相关部门或岗位后，企业应当确保各部门、各层级知识产权人员之间形成有效的汇报和审批机制，汇报和审批留痕。

③承担合规管理职责的人员应当出具书面承诺书，承诺按照其职权范围诚信开展合规管理业务，对企业各项内部生产经营管理制度的执行情况进行检查，如若发现类似违规行为，应及时制止、报告，否则需要承担个人责任。

（3）知识产权合规管理制度建设。

涉案企业负责知识产权合规管理的部门（岗位）应当职责分工明确，建立并有效落实规范的内部知识产权合规管理制度，包括知识产权侵权风险防范与管控制度以及知识产权规划和管理制度。

①建立健全知识产权侵权风险防范与管控制度。

A.商业标志相关知识产权侵权风险防范与管控：设置专门合规人员负责在企业生产、销售以及对外商业使用商业标志前对相关标志的内容以及使用方式进行审核。对商业标志相关知识产权侵权风险予以识别和管控。

B.著作权相关知识产权侵权风险防范与管控：设置专门合规人员负责对企业拟对外复制、发行、销售或以其他方式使用他人著作权的情形予以审核，在未取得许可的前提下，对相关风险予以识别和管控。

C.假冒专利相关知识产权风险防范与管控：设置专门合规人员负责在企业对外提供产品、服务或对企业产品、服务进行推广宣传前的拟对外公开材料予以审核，确认不存在假冒专利的情形，对相关风险予以识别和管控。

D.商业秘密相关知识产权侵权风险防范与管控：针对企业雇员，设置入职前背景调查、签署员工入职承诺函、涉密项目隔离等措施，设置专门合规人员负责对商业秘密相关知识产权侵权风险予以识别和管控。

E. 供应商、合作伙伴等外部合作主体知识产权侵权风险防范与管控：设置专门合规人员，对企业与外部供应商、合作伙伴等主体进行知识产权合规审查入库机制，在双方开展涉及知识产权的业务合作时，要求外部主体签署关于不侵犯他人知识产权的书面保证。

F. 其他根据实际情况需要设置的知识产权侵权风险防范与管控制度。

②建立健全知识产权规划和管理制度。

A. 知识产权规划与申请制度：结合企业业务需要，设置专门管理人员以及有效的知识产权规划、申请决策和执行流程，确保企业的知识产权得到及时保护。对于有必要予以登记的作品，设置专门管理人员以及有效的登记决策和执行制度。

B. 职务知识产权管理制度：针对企业员工任职期间形成的知识产权，与员工签署劳动合同或知识产权合同等书面文件明确归属，并在企业内部形成关于职务知识产权奖励报酬的相关制度，并根据法律法规要求的形式予以公示。

C. 知识产权台账管理制度：针对企业的知识产权成果，设置专门管理人员，及时梳理形成台账并实时更新，对专利年费缴纳、注册商标续展等日常管理事宜予以统一处理。

D. 知识产权运营利用制度：针对企业涉及知识产权运营利用的事宜（包括但不限于许可、转让、作价出资、质押等），设置专门管理人员，并设置相应的资产评估、交易文本审核流程。

E. 商业秘密管控制度：针对企业自行形成的商业秘密，设置专门管理人员，并设置相应的商业秘密认定、分级、存储、流转流程。

F. 其他根据实际情况需要设置的知识产权规划和管理制度。

③建立健全违法违规行为举报和调查制度。涉案企业应当设立匿名举报制度，对企业经营活动中存在的知识产权严重侵权风险隐患或已发生的违规问题，根据一定途径和步骤向相关负责人举报。对于企业管理过程中存在的

知识产权违法违规行为，涉案企业应当及早发现并处理。

④建立健全知识产权违法违规行为问责制度。涉案企业应当向所有员工明确违反合规计划的纪律处分和法律后果，包含但不限于训诫、警告、降级、降职、调离、解雇、向执法部门报告违法违规情况、对违法违规者提起民事诉讼等。

（4）建立知识产权合规内部培训制度。

①企业应当将合规培训纳入员工培训计划，并就合规培训的范围、频率、内容、负责牵头部门（岗位）等方面形成书面制度。

②企业内部培训的内容应当包含与知识产权合规相关的法律法规和规章制度，包括但不限于《刑法》《商标法》《专利法》《著作权法》《反不正当竞争法》等与知识产权相关的法律法规、部门规章、司法解释以及相关部门出台的关于知识产权的政策文件。

（5）建立宣传知识产权合规管理的制度。

企业应当建立常态化的宣传制度，定期向员工宣导知识产权领域的基础知识和合规要求，鼓励员工理解和接受合规要求，提倡合规风气。宣传方式应注意针对性、创新性和知识性，达到合规文化宣传效果。

（二）有效性评估审查重点

1.企业的产品和业务是否存在除涉案侵权行为以外侵犯或可能侵犯他人商标、著作权、专利、商业秘密或其他知识产权的情形。

2.企业是否已针对知识产权侵权风险防范和管控形成制度，企业知识产权管理制度是否全面完整，相关制度是否已充分予以落实执行。

3.企业是否建立明确的进货及销售管理制度，是否建立专门岗位人员对假冒伪劣商品进行检查。

4.企业进货渠道是否明确，进货价格是否合理。供应商是否具备特定商品销售资格，供应商是否提供1年内工商检查记录，货款支付渠道是否合法，供应商是否开具正规发票。

5.企业拟对外复制、发行、销售或涉及以其他方式使用他人著作权的行为是否经过审核和许可。

6.企业对外提供产品、服务或对企业产品、服务进行推广宣传前的拟对外公开材料,是否经过专利审核和确认。

7.企业是否建立健全既保护企业自身商业秘密又防止侵犯他人合法权益的双向机制,是否在日常工作中强化对涉密人员、涉密物品场所及外部交往中的保密管控。

8.企业在与第三方合作伙伴开展涉及知识产权的业务合作时,是否要求外部主体签署关于不侵犯他人知识产权的书面保证。

9.企业是否开展知识产权保护的专门培训,参训人员是否登记,培训教师是否具备专业知识。

示例3(合规制度)

知识产权合规内部管理制度

第一条 为保护本公司持有的知识产权,加强知识产权管理,鼓励发明创造,制定本制度。

第二条 本办法所称的知识产权包括《专利法》《著作权法》《商标法》《反不正当竞争法》等有关法律所规定的权利,知识产权的保护时效及界定等问题按国家有关法律、法规的规定执行,其中主要包括:

(一)专利权:主要包括新物质、新材料、新产品、新技术、新工艺、新配方、新设计的专利申请权、专利权、专利实施许可权等。

(二)商标权:本公司拥有的注册商标专用权。

(三)著作权:主要利用本公司的物质技术条件创作,并由本公司承担责任的工程设计、产品设计图纸及其说明,摄影、录音、录像等职务作品的著作权;由本公司提供资金或资料等为创作条件,组织人员进行创作的作品所享有的著作权。

(四)商业秘密:不为公众所知悉、具有商业价值并经权利人采取相应保密措施的技术信息、经营信息等商业信息。技术信息包括与技术有关的结构、原料、组分、配方、材料、样品、样式、植物新品种繁殖材料、工艺、方法或其步骤、算法、数据、计算机程序及其有关文档等信息。经营信息包括与经营活动有关的创意、管理、销售、财务、计划、样本、招投标材料、客户信息、数据等信息。

（五）其他单位委托本公司承担的科研任务并负有保密义务的科技成果权。

（六）本公司引进的专利、商标、著作、计算机软件等知识产权。

（七）《反不正当竞争法》保护的权益，如有一定影响的商业标识、企业名称、社会组织名称、姓名、域名、网站名称、网页等。

第三条 公司各级领导应当采取切实措施加强对公司知识产权工作的管理，增强员工知识产权法律保护意识，维护公司无形资产的合法权益。

第四条 公司的知识产权受国家法律保护，任何组织、个人不得侵犯。凡本公司的员工（含公司各级领导、无固定期限的员工、合同制员工、临时工等，下同），或者来本公司实习、学习、进修或合作研究的研究人员，均应遵守本办法。

第五条 本公司成立知识产权领导小组，由公司总经理、副总经理、各产业主要负责人等组成，总经理为领导小组组长。知识产权领导小组是本公司知识产权的领导机构，负责对本公司知识产权的宏观管理，其主要职责是：

（一）制定本公司知识产权工作发展的策略及规定；

（二）审查本公司知识产权管理工作的有关办法、工作规划、计划；

（三）指导、检查、监督本公司知识产权管理工作的执行情况；

（四）规划处理与本公司有关知识产权的争议，保护本公司的知识产权；

（五）其他有关知识产权的领导、管理和协调工作。

第六条 知识产权管理办公室是知识产权领导小组的下设机构，归口管理知识产权工作，负责处理本公司知识产权管理的日常事务，其主要职责是：

（一）草拟本公司知识产权管理的有关办法、工作规划、计划，组织开展本公司的知识产权战略研究；

（二）宣传、普及知识产权知识及有关法律、法规和管理办法；

（三）审查公司各部门申报的知识产权文书，管理知识产权的申请、注册、登记统计等工作；

（四）管理日常的知识产权的状况、权属变更；

（五）配合政府知识产权行政管理部门的日常及专项工作；

（六）监理涉外知识产权、进出口产品和技术合同中的有关知识产权问题；

（七）负责对公司相关人员进行知识产权的专业培训；

（八）协助调处知识产权纠纷；

（九）负责办理、落实知识产权领导小组交办的其他知识产权事务。

第七条 根据知识产权类别的不同，可由不同的部门实行单项管理。

第八条 知识产权评估制度。

知识产权属公司的无形资产，公司根据实际需要对之加以评估，并在公司财务会计上反映。

在国内外科技开发、市场交易等产权变更时，必须进行知识产权评估，重大的事项须经主管领导和管理部门批准，报知识产权管理办公室备案。评估报告应当交公司档案室备案保存。

第九条 知识产权工作备案制度。

公司对涉及知识产权的有关工作相关资料报知识产权管理办公室备案，主要包括涉及知识产权的管理制度、开发合同、鉴定文件、转让合同、评估文件、成果处理方案、纠纷处理方案、奖惩措施、涉密范围人员名单、保护承诺书及相关的劳动合同文本以及商业秘密保护范围划定和商业秘密保护措施等。

第十条 公司建立成果归属判定制度。

（一）个人知识产权活动。公司鼓励员工在工作之余开展个人创新和知识产权创作活动。对于个人的非职务智力成果，公司予以尊重。

公司员工的个人智力劳动成果，不属于职务智力劳动成果，在以个人名义申请登记注册或者授权前，需要确认为其个人智力劳动成果的，可向本公司知识产权管理办公室提交书面说明，经审查后可由知识产权管理办公室出具《个人智力劳动成果确认书》。

（二）职务知识产权创作活动。员工的职务创作活动的智力成果，归属本公司或所属单位，其作品、技术成果、设计、发明等申请权及权利归属本公司或所属单位，公司或所属单位根据不同的情况给予精神和物质奖励，并保护其创作者的署名权。

以下智力劳动成果属于本公司或所属单位：

1. 为本职工作所完成的智力劳动成果。

2. 为本公司分配指定专项工作任务所完成的智力劳动成果。

3. 主要利用本公司的资金、设备、材料、资料等所完成的智力劳动成果。

4. 来本公司学习、进修、实习或合作研究的客座研究人员或临时聘用人员，在本公司学习或工作期间完成、除另有协议外的智力劳动成果。

5. 离开本公司2年内所完成的，与其在本公司承担的本职工作或者本公司分配的任务有关的智力劳动成果。

第十一条 知识产权内部共享制度。

公司的知识产权在公司体系内实行有条件的共享。

（一）所有权归属公司的知识产权，经公司知识产权管理领导小组批准，可允许各所属单位使用。

（二）所有权归各所属单位的知识产权，经公司知识产权管理领导小组和所属单位共同批准，可允许公司其他所属单位使用。

（三）所属单位使用公司或其他所属单位的知识产权，应当签署许可使用合同，合同中应当载明保密条款。

（四）知识产权的许可使用可采取有偿使用的方式，也可采取无偿使用的方式，由许可和被许可单位协商确定。

第十二条 知识产权合同制度。

（一）与国内外单位或个人进行合作研究或合作开发时，依据《民法典》等法律法规签订书面合同。合同中必须订有保护知识产权的条款。

（二）订立技术合同，包括但不限于技术转让、技术服务、技术开发、技术咨询、技术许可等，专利实施许可合同，必须经过知识产权管理办公室审查，由法定代表人或其委托的代理人签署，其他部门或个人无权签署。

（三）同国内外单位或个人进行专利权、商标权和著作权、商业秘密等知识产权方面的许可证贸易时，需签订实施许可合同，并根据许可的权限范围、时间、地域等因素综合确定许可使用费。

第十三条 知识产权保密、保护和承诺制度。

公司各部门、各级领导应充分认识知识产权的重要性，要依照相关法律法规，坚决制止、杜绝知识产权流失；充分利用法律规定和结合本公司实际，发挥知识产权在公司、在市场竞争中的作用。

（一）任何人不得采用不正当手段擅自将本公司所有的知识产权泄露、使用、许可或转让。任何机构和个人，发现侵权或者侵权的可能，应采取积极措施配合知识产权管理办公室在行政执法机关和司法机关的指导下解决问题。

（二）公司积极进行知识产权登记、备案、申请确权工作。对于不宜采取上述措施但有商业价值的智力劳动成果，应先作为商业秘密予以保护，在确定知识产权保护方式前，不发表成果论文，也不得以委托鉴定、展览、广告、试销、赠送产品等任何方式向社会公开。提交的新产品在国内外参加展览会，涉及知识产权保护问题时，须做好事先充分的可行性研究和准备。

（三）严防商标、专利、域名、商号等被他人抢注。各部门积极配合知识产权管理办公室日常跟踪商标、专利、商号及其他知识产权的登记注册、授权情况，发现可能对本公司知识产权有冲突的情形，应通过知识产权管理办公室采取积极措施，运用法律规定和制度性安排提出异议或启动相应的程序解决。

（四）公司划定科技开发区域、商业秘密保护区域，未经许可，非科研人员和因工作需要必须接触到相应资料、物品的人员，不得擅自进入划定的、与本职工作无关的场所，不得带领无关人员进入该场所或为无关人员进入该涉密场所提供便利。建立参观访问控制、陪同制度。参观访问者一律按照指定路线和范围在专人陪同下，有组织地进行参观访问。

（五）产品开发和职务智力成果活动期间，应当严格保守公司商业秘密。不得在公共场所或者利用非保密通信工具传递商业秘密信息和与职务智力劳动相关的信息。

（六）公司确定的商业秘密，在其文件资料或者物品上，以明确的警示标志标示出公司商业秘密的符号及密级、保密期限。相关的文件资料限于涉密人员接触；参加涉密的会议，采取到会办理签到手续、会后资料交还等保密措施。

（七）在劳动合同中，必须载明保密条款和竞业禁止条款，任何人不得利用职务、工作之便或采用其他不正当手段，将单位的知识产权擅自发表、泄露、使用、许可或转让；也不得利用在本单位工作所掌握的信息资料为同行业的其他竞争者服务或提供便利。无论任何原因离开本公司前，均须将从事科技工作的全部技术资料、试验设备、产品、计算机软件、科技成果、作品、设计成果，所掌握的商业秘密及客户资料（包括但不限于客户名单、业务资料、通信方式等）全部交回，并有责任保护本公司的知识产权，不得擅自复制、发表、泄露、使用、许可或转让。

（八）公司可根据需要聘请法律顾问，对公司的知识产权保护提供帮助。

第十四条 公司建立知识产权宣传制度。

本公司应加强知识产权培训和宣传工作，增强员工知识产权开发与保护意识。

第三节　企业合规不起诉中的有效刑事合规

有效合规计划的基本标准是指执法部门在对涉案企业作出是否宽大处理的决定时，对其合规管理体系能否发挥防范、监控和应对违规行为的作用所采取的评估标准。

一、我国企业有效刑事合规的基本标准

在我国企业刑事本土化过程中，对于境外经营企业、中央企业在《企业境外经营合规管理指引》《中央企业合规管理办法》中有明确规定，对于其他大型企业、中小微企业没有相关具体规定。

（一）境外经营企业有效刑事合规的标准

我国境外经营企业进行合规的主要目的在于走出去参与国际竞争。《企业境外经营合规管理指引》第3条规定，本指引所称合规，是指企业及其员工的经营管理行为符合有关法律法规、国际条约、监管规定、行业准则、商业惯例、道德规范和企业依法制定的章程及规章制度等要求。第4条规定，企业应以倡导合规经营价值为导向，明确合规管理工作内容，健全合规管理架构，制定合规管理制度，完善合规运行机制，加强合规风险识别、评估与处置、开展合规评审与改进，培育合规文化，形成重视合规经营的企业氛围。

由此可见，境外经营企业的合规不仅应当遵从国内的标准，还应当遵从国际标准和经营国的标准；不仅要遵守全面合规的标准，也要遵循诚信合规和专项合规的标准。对于境外经营企业，其有效刑事合规的标准是极高的。

（二）中央企业有效刑事合规标准

中央企业担负着经济发展的重任，其合规建设的任务最重，合规标准也

很高。《中央企业合规管理办法》第 3 条规定，本办法所称合规，是指企业经营管理行为和员工履职行为符合国家法律法规、监管规定、行业准则和国际条约、规则，以及公司章程、相关规章制度等要求。本办法所称合规风险，是指企业及其员工在经营管理过程中因违规行为引发法律责任、造成经济或者声誉损失以及其他负面影响的可能性。

（三）其他大型企业有效刑事合规标准

对于中央企业之外的其他大型企业在刑事合规有效标准认定上应当接近中央企业合规要求标准。

（四）中小微企业有效刑事合规标准

在国际上一般不强制中小微企业进行合规。目前，我国的企业大多没有建立合规制度，中小微企业更是如此。中小微企业生存压力较大，违规发生事件也很多，如果对违法中小微企业严格执法，与当前"六稳""六保"的形势不相符合。中小微企业的合规不起诉是我国开展企业合规的一个独特探索，其合规标准和核心要素应与跨国公司、大型企业等要求有所差异，具体标准还有待有关部门与中小微企业通过一段时间的实际运行予以检验和总结。

二、有效刑事合规的核心要素

（一）合规制度

企业合规管理制度是企业与员工生产经营活动中需共同遵守的行为指引、规范和规定的总称。企业的合规制度包含企业的基本制度、专门制度、专项制度、合规管理流程及管理表单、外规内化管理办法等。

（二）合规组织机构

企业合规组织是企业合规管理体系的重要组成部分，是企业有效进行合规管理、依法治企的重要保障。

（三）合规文化

合规文化是企业的合规理念、合规价值观。

（四）合规培训

合规培训的目的是使公司全体员工树立合规意识、掌握合规知识、在企业生产经营过程中合规履职。

（五）合规风险识别

合规风险识别是发现、收集、确认、整理合规风险，制定企业合规风险清单的过程。

（六）合规风险预警

对风险发生的可能性、影响程度、潜在后果等进行系统分析，对于典型性、普遍性和可能产生较严重后果的风险及时发布预警。

（七）合规风险评估

合规风险评估是对风险基本信息、风险的大小、风险可能对企业造成的损失以及应对建议和防控措施。

（八）合规风险处置

合规风险处置是在完成风险评估之后，针对合规风险采取的相应措施。包括规避风险、降低风险、转移风险、接受风险等。

（九）合规调查

合规调查是有效合规管理体系的重要组成部分。为保证企业诚信合规经营，需要对组织及其人员或有关第三方的不当行为，以及对这些不当行为的任何指控或怀疑进行及时和彻底的调查。

（十）合规举报

合规举报是对违规行为或潜在违规行为的举报。在合规管理体系建设中，需要考虑的因素有：（1）建立畅通的举报渠道；（2）接受匿名举报；（3）确保举报人安全；（4）建立举报奖励制度。

（十一）问责与惩戒

合规的问责与惩戒是指企业对违反企业合规计划的行为人进行的处分，包括训诫、警告、降级、降职、调离、解雇、对违规者提起民事诉讼，如涉嫌刑事犯罪，移送司法机关。

（十二）持续改进

企业的合规风险是时时存在的、动态变化的。面对内部和外部的变化，企业必须在合规风险方面建立持续改进机制。

《合规管理体系 要求及使用指南》（GB/T 35770—2022）规定，发生以下情形时，宜对合规风险进行周期性再评估：（1）新的或变化的活动、产品或服务；（2）组织结构或战略改变；（3）重大的外部变化，如金融经济环境、市场条件、债务和客户关系；（4）合规义务变更；（5）并购；（6）不合规和近乎不合规。

示例

公司刑事合规整改计划

前言

对于公司而言，被纳入合规监管考察对象，意味着要对公司实施自上而下、自内而外的全方位多角度合规体系建设，特别是针对涉嫌罪名，进行专项合规建设。

公司承诺：

一、公司始终把依法合规、诚信经营摆到企业改革发展的突出位置，将建立企业合规管理体系，使公司依法依规经营。

二、公司以维护企业利益和职工合法权益为根本，以规范企业和员工行为为主线，与员工守则等企业内部制度规定相衔接，建立企业合规管理体系，为企业和员工设定了需要坚持的诚信合规。

三、公司针对涉嫌罪名，进行专项合规建设。

通过企业合规体系建设、专项合规建设，教育引导员工合规履职，严格践行合规要求，坚决抵制违规行为，努力实现全员合规、事事合规。

第一部分　公司情况介绍（略）

第二部分　违规业务流程综述（略）

第三部分　涉案情况简述（略）

一、公安机关调查的案件情况（略）

二、案发后公司的积极配合刑事追诉，采取的补救措施。（略）

第四部分　公司内部自查自纠（略）

案发后，除配合办案部门的调查外，公司还开展了一系列自查自纠活动，全方位多角度分析公司的风险问题。

一、问题的发现与整改工作的重要节点汇报（略）

二、公司分析总结问题产生的原因（略）

第五部分　针对风险审查缺陷采取的整改措施（略）

第六部分　针对治理结构缺陷采取的整改措施（略）

第七部分　公司合规管理体系建设情况（略）

第八部分　针对涉嫌罪名的专项合规建设（略）

第三编

专项合规

根据国务院国资委《中央企业合规管理办法》第18条第1款的相关规定，在合规管理基本制度的基础上，中央企业应针对反垄断、反商业贿赂、生态环保、安全生产、劳动用工、税务管理、数据保护等重点领域以及合规风险较高的业务，制定专项合规管理指南，强化重点领域合规风险防范。因而，企业在进行全面合规体系建设过程中，应根据企业实际情况，针对企业的重点领域、违规多发领域，制定专项合规管理制度或合规指南，加强管理制度体系建设，打造全流程合规管理体系。本编将对反贿赂、反垄断、个人信息与数据保护、知识产权、广告、劳动人事等专项合规事务进行介绍和探讨。

第一章　反贿赂合规

第一节　概　述

1977年后，国际层面的反腐败和反商业贿赂制度相继建立。1999年经合组织（OECD）《反贿赂公约》生效，鼓励成员国通过惩治成员国企业在国际交易中的贿赂行为减少腐败。2003年，联合国通过《联合国反腐败公约》。2010年，英国通过了《反贿赂法》并于次年生效，该法被认为是世界上最严厉的反腐败法律。2016年，法国通过了《萨宾第二法案》以促进交易透明、反腐败和经济现代化。国际化标准组织于2016年10月发布的《反贿赂管理体系　要求及使用指南》指出，贿赂会引发严重的社会、道德、经济和政治问题，破坏良好治理、阻碍经济发展，扭曲公平竞争。

一、反贿赂合规的合规义务

反贿赂合规的合规义务主要体现在三类关系中,包括:(1)企业接受公职机关和公职人员的管理;(2)企业与交易对象的业务往来;(3)企业对企业成员的管理。

二、反贿赂合规的责任主体

一是企业。企业是反贿赂合规的首要责任主体。虽然企业的决定都是由个人作出的,贿赂行为也都是个人以自己或者企业的名义实施的,但是具有法人地位的企业可能因个人的贿赂行为承担不利后果。

二是企业成员。包括企业员工、企业治理机构的成员、企业的实际控制人、代表企业或者为企业利益行事的劳务合同工、劳动派遣人员、临时工、实习生、业务代表等。

三是中介机构。企业在经营中聘用的中介机构为企业完成某些政府审批、关系疏通或者撮合交易等活动中的贿赂行为可能导致企业承担不利后果。

四是业务伙伴。企业将涉嫌行贿的业务外包给业务伙伴也可能导致企业承担不利后果。

反贿赂领域的不合规可能让企业和个人承担行政责任、民事责任、刑事责任或其他类型的制裁。

第二节 反贿赂合规管理

一、常见的商业贿赂风险

常见的商业贿赂形式包括:(1)直接贿赂财物。《反不正当竞争法》《刑法》对此明令禁止。直接贿赂财物包括:货币、货币等价物、会员卡、电子券和实物等。（2）给予回扣。根据《反不正当竞争法》的规定，经营者在交易活动中，可以以明示方式向交易相对方支付折扣，应当如实入账。是否入账是区分回扣与折扣的主要标准。（3）支付手续费等各类名义的费用。（4）支付"佣金""中介费"等劳务报酬式商业贿赂。（5）提供旅游、考察等财产性利益。

二、商业贿赂识别及管理

（一）商业贿赂的本质属性

贿赂，从本质上而言是一种利益交换，利益输送方通过不当利益的输送，诱使利益接受方违背其忠实义务或信托义务，利用其权力、影响力，为利益输送方谋取好处。商业贿赂只是发生在商业领域的贿赂行为。

1. 主体

（1）商业贿赂的行贿人：单位、单位的工作人员。

（2）商业贿赂的受贿人：包括对方单位工作人员、委托的单位或个人、可以影响交易的其他单位或个人。

2. 谋取交易机会的内涵

（1）谋取交易机会包括：取得交易机会、增加交易机会。

（2）交易机会包括：完成交易事项的机会、达成交易意向的机会。

3. 谋取竞争优势的内涵

（1）谋取竞争优势包括：促成自己达成交易、阻碍竞争对手达成交易。

（2）竞争优势包括：不正当的交易机会；正当的交易机会。

（二）礼品与赞助合规

礼品和赞助合规管理应考虑多个方面，包括：

1. 企业禁止任何以企业名义或者在与企业有关联的情况下，为了对接受方造成不当影响而赠送礼品。

2. 企业对礼品的市场价值作出限定，并使用货币作为衡量单位。

3. 企业禁止以货币或者货币等价物作为礼品，如果当地风俗认为在某些特殊场合用小额现金作为礼品是适当的,可以考虑尊重当地的风俗。

4. 企业会限制向同一接受者赠送礼品的频度。

5. 企业赠送礼品需要考虑接受者的身份以及其所在组织的要求,如国家公务人员一般是被禁止在公务活动中接受礼品的。

6. 企业赠送礼品要经过企业内部的事前审批。

7. 企业礼品的购买、领取和使用应当按照财务制度形成记录。

8. 企业应制定明确的公益赞助和慈善捐助流程,保留完整的记录。

9. 企业在商业赞助活动中获得回报的价值应明显低于企业付出的成本。

三、反受贿合规管理

反受贿合规管理是指企业采取管理手段防止本企业的成员或者本企业成为受贿对象,或者受到不当影响。

我国《刑法》规定了受贿罪、利用影响力受贿罪、非国家工作人员受贿罪等涉及个人的罪名。同时,个人也可能成为前述罪名的共犯。《刑法》还规定了单位受贿罪,是指国家机关、国有公司、企业、事业单位、人民团体,索取、非法收受他人财物,为他人谋取利益,情节严重的,或者在经济往来中,在账外暗中收受各种名义的回扣、手续费的行为。

四、商业贿赂合规涉及的主要法律文件

1. 《对外贸易法》(2022年修正)

2. 《药品管理法》(2019年修订)

3. 《公务员法》(2018年修订)

4. 《招标投标法》(2017年修正)

5. 《政府采购法》(2014年修正)

6. 《市场主体登记管理条例》(2021年7月27日公布)

7. 《对外承包工程管理条例》(2017年修订)

8. 《中央企业合规管理办法》(2022年8月23日公布)

9.《最高人民法院、最高人民检察院关于办理贪污贿赂刑事案件适用法律若干问题的解释》（2016年4月18日公布）

10.《最高人民法院、最高人民检察院关于办理行贿刑事案件具体应用法律若干问题的解释》（2012年12月26日公布）

11.《最高人民法院、最高人民检察院关于办理商业贿赂刑事案件适用法律若干问题的意见》（2008年11月20日公布）

12.《最高人民法院、最高人民检察院关于办理受贿刑事案件适用法律若干问题的意见》（2007年7月8日公布）

13.《国家工商行政管理总局关于禁止商业贿赂行为的暂行规定》（1996年11月15日公布）

第二章　反垄断合规

第一节　概　述

《反垄断法》是我国第一部专门规制垄断行为的法律，不仅规定了垄断协议、滥用市场支配地位和经营者集中三种世界各国反垄断法普遍规制的垄断行为，还禁止行政垄断。

反垄断执法机关是国家市场监督管理总局，其可以根据工作需要，授权省、自治区、直辖市人民政府相应的机构负责有关反垄断执法工作。具体负责反垄断执法的是国家市场监督管理总局反垄断局。

制定《反垄断法》的主要目的是保护市场自由竞争，提高经济效益，让市场繁荣惠及社会。

一、《反垄断法》的相关规定

《反垄断法》规定的垄断行为包括：（1）经营者达成垄断协议；（2）经营者滥用市场支配地位；（3）具有或者可能具有排除、限制竞争效果的经营者集中。

《反垄断法》第10条规定："行政机关和法律、法规授权的具有管理公共事务职能的组织不得滥用行政权力，排除、限制竞争。"

二、《反垄断法》的相关主要制度

（一）实体性制度

1. 垄断协议

《反垄断法》第16条规定："本法所称垄断协议，是指排除、限制竞争的协议、决定或者其他协同行为。"第17条规定："禁止具有竞争关系的经营者达成下列垄断协议：（一）固定或者变更商品价格；（二）限制商品的生产数量或者销售数量；（三）分割销售市场或者原材料采购市场；（四）限制购买新技术、新设备或者限制开发新技术、新产品；（五）联合抵制交易；（六）国务院反垄断执法机构认定的其他垄断协议。"第18条第1款规定："禁止经营者与交易相对人达成下列垄断协议：（一）固定向第三人转售商品的价格；（二）限定向第三人转售商品的最低价格；（三）国务院反垄断机构认定的其他垄断协议。"

2. 滥用市场支配地位

《反垄断法》第7条规定，具有市场支配地位的经营者，不得滥用市场支配地位，排除、限制竞争。

3. 经营者集中

《反垄断法》第6条规定，经营者可以通过公平竞争、自愿联合、依法实施集中，扩大经营规模，提高市场竞争能力。

4. 滥用行政权力排除、限制竞争

《反垄断法》第10条规定，行政机关和法律、法规授权的具有管理公共事务职能的组织不得滥用行政权力，排除、限制竞争。

5. 数字经济反垄断规则

《反垄断法》第9条规定，经营者不得利用数据和算法、技术、资本优势以及平台规则等从事本法禁止的垄断行为。

（二）程序性制度

1. 域外适用制度

《反垄断法》第2条规定："中华人民共和国境内经济活动中的垄断行

为，适用本法；中华人民共和国境外的垄断行为，对境内市场竞争产生排除、限制影响的，适用本法。"

2.承诺制度

《反垄断法》第53条规定："对反垄断执法机构调查的涉嫌垄断行为，被调查的经营者承诺在反垄断执法机构认可的期限内采取具体措施消除该行为后果的，反垄断执法机构可以决定中止调查。中止调查的决定应当载明被调查的经营者承诺的具体内容。反垄断执法机构决定中止调查的，应当对经营者履行承诺的情况进行监督。经营者履行承诺的，反垄断执法机构可以决定终止调查。有下列情形之一的，反垄断执法机构应当恢复调查：（一）经营者未履行承诺的；（二）作出中止调查决定所依据的事实发生重大变化的；（三）中止调查的决定是基于经营者提供的不完整或者不真实的信息作出的。"

第二节 反垄断合规管理

一、反垄断合规风险

（一）横向合作的风险

横向合作的风险主要包括：（1）企业职工或管理者经常与竞争者进行联系和交流；（2）企业与其竞争者有合作关系；（3）在管理者不知情的情况下，商品采购和销售部门的职工有可能与竞争者达成垄断协议——尤其是价格协议、划分区域协议和划分客户协议；（4）企业间有市场信息交换机制；（5）企业及其竞争者的市场份额很长时间内保持不变；（6）行业中的竞争不激烈；（7）企业所在的行业有少于10个竞争者；（8）行业中主要是同质商品，产品创新不明显；（9）行业中的商品价格发生了很大的变化；（10）企业或其竞争者已是反垄断调查或者处罚的对象；（11）反垄断执法机关正在调查交易相对方。

（二）纵向合作的风险

纵向合作主要是供应商与经销商之间的合作，合作协议中可能会有限制转售价格、划分销售区域、划分销售客户、销售渠道、最低采购数量、非竞争等方面的条款。

（三）行业协会活动的风险

企业员工参与行业协会的活动，会上会下交流的内容可能涉及反垄断法禁止的行为。为了降低行业协会活动的反垄断风险，代表企业参与行业协会活动的职工应当避免与在场的同行谈论竞争方面的敏感话题。在竞争者在场的情况下，企业职工即使是单方面谈论或提到竞争方面的话题，也有可能被反垄断执法机关认为企业间有过意思联络，构成"协同行为"。

（四）滥用市场支配地位的风险

具有市场支配地位的企业在制定价格、折扣等方面的商业条件时，应当征求合规部门的意见。

（五）经营者集中的风险

企业在收购或兼并其他企业或设立合资企业时，是否需要到商务部申报，一般由法务部或外部律师分析决定，必要时，需合规部门参与。

二、反垄断合规举措

1. 合规承诺。企业管理者和职工承诺反垄断合规，使合规成为企业文化。

2. 培训。培训的重点内容首先是横向垄断协议；其次是纵向垄断协议、滥用市场支配地位的行为和应对反垄断调查。培训的对象以销售和采购部门为主，经常参加展会和行业协会的员工也应当参加培训。

3. 咨询热线。设立咨询热线有利于实时、持续地为企业员工遇到反垄断合规方面的问题提供咨询。咨询热线设立在合规部门中，由专业的合规官负责提供咨询。

4. 举报热线。设立企业的举报热线可以让企业内部员工或外部人员匿名通过电话或者邮箱举报反垄断违规行为，企业及时进行自查，确保对风险进行及时梳理和化解，将违规风险消灭在内部。

5.合规制度。企业应当制作反垄断合规手册，使反垄断合规制度化、流程化、标准化。

三、反垄断合规涉及的主要法律文件

（一）与反垄断相关

《反垄断法》（2022年修正）

（二）与垄断协议相关

1.《禁止垄断协议规定》（2023年3月10日公布）

2.《国务院反垄断委员会横向垄断协议案件宽大制度适用指南》（2019年1月4日公布）

（三）与滥用市场支配地位相关

1.《禁止滥用市场支配地位行为规定》（2023年3月10日公布）

2.《国务院反垄断委员会关于相关市场界定的指南》（2009年7月6日公布）

（四）与经营者集中相关

1.《经营者集中审查规定》（2023年3月10日公布）

2.《经营者集中反垄断审查办事指南》（2018年修订）

3.《国务院关于经营者集中申报标准的规定》（2018年修订）

4.《金融业经营者集中申报营业额计算办法》（2009年7月15日公布）

5.《国家市场监督管理总局反垄断局关于经营者集中申报的指导意见》（2018年修订）

6.《国家市场监督管理总局反垄断局关于经营者集中简易案件申报的指导意见》（2018年修订）

7.《国家市场监督管理总局反垄断局关于规范经营者集中案件申报名称的指导意见》（2018年修订）

8.《国家市场监督管理总局反垄断局关于经营者集中申报文件资料的指

导意见》（2018年修订）

9.《国家市场监督管理总局反垄断局关于施行〈经营者集中反垄断审查申报表〉的说明》（2018年修订）

（五）与行政垄断相关

《制止滥用行政权力排除、限制竞争行为规定》（2023年3月10日公布）

（六）与公平竞争审查制度相关

1.《公平竞争审查制度实施细则》（2021年6月29日公布）

2.《国务院关于在市场体系建设中建立公平竞争审查制度的意见》（2016年6月1日公布）

（七）与特殊市场领域相关

1.《禁止滥用知识产权排除、限制竞争行为规定》（2023年6月25日公布）

2.《国务院反垄断委员会关于平台经济领域的反垄断指南》（2021年2月7日公布）

3.《国务院反垄断委员会关于汽车业的反垄断指南》（2019年1月4日公布）

4.《国务院反垄断委员会关于知识产权领域的反垄断指南》（2019年1月4日公布）

（八）其他相关

1.《经营者反垄断合规指南》（2020年9月11日公布）

2.《国务院反垄断委员会垄断案件经营者承诺指南》（2019年1月4日公布）

3.《市场监督管理总局关于反垄断执法授权的通知》（2018年12月28日发布）

4.《最高人民法院关于审理因垄断行为引发的民事纠纷案件应用法律若干问题的规定》（2020年修正）

第三章 个人信息与数据保护合规

2016年出台的《网络安全法》与2021年相继出台和施行的《数据安全法》《个人信息保护法》共同构建了中国网络安全、数据安全和个人信息保护的法律框架体系。

第一，网络安全、数据安全和个人信息保护。网络安全包括网络信息安全和网络运行安全。网络信息安全包含数据安全和个人信息保护的内容，数据安全和个人信息保护也是网络安全保障工作重点；网络运行安全涵盖了网络等级保护、关键信息基础设施安全保护、网络安全事件管理、网络产品和服务管理等制度。网络安全更多是指向整个网络空间，不仅要考虑到数据、个人信息的安全，还要考虑到网络设施、网络安全事件、网络产品和服务等问题。网络安全规制的主要是网络（线上）的行为；数据安全、个人信息保护则既包括线上也包括线下的行为。

《网络安全法》以网络为主要的规制对象，更侧重于保护网络空间内的数据；数据本身既可以存在于网络空间内，也可以存在于网络空间外。《数据安全法》对所有数据都进行保护，《数据安全法》对个人信息的保护适用于网络空间。《个人信息保护法》不仅为线上个人信息提供保护，也为线下及线上与线下相结合的个人信息提供保护。《数据安全法》中的数据是指任何以电子或者其他方式对信息的记录。《个人信息保护法》中的个人信息是指以电子或者其他方式记录与自然人有关的各种信息，不包括匿名化处理后的信息，数据的范围大于个人信息的范围。

第二，相关配套法律法规。除《网络安全法》《数据安全法》《个人信息保护法》《民法典》从私权利保护角度强化对个人信息保护外，《刑法》对侵犯个人信息、违反网络和数据安全保护的刑事责任作出明确规定、《电子商务法》《消费者权益保护法》对相关经营者、电子商务经营者的网络安全义务与消费者个人信息保护义务作出了明确规定。

为落实国家关键信息基础设施安全保护体系，在《网络安全法》的基础上，《关键信息基础设施安全保护条例》进一步明确关键信息基础设施安全保护范围、运营者的责任义务、保护工作部门责任体系、法律责任等。在征信领域，《征信业务管理办法》对征信业务中的个人信息及相关数据处理活动规范作出了明确规定。《汽车数据安全管理若干规定（试行）》明确汽车数据处理者的责任和义务。《最高人民法院关于审理利用信息网络侵害人身权益民事纠纷案件适用法律若干问题的规定》对网络用户或者网络服务者利用网络公开他人隐私和个人信息的侵权责任予以规定。《最高人民法院、最高人民检察院关于办理侵犯公民个人信息刑事案件适用法律若干问题的解释》对侵犯公民个人信息犯罪的定罪量刑标准和有关法律适用问题进行了规定。《最高人民法院关于审理使用人脸识别技术处理个人信息相关民事案件适用法律若干问题的规定》对因人脸识别引起的民事责任加以规定。

第一节　个人信息保护合规

一、个人信息保护立法亮点

1. 明确个人信息权益具有绝对权的法律性质，并规定个人信息权益归自然人享有，任何组织、个人不得侵害。

2. 对部分境外信息处理行为也适用。

3. 规定了个人信息处理要遵循正当、合法、必要、诚信、公开、透明、最小够用、保证质量、确保安全等原则。

4. 以知情、同意作为处理个人信息的基础规则，以显著方式、清晰易懂的语言等作为告知的具体规则，以明确同意、单独同意、书面同意、重新同意、撤回同意等作为同意的具体规则，详细明确地勾勒出信息处理的程序和边界。

5. 规范算法推荐和大数据营销行为，明确"大数据杀熟"的构成要件并明令禁止。

6. 区分非个人信息、一般个人信息和敏感个人信息，规定个人信息合理使用的条件，兼顾个人利益和公共利益，兼顾个人信息保护和数据利用。

7. 明确个人信息跨境提供规则，以网信部门安全评估、专业机构认证、标准合同等方式保障国家安全和个人信息安全。

8. 全面规定了个人信息知情权、决定权、查阅权、复制权、更正权、补充权、删除权、可携带权，全面强化了个人信息处理者的合规管理义务、信息安全保障义务，并专门规定了大型网络平台的特别保护义务。

9. 明确规定个人信息权益损害纠纷的过错推定责任，要求个人信息处理者对自己没有过错承担举证责任。

10. 对侵害众多个人信息权益的行为，明确赋予检察院、消费者保护组织等提起公益诉讼的权力。

11. 参照知识产权法，以实际损失和侵权获利、法院酌定赔偿三种方式，全面规定侵害个人信息权益的损害赔偿责任的计算规则。

12. 以巨额罚款、停业整顿、吊销证照、从业禁止、信用惩戒等高压手段，严厉制裁违法行为。

二、个人信息处理的基本原则

"合法、正当、必要、诚信"原则是处理个人信息的"帝王条款"，《个人信息保护法》第5条规定："处理个人信息应当遵循合法、正当、必要和诚信原则，不得通过误导、欺诈、胁迫等方式处理个人信息。"《个人信息保护法》第6条第1款规定："处理个人信息应当具有明确、合理的目的，并应当与处理目的直接相关，采取对个人权益影响最小的方式。"

对于 App 运营者而言，可以参考 2021 年 5 月生效的《常见类型移动互联网应用程序必要个人信息范围规定》，企业在运营 App 过程中，与业务部门及时沟通调整实际收集个人信息的范围，以确保符合《个人信息保护法》及相关规定的要求，避免超出必要范围收集、使用个人信息，即使是获得了用户"同意"而处理个人信息，也不可以忽略"必要性"考量。

《个人信息保护法》第 7 条规定："处理个人信息应当遵循公开、透明原则，公开个人信息处理规则，明示处理的目的、方式和范围。"第 8 条规定："处理个人信息应当保证个人信息的质量，避免因个人信息不准确、不完整对个人权益造成不利影响。"第 9 条规定："个人信息处理者应当对其个人信息处理活动负责，并采取必要措施保障所处理的个人信息的安全。"

三、个人信息保护的有效"同意"

"同意"原则之所以重要，是因为它是《个人信息保护法》规定的处理个人信息合法性基础中最为高频使用、最具有普适性、适用条件最为复杂的一项。

（一）原则性要求

《个人信息保护法》第 14 条规定："基于个人同意处理个人信息的，该同意应当由个人在充分知情的前提下自愿、明确作出。法律、行政法规规定处理个人信息应当取得个人单独同意或者书面同意的，从其规定。个人信息的处理目的、处理方式和处理的个人信息种类发生变更的，应当重新取得个人同意。"

有效的同意必须是个人在充分知情的前提下，自愿、明确地做出。处理者也不得以不同意处理其个人信息为由，拒绝提供产品或者服务，除非该等处理系提供产品或者服务所必需。

《个人信息保护法》第 13 条规定："符合下列情形之一的，个人信息处理者方可处理个人信息：（一）取得个人的同意；（二）为订立、履行个作为一方当事人的合同所必需,或者按照依法制定的劳动规章制度和依法签订的集体合同实施人力资源管理所必需;(三)为履行法定职责或者法定义务所必需;(四)为应对突发公共卫生事件,或者紧急情况下为保护自然人的生命健康和财产安全所必需;(五)为公共利益实施新闻报道、舆论监督等行为,在合理的范围内处理个人信息;(六)依照本法规定在合理的范围内处理个人自行公开或者其他已经合法公开的个人信息;(七)法律、行政法规规定的其他情形。依照本法其他有关规定,处理个人信息应当取得个人同意,但是有前款第二项至第七项规定情形的,不需取得个人同意。"第16条规定:"个人信息处理者不得以个人不同意处理其个人信息或者撤回同意为由,拒绝提供产品或者服务;处理个人信息属于提供产品或者服务所必需的除外。"

(二)变更场景下的要求

《个人信息保护法》第14条规定:"基于个人同意处理个人信息的,该同意应当由个人在充分知情的前提下自愿、明确作出。法律、行政法规规定处理个人信息应当取得个人单独同意或者书面同意的,从其规定。个人信息的处理目的、处理方式和处理的个人信息种类发生变更的,应当重新取得个人同意。"第22条规定:"个人信息处理者因合并、分立、解散、被宣告破产等原因需要转移个人信息的,应当向个人告知接收方的名称或者姓名和联系方式。接收方应当继续履行个人信息处理者的义务。接收方变更原先的处理目的、处理方式的,应当依照本法规定重新取得个人同意。"

如果个人信息的处理目的、处理方式、处理的个人信息种类发生变更的,处理者应当重新取得个人同意。

(三)关于撤回与拒绝的要求

《个人信息保护法》第15条规定:"基于个人同意处理个人信息的,个人有权撤回其同意。个人信息处理者应当提供便捷的撤回同意的方式。个人撤回同意,不影响撤回前基于个人同意已进行的个人信息处理活动的效力。"第16条规定:"个人信息处理者不得以个人不同意处理其个人信息或者撤回同意为由,拒绝提供产品或者服务;处理个人信息属于提供产品或者服务所必需的除外。"

个人信息处理者如需获取有效的同意,就必须向个人提供便捷的撤回同意方式,更不得以个人撤回同意为由拒绝提供产品或者服务,除非该等处理系提供产品或者服务所必需。撤回同意的效力,处理个人信息者应当主动删除个人信息。

(四)处理儿童个人信息

处理不满14周岁未成年人个人信息的,应当取得其父母或者其他监护人的同意。

四、个人信息保护同意的增强要求

(一)单独同意的增强要求

1. 告知义务的强化。在个人做出单独同意之前,处理者应当通过增强式告知或即时提示的方式,针对需要单独同意的事项予以专门、充分的告知。

2. 同意事项的颗粒度小。单独同意的核心要义是该等同意所针对的个人信息处理活动应针对具体且独立的目的或业务功能,不应与其他不相关的目的或业务捆绑或混同在其他同意事项中,尤其不应一揽子取得个人的同意。如个人拒绝给出单独同意或撤回所做出的单独同意,处理者应该确保该等拒绝和撤回不会影响单独同意所针对的目的或业务功能之外的其他个人信息处理目的和业务功能。

3. 同意动作的主动性强。考虑到适用"单独同意"的情形都是涉及个人重大权益或高风险的场景,个人信息处理者尤其应该确认以明示同意的方式来取得个人的单独同意,而不得以默认同意或间接推定同意的方式做出。

(二)单独同意的适用情形

1. 其他个人信息处理者提供其处理的个人信息。

2. 公开其处理的个人信息。

3. 将公共场所收集的个人图像/身份特征信息用于非公共安全之目的。

4. 处理敏感个人信息。

5. 向境外提供个人信息。

（三）单独同意实操要点

1. 在产品设计过程中，要注意识别和拆分单独同意所对应的具体功能和处理场景，切实打破对不同功能的捆绑同意、打破通过隐私政策获得一揽子同意的做法。

2. 对单独同意的产品端设置方式要结合具体场景下的用户习惯与体验，即应该场景化提供单独同意的功能或控制面板设置，而不是一刀切地在不同场景下都进行逐一勾选同意。

3. 避免过多、高频、连续的单独同意。

五、个人信息共同处理／委托处理

个人信息共同处理行为的认定可以参照《个人信息保护法》第 20 条。该条规定："两个以上的个人信息处理者共同决定个人信息的处理目的和处理方式的，应当约定各自的权利和义务。但是，该约定不影响个人向其中任何一个个人信息处理者要求行使本法规定的权利。……"由此可知，是否可以被认定为共同处理个人信息行为的判断标准在于"共同决定个人信息的处理目的和处理方式"。只有共同决定个人信息的处理目的及方式的组织或个人才是共同处理者。这种情况下，各方之间应明确各自的责任和义务，并达成共识，确保个人信息得到合法、正当和安全的处理。

《个人信息保护法》第 21 条针对委托处理作出了相应规定。简单来说，委托处理就是个人信息处理者委托受托人处理个人信息。委托人应当与受托人约定委托处理的目的、期限、处理方式、个人信息的种类、保护措施以及双方的权利和义务等，受托人则应按照约定处理个人信息，不得超出约定的处理目的、处理方式等处理个人信息。对委托人而言，委托人对受托人的个人信息处理活动负有监督义务，同时应当事前进行个人信息保护影响评估；对受托人而言，根据《个人信息保护法》第 59 条的规定，受托人负有对个信息处理者的协助义务以及保障所处理的个人信息的安全的义务。

六、个人信息共享

个人信息共享是指个人或组织之间共享个人数据的行为。在共享个人信息时，应保证遵守相关的法律法规，并确保个人信息的合法、合规处理。《个人信息保护法》第23条规定："个人信息处理者向其他个人信息处理者提供其处理的个人信息的，应当向个人告知接收方的名称或者姓名、联系方式、处理目的、处理方式和个人信息的种类，并取得个人的单独同意。接收方应当在上述处理目的、处理方式和个人信息的种类等范围内处理个人信息。接收方变更原先的处理目的、处理方式的，应当依照本法规定重新取得个人同意。"

《征信业管理条例》第29条规定："从事信贷业务的机构应当按照规定向金融信用信息基础数据库提供信贷信息。从事信贷业务的机构向金融信用信息基础数据库或者其他主体提供信贷信息，应当事先取得信息主体的书面同意，并适用本条例关于信息提供者的规定。"

受托处理个人信息，一般也是信息提供，需要单独同意。

七、个人信息的合理使用

对于公共场所所采集的个人信息保护，《个人信息保护法》第26条规定，在公共场所安装图像采集、个人身份识别设备，应当为维护公共安全所必需，遵守国家有关规定，并设置显著的提示标识。所收集的个人图像、身份识别信息只能用于维护公共安全的目的，不得用于其他目的；取得个人单独同意的除外。

对于已经合法公开的个人信息的处理，根据《个人信息保护法》第27条的规定，一方面推定信息主体同意信息处理者处理其已合法公开的个人信息，但个人明确拒绝的除外；另一方面个人信息处理者处理已公开的个人信息，对个人权益有重大影响的，应当依法取得个人同意。二者共同构筑了处理已合法公开个人信息保护的完整架构。

根据《个人信息保护法》第34条、第35条及第36条的规定，国家机关为履行法定职责处理个人信息的，应当满足以下条件：（1）必要性。国家机关应当依照法律、行政法规规定的权限、程序进行，不得超出履行法定职责所必需的范围和限度。（2）履行告知义务。国家机关为履行法定职责处理个人信息，应当依法履行告知义务，但告知将妨碍国家机关履行法定职责的除外。（3）境内存储。国家机关处理的个人信息应当在中华人民共和国境内存储；确需向境外提供的，应当进行安全评估。安全评估可以要求有关部门提供支持与协助。

此外，《民法典》第1036条对处理个人信息免责事由作出了规定。具体而言，主要包括已取得同意、合理处理已经合法公开的个人信息、为维护公共利益或者该自然人合法权益等情形。

八、个人信息处理者的义务

根据《个人信息保护法》的相关规定，个人信息处理者有义务建立内部管理制度、对个人信息分类管理、采取安全技术措施、确定操作权限和定期培训、制订应急预案等。当处理个人信息达到国家网信部门规定数量的，应当指定个人信息保护负责人，负责监督。个人信息处理者应当定期进行合规审计。

当存在处理敏感个人信息、利用个人信息进行自动化决策、委托处理、向其他个人信息处理者提供、公开个人信息、向境外提供个人信息等情况时，应当事前进行个人信息保护影响评估，并对处理情况进行记录。

发生或者可能发生个人信息泄露、篡改、丢失的，个人信息处理者应当立即采取补救措施，并通知履行个人信息保护职责的部门和个人。

对于提供重要互联网平台服务、用户数量巨大、业务类型复杂的个人信息处理者，根据《个人信息保护法》第58条的规定，应当履行下列义务：（1）按照国家规定建立健全个人信息保护合规制度体系，成立主要由外部成员组成的独立机构对个人信息保护情况进行监督；（2）遵循公开、公平、公正的原则，制定平台规则，明确平台内产品或者服务提供者处理个人信息的规范和保护个人信息的义务；（3）对严重违反法律、行政法规处理个人信息的平台内的产品或者服务提供者，停止提供服务；（4）定期发布个人信息保护社会责任报告，接受社会监督。

九、App 个人信息保护合规管理

（一）隐私政策

1. 隐私政策的法律性质

隐私政策系个人信息控制者发布的处理个人信息的规则，是明示其收集、使用个人信息的目的、方式和范围的法律文件。

从公法角度而言，隐私政策的内容是企业在具体业务中完成个人信息处理规则的公示义务，并披露和展示其如何落实法律和监管政策下的个人信息保护义务。《个人信息保护法》第7条规定："处理个人信息应当遵循公开、透明原则，公开个人信息处理规则，明示处理的目的、方式和范围。"明示公开的内容都是以隐私政策作为载体的，在形式上隐私政策要公示存在，实体上隐私政策的内容有明确的公法要求，并非当事人意思自治可以免除。

从私法角度而言，隐私政策是产品或服务提供者与用户之间针对使用产品和服务中处理个人信息的法律文件，明确规定了用户个人信息如何被收集、使用、处理、用户个人作为数据主体所享有的权利及其行使方式，相当于合同主要条款。

无论是在公法意义还是私法视野，同意隐私政策本身并不能构成对个人信息处理的一揽子同意。

2. 隐私政策的作用

隐私政策的作用包括：（1）隐私政策是写给用户看的数据处理产品说明书、收集处理用户个人信息的承诺和证明文件、用户权益保障的有效依据；

（2）隐私政策是监管机构和媒体大众快速了解企业数据合规水平的切入点；

（3）隐私政策是网络服务商在对抗竞争对手数据抓取或不正当竞争的工具；

（4）隐私政策这一法律文件兼具公法和私法意义，同时起到面向用户、监管、竞争对手的多重合规和自我保护作用。

3. 隐私政策的合规要求

（1）用户安装、注册或首次开启 App 时，主动提醒用户阅读隐私政策，通过弹窗、文本链接及附件等简洁、明显且易于访问的方式展示隐私政策。

（2）在 App 界面中能够找到隐私政策，包括通过弹窗、文本链接、常见问题等形式，确保用户可以访问到隐私政策，且隐私政策中应向用户告知涵盖个人信息处理主体、处理目的、处理方式、处理类型、保存期限等内容的个人信息处理规则。

（3）隐私政策以单独成文的形式发布，而不是作为用户协议、用户须知等文件中的一部分条款。

（4）进入 App 主功能界面后，通过 4 次以内的点击，能够访问到隐私政策，且隐私政策链接位置突出、无遮挡。

（5）尽可能在界面的固定路径展示隐私政策，以便用户随时访问和获取，避免仅在注册/登录界面展示隐私政策链接，或者只能以咨询客服等方式查找隐私政策等情形。

（6）隐私政策等收集使用规则难以阅读，如文字过小过密、颜色过淡、模糊不清，或者未提供简体中文版等。

（7）处理儿童个人信息的网络运营者应设置专门的儿童个人信息保护规则，并以显著、清晰的方式告知儿童监护人。

（8）隐私政策应对服务运营者基本情况进行描述，至少包括公司名称、注册地址、联系方式，满足特定条件的服务运营者还应当公开其个人信息保护负责人的联系方式。

（9）隐私政策应当将收集个人信息的业务功能逐项列举，避免使用等、例如字样。

（10）存在个人信息对外共享、转让、公开披露等情况，隐私政策应明确对外共享、转让、公开披露个人信息的目的，涉及的个人信息类型，接收方的类型或身份。

（11）隐私政策应对以下个人信息主体的行权事项提供操作方法说明：个人信息查询、个人信息更正、个人信息删除、用户账户注销、撤回已同意的授权等。

（12）隐私政策至少提供以下一种投诉渠道：电子邮件、电话、传真、在线客服。

（13）隐私政策应对个人敏感信息类型进行显著标识（如字体加粗、标星号、下划线、斜体等），向个人告知处理敏感个人信息的必要性以及对个人的影响。

（14）隐私政策应对个人信息存放地域（国内、国外）、存储期限（法律规定范围内最短期限或明确的期限）、到期后的处理方式进行明确说明。

（15）服务运营者将个人信息用于用户画像、个性化展示，隐私政策应说明可能对用户产生的影响。

（16）个人信息出境，隐私政策应告知境外接收方的身份、联系方式、处理目的、处理方式、个人信息的种类以及个人向境外接收方行使法定权利的方式并显著标识。

（17）隐私政策中应对服务运营者在个人信息保护方面采取的措施和具备的能力进行说明，如身份鉴别、数据加密、访问控制、恶意代码防范、安全审计等。

（18）明确标识隐私政策发布、生效、更新日期。

（二）App违法违规收集使用个人信息行为的认定方法

1.以下行为可被认定为未公开收集使用规则

（1）在App中没有隐私政策，或者隐私政策中没有收集使用个人信息规则。

（2）在 App 首次运行时未通过弹窗等明显方式提示用户阅读隐私政策等收集使用规则。

（3）隐私政策等收集使用规则难以访问，如进入 App 主界面后，需多于 4 次点击等操作才能访问到。

（4）隐私政策等收集使用规则难以阅读，如文字过小、颜色过淡、模糊不清，或者未提供简体中文版等。

2. 以下行为可被认定为未明示收集使用个人信息的目的、方式和范围

（1）未逐一列出 App（包括委托的第三方或嵌入的第三方代码、插件）收集使用个人信息的目的、方式、范围等。

（2）收集使用个人信息的目的、方式、范围发生变化时，未以适当方式通知用户，适当方式包括更新隐私政策等收集使用规则并提醒用户阅读等。

（3）在申请打开可收集个人信息的权限，或者申请收集用户身份证号、银行账号、行踪轨迹等个人敏感信息时，未同步告知用户其目的，或者目的不明确、难以理解。

（4）有关收集使用规则的内容晦涩难懂、繁琐，用户难以理解，如使用大量专业术语等。

十、违法后果的双罚制

1. 针对违法处理个人信息的处理者，除了罚款，还应责令其暂停或终止提供服务；对于情节严重的违法行为，除了罚款，还可以一并责令其暂停相关业务、停业整顿、通报有关主管部门吊销相关业务许可证或者营业执照。

2. 针对直接负责的主管人员和其他直接负责人员，除了罚款以外，还可禁止其在一定期限内担任相关企业的董事、监事、高级管理人员和个人信息保护负责人。

十一、公益诉讼

《个人信息保护法》第 70 条规定："个人信息处理者违反本法规定处理

个人信息，侵害众多个人的权益的，人民检察院、法律规定的消费者组织和由国家网信部门确定的组织可以依法向人民法院提起诉讼。"

《最高人民法院关于适用〈中华人民共和国民事诉讼法〉的解释》第282条规定："环境保护法、消费者权益保护法等法律规定的机关和有关组织对污染环境、侵害众多消费者合法权益等损害社会公共利益的行为，根据民事诉讼法第五十八条规定提起公益诉讼……"

第二节　数据安全保护合规

一、数据合规立法概况

（一）数据合规立法的内容

1. 全国人民代表大会及其常务委员会制定的法律，如《网络安全法》《数据安全法》《个人信息保护法》《电子商务法》《消费者权益保护法》《民法典》《刑法》等。

2. 国务院制定的行政法规。

3. 各部委制定的部门规章。

4. 在技术规范及标准方面，全国信息安全标准化技术委员会、国家标准化管理委员会、国家认证认可监督管理委员会、中国信息通信研究院也制定了一些行业标准。

（二）数据合规立法的特点

1. 数据保护具有综合性。企业既要保护数据本身的安全，又要承担保护网络运营安全的义务。

2. 数据保护具有创新性。中国结合自身国情首次提出网络安全等级保护制度、关键性基础设施、重要数据、国家核心数据等概念，网络安全等级保护三级认证已经成为行业内各企业证明自身合规水平的通用标准。

3. 数据保护具有多层级性。数据保护从国家安全、数据安全、个人信息保护等多层次进行立法保障,将数据进行分类分级,有针对性地制定数据防护要求,设置不同的访问权限、对重要数据进行加密存储和传输、敏感数据进行脱敏处理、重要操作进行审计记录和分析等,形成有效的数据保护体系。

二、数据处理原则

1. 合法性、合理性、透明性。要求在对个人数据的收集、传输、使用、处理中均需符合法律规定,符合合理及透明性要求。

2. 目的限制。数据处理需出于特定、明确、合法的目的,进一步的处理也要遵循上述原则,但符合公共利益、科学研究等正常目的的后续数据处理不视为违反初始目的。

3. 数据最小化。对于个人数据的处理数量以满足该业务需要的最小数量为限。

4. 准确性。对数据的使用、更新必须确保数据的真实准确。

5. 限期存储。个人数据处理完毕,必须及时采取删除措施。

6. 数据的完整性与保密性。数据处理过程中需采取合理技术手段,避免数据遭到非法处理或发送中意外灭失。

三、数据出境

(一)数据出境的概念

数据出境,是指网络运营者通过网络等方式,将其在中华人民共和国境内收集和产生的个人信息和重要数据,直接提供或通过开展业务、提供服务、产品等方式提供给境外的机构、组织或个人的一次性活动或连续性活动。

1. 以下情形属于数据出境:(1)向本国境内,但不属于本国司法管辖或未在境内注册的主体提供个人信息和重要数据;(2)数据被境外的机构、组织、个人访问查看（公开信息、网页访问除外）；（3）网络运营者集团内部数据由境内转移至境外，涉及其在境内运营中收集和产生的个人信息和重要数据的。

2. 以下情形，不属于数据出境：（1）非在境内运营中收集和产生的个人信息和重要数据经由本国出境，未经任何变动或加工处理的；（2）非在境内运营中收集和产生的个人信息和重要数据在境内存储、加工处理后出境，不涉及境内运营中收集和产生的个人信息和重要数据的。

（二）数据出境的合规要求

1. 同意。多数国家将数据主体同意作为数据跨境传输的合规机制之一。

2. 满足跨境传输例外条件之"同意"的特殊要求。

以欧盟颁布的《通用数据保护条例》规定为例，特殊要求包括如下三点：（1）同意应当是明确的；（2）该同意针对的是具体的或特定的数据传输；（3）数据控制者或处理者应当详细告知用户。

3. 重大利益。多数国家在保护数据主体或第三方的生命、健康及其类似重大利益情形下允许必要的跨境传输。但是也有部分国家对重大利益情形的适用做出限制。

4. 公共利益。多数国家基于重大的公共利益时，允许必要的个人信息进行跨境传输，该机制通常用于公共机构，但是也不排除企业适用。

5. 充分性认定，是指由传输国对接收国进行个人信息保护方面的评估，并由授权机关批准是否与传输国具备同等保护水平。

6. 标准合同条款是指由监管机构提供的一套跨境传输的标准合同条款，若跨境传输的双方直接签署该条款，则通过合同义务将等同于传输国个人信息保护的义务约束到合同相对方（数据接收方）。标准合同条款机制通常不需要监管机构的另行审批。

7. 传输国法律法规、政策文件对于数据出境所要求满足的其他条件。

对于数据出境涉及的主体同意、履行法定评估手续、满足法律法规规定的其他条件，该等合规要求与合规机制在国内是如何落地执行的呢？根据

《个人信息保护法》第 38 条的规定,个人信息处理者因业务等需要,确需向中华人民共和国境外提供个人信息的,应当具备下列条件之一:(1)通过国家网信部门组织的安全评估;(2)按照国家网信部门的规定经专业机构进行个人信息保护认证;(3)按照国家网信部门制定的标准合同与境外接收方订立合同,约定双方的权利和义务;(4)法律、行政法规或者国家网信部门规定的其他条件。中华人民共和国缔结或者参加的国际条约、协定对向中华人民共和国境外提供个人信息的条件等有规定的,可以按照其规定执行。个人信息处理者应当采取必要措施,保障境外接收方处理个人信息的活动达到《个人信息保护法》规定的个人信息保护标准。第 39 条规定,个人信息处理者向中华人民共和国境外提供个人信息的,应当向个人告知境外接收方的名称或者姓名、联系方式、处理目的、处理方式、个人信息的种类以及个人向境外接收方行使《个人信息保护法》规定权利的方式和程序等事项,并取得个人的单独同意。

《数据出境安全评估办法》第 4 条规定,数据处理者向境外提供数据,有下列情形之一的,应当通过所在地省级网信部门向国家网信部门申报数据出境安全评估:(1)数据处理者向境外提供重要数据;(2)关键信息基础设施运营者和处理 100 万人以上个人信息的数据处理者向境外提供个人信息;(3)自上年 1 月 1 日起累计向境外提供 10 万人个人信息或者 1 万人敏感个人信息的数据处理者向境外提供个人信息;(4)国家网信部门规定的其他需要申报数据出境安全评估的情形。《个人金融信息保护技术规范》(JR/T 0171—2020)规定,在中华人民共和国境内提供金融产品或服务过程中收集和产生的个人金融信息,应在境内存储、处理和分析。因业务需要,确需向境外机构(含总公司、母公司或分公司、子公司及其他为完成该业务所必需的关联机构)提供个人金融信息的,具体要求如下:(1)应符合国家法律法规及行业主管部门有关规定;(2)应获得个人金融信息主体明示同意;(3)应依据国家、行业有关部门制定的办法与标准开展个人金融信息出境评估,确保境外机构数据安全保护能力达到国家、行业有关部门与金融业机构的安全要求；（4）应与境外机构通过签订协议、现场核查等方式，明确并监督境外机构有效履行个人金融信息保密、数据删除、案件协查等职责义务。

四、数据出境合规步骤

（一）调查跨境传输需求

1. 目标市场国，即出海业务的目标市场，也是跨境传输合规机制中的个人信息输出国。

2. 数据中心所在国，即运维部门提供的拟建数据中心所在国，也是跨境传输合规机制中的个人信息接收国。

3. 所传输的个人信息类型以及跨境传输的目的。

4. 如果存在由第三方提供服务，包括云存储等服务的，则进一步调查数据接收方以及数据接收方（包含次处理者）进一步跨境转移的情形。

（二）制定跨境传输规则

1. 排查是否存在数据本地化的要求以及严格程度以确定是否需要在目标市场国建立数据中心。

2. 分析可适用跨境传输的合规机制，包括：数据中心所在国是否在充分性认定国家名单中，是否可采用标准合同条款等便捷的跨境传输机制，是否允许采取用户同意、合同履行之必要等。

3. 了解目标市场国和数据中心所在国之间是否存在国际协定或公约等。

（三）记录跨境传输并动态监测

基于内部控制需求以及部分国家法律要求，应当记录跨境传输情形，包括个人信息传输国、个人信息接收国、数据接收方、传输的个人信息类型以及目的、数据接收方等，保存个人信息安全影响评估的过程，以及评估结论，即所依赖的跨境传输机制，包括签署后的标准合同条款、数据主体同意的记录等。

五、个人信息、数据保护合规涉及的主要法律文件

1. 《刑法》（2023 年修正）
2. 《个人信息保护法》（2021 年 8 月 20 日公布）
3. 《数据安全法》（2021 年 6 月 10 日公布）
4. 《民法典》（2020 年 5 月 28 日公布）
5. 《密码法》（2019 年 10 月 26 日公布）
6. 《电子商务法》（2018 年 8 月 31 日公布）
7. 《网络安全法》（2016 年 11 月 7 日公布）
8. 《关键信息基础设施安全保护条例》（2021 年 7 月 30 日公布）
9. 《互联网信息服务算法推荐管理规定》（2021 年 12 月 31 日公布）
10. 《网络安全审查办法》（2021 年 12 月 28 日公布）
11. 《互联网宗教信息服务管理办法》（2021 年 12 月 3 日公布）
12. 《征信业务管理办法》（2021 年 9 月 27 日公布）
13. 《网络交易监督管理办法》（2021 年 3 月 15 日公布）
14. 《App 违法违规收集使用个人信息行为认定方法》（2019 年 12 月 28 日公布）
15. 《儿童个人信息网络保护规定》（2019 年 8 月 22 日公布）
16. 《App 违法违规收集使用个人信息自评估指南》（2019 年 3 月公布）
17. 《银行业金融机构数据治理指引》（2018 年 5 月 21 日公布）
18. 《最高人民法院、最高人民检察院关于办理侵犯公民个人信息刑事案件适用法律若干问题的解释》（2017 年 5 月 8 日公布）

示例

公司数据安全管理办法

第一章 总则

第一条 为确保网络及数据安全，依据国家《网络安全法》《数据安全法》《个人信息保护法》等相关法律法规，制定本管理制度。

第二条 目标和原则。

公司按照有关法律、行政法规的规定，参照国家标准，履行网络及数据安全保护义务，建立全流程数据安全管理制度，采取数据安全技术措施，制订网络安全事件应急预案，及时处置网络及数据安全事件，组织数据安全教育、培训，确保网络及数据安全。

第三条 本制度所称数据，是指任何以电子或者其他方式对信息的记录。包括但不限于：

1.个人信息，是指以电子或者其他方式记录的能够单独或者与其他信息结合识别自然人个人身份的各种信息。敏感个人信息，是指一旦泄露或者非法使用，容易导致自然人的人格尊严受到侵害或者人身、财产安全受到危害的个人信息，如个人生物识别信息、宗教信仰、特定身份、医疗健康、金融账户、行踪轨迹，以及不满14周岁未成年人的个人信息。

2.重要数据，是指一旦泄露可能直接影响国家安全、经济安全、社会稳定、公共健康和安全的数据，如未公开的政府信息，大面积人口、基因健康、地理、矿产资源等数据。

第四条 本办法适用于公司数据处理的整个生命周期。

第二章 组织及人员安全保障

第五条 公司在法律合规部下成立数据安全管理机构，确定××为数据合规负责人。数据安全管理机构在数据合规负责人领导下实施数据安全管理。

第六条 对涉及网络和数据安全相关的关键岗位人员进行安全背景审查。

第三章　数据收集

第七条　制定并公开数据收集使用规则，仅当用户知悉收集使用规则并明确同意后，方可收集个人信息。收集个人敏感信息的，应当取得个人的单独同意。收集14周岁以下未成年人个人信息的，还应当制定儿童个人信息处理规则，并征得其监护人同意。

第八条　不得收集业务场景外的非必要数据。

第九条　间接获取数据时：

1.应当对数据来源的合法性进行确认。

2.应当了解数据提供方已获得数据处理的授权同意范围，包括使用目的、个人信息主体是否授权同意转让、共享、公开披露等。如公司开展业务需进行的数据处理活动超出该授权同意范围，应在获取个人信息后的合理期限内或处理个人信息前，征得个人信息主体的明示同意。

第四章　数据使用、提供、存储

第十条　公司向第三方提供数据时，必须取得数据主体授权，并在规定的数据范围、数据提供方式下提供数据。

第十一条　公司从第三方获取或提供个人隐私数据时，应当与该第三方签署数据保护协议，明确数据提供范围、数据提供方式、数据保密义务等，明确双方权责利。

第十二条　未经授权允许，不得将含有个人隐私的信息进行公开、传播、修改。当业务需要必须展示时，应经过公司相关主管人员审批，并对数据采取去标识化、匿名化处理。

第十三条　向第三方提供个人信息前，应当评估可能带来的安全风险，并征得个人信息主体同意。下列情况除外：

1.从合法公开渠道收集且不明显违背个人信息主体意愿。

2.个人信息主体主动公开。

3.经过匿名化处理。

4.中华人民共和国执法机关依法履行职责所必需。

5.维护中华人民共和国国家安全、社会公共利益、个人信息主体生命安全所必需。

第十四条 对接入公司的第三方应用，应当明确数据安全要求和责任，督促监督第三方应用运营者加强数据安全管理。

第十五条 公司内部使用、访问个人信息：

1.遵循最小授权的原则，确保内部数据操作人员只能访问职责所需的最少够用的个人信息，且仅具备完成职责所需的最少的数据操作权限。

2.对个人信息进行修改等重要操作应当经过内部审批。

3.特定人员因工作需要超权限处理个人信息的，应当由数据合规负责人初审后，报法律合规部审批，并保留操作记录。

4.对个人敏感信息的访问、修改等行为，应在对角色的权限控制的基础上，根据业务流程的需求触发操作授权。例如，因收到客户投诉，投诉处理人员才可访问该用户的相关信息。

第十六条 向境外第三方提供重要数据前，应当内部审核、评估可能带来的安全风险，并经数据安全管理机构批准。数据安全管理机构应当审慎审核向境外第三方提供重要数据，对于可能涉及国家信息安全或者公民个人信息安全的，应当报经国家网信部门等行业主管监管部门同意。

向境外第三方提供个人信息的，应当向个人告知并取得其单独同意，且应当具备下列条件之一：

1.通过国家网信部门组织的安全评估。

2.按照国家网信部门的规定经专业机构进行个人信息保护认证。

3.按照国家网信部门制定的标准合同与境外接收方订立合同，约定双方的权利和义务。

4.法律、行政法规或者国家网信部门规定的其他条件。

第十七条 数据传输时，应当采用合理的加密技术。

第十八条 公司参照国家有关标准，采用数据分类、备份、加密、脱敏等措施加强对个人信息和重要数据的保护。数据的使用，不得超出授权范围。

第十九条　在我国境内运营中收集和产生的个人信息和重要数据应当在境内储存。

第二十条　保存个人信息不应超出收集使用规则中的保存期限，用户注销账号后应当及时删除其个人信息，经过匿名化处理的除外。

第五章　数据安全监督管理

第二十一条　公司每年自行或者委托网络安全服务机构对网络的安全性和可能存在的风险至少进行一次检测评估，并将检测评估情况和改进措施报送数据安全审查委员会。

第二十二条　加强对用户发布的信息的管理，发现法律、行政法规禁止发布或者传输的信息的，应当立即停止传输该信息，采取消除等处置措施，防止信息扩散，保存有关记录，并向数据安全审查委员会报告。如有必要，数据安全审查委员会应当向国家有关主管部门报告。

第二十三条　一旦发生个人信息泄露、毁损、丢失等数据安全事件，或者发生数据安全事件风险明显加大时，应当立即向数据安全审查委员会报告，并采取补救措施，及时以电话、短信、邮件或信函等方式告知个人信息主体，如有必要应当按要求向行业主管、监管部门和网信部门报告。

第二十四条　公司员工发现公司存在信息安全漏洞，或者出现信息安全事故，或者任何违反本制度要求的行为的，应当第一时间向数据安全管理机构举报。举报方式：……

接到举报后，数据安全管理机构需在24小时内进行反馈。

第六章　数据安全评估

第二十五条　公司定期或根据业务和法律要求不定期进行数据安全评估工作，定期评估工作至少每年一次，评估内容包括：

1. 个人信息保护影响评估。
2. 数据安全风险评估。

第七章　附则

第二十六条　本办法自颁布之日起施行。

第四章　知识产权合规

习近平总书记在《全面加强知识产权保护工作 激发创新活力推动构建新发展格局》中指出，"创新是引领发展的第一动力，保护知识产权就是保护创新。"知识产权风险不仅包括违反强制性法规的违规风险，也包括一般的侵权风险，违规或侵权的法律后果既涉及民事责任、行政责任，也涉及刑事责任。

《民法典》第 123 条规定："民事主体依法享有知识产权。知识产权是权利人依法就下列客体享有的专有的权利：（1）作品；（2）发明、实用新型、外观设计；（3）商标；（4）地理标志；（5）商业秘密；（6）集成电路布图设计；（7）植物新品种；（8）法律规定的其他客体。"知识产权法是调整知识产权的归属、行使、管理和保护等活动中产生的社会关系的法律规范的总称，主要由《著作权法》《专利法》《商标法》《反不正当竞争法》等法律制度构成。

知识产权的特征：

1. 知识产权的法律确认性：由于智力成果内容的无形性，决定了它本身不能直接产生知识产权，而必须依照专门的法律确认或授予才能产生知识产权。

2. 知识产权的专有性：指的是知识产权所有人对其知识产权具有独占性。知识产权所有人独占地享有其权利，同样的智力成果只能有一个成为知识产权保护的对象，而不允许有两个或两个以上的同一属性的知识产权同时并存。

3. 知识产权的地域性：指的是知识产权只在授予其权利的国家或者确认

其权利的国家产生,并且只能在该国范围内发生法律效力受法律保护。

4.知识产权的时间性:指的是知识产权只在法律规定的期限内受到法律保护,知识产权所有人对其智力成果享有的知识产权在时间上的效力并不是永久的,而要受到法定有效期的限制。

第一节 专利权合规

专利权,是发明创造人或其权利受让人对特定发明创造在一定期限内依法享有的独占实施权。《专利法》第2条规定:"本法所称的发明创造是指发明、实用新型和外观设计。发明,是指对产品、方法或者其改进所提出的新的技术方案。实用新型,是指对产品的形状、构造或者其结合所提出的适于实用的新的技术方案。外观设计,是指对产品的整体或者局部的形状、图案或者其结合以及色彩与形状、图案的结合所作出的富有美感并适于工业应用的新设计。"

一、专利申请的原则

(一)先申请原则

先申请原则,是指同样的发明创造只能授予一项专利权,两个以上的申请人分别就同样的发明创造申请专利的,专利权授予最先申请的人,即申请日在先的人。

(二)禁止重复授权原则

虽然我国允许就同一项发明提出两项申请,但在进行授权时仍然坚持一项发明上仅存在一项专利权的原则。

(三)优先权原则

优先权,是指申请人在任一巴黎公约成员国首次提出正式专利申请后的一定期限内,又在其他巴黎公约成员国就同一内容的发明创造提出专利申请的,可将其首次申请日作为后续申请的申请日。

《专利法》第29条第1款规定,申请人自发明或者实用新型在外国第一次提出专利申请之日起12个月内,或者自外观设计在外国第一次提出专利申请之日起6个月内,又在中国就相同主题提出专利申请的,依照该外国同中国签订的协议或者共同参加的国际条约,或者依照相互承认优先权的原则,可以享有优先权。

(四)单一性原则

单一性原则,是指一件发明或者实用新型专利申请应当限于一项发明或者实用新型,一件外观设计专利申请应当限于一项外观设计。

二、专利实施许可的分类

专利实施许可可以分为以下三类:

1. 独占许可,即在约定的时间与地域范围内,专利权人只许可一个被许可人实施其专利,包括专利权人自己也无权实施该专利。

2. 排他许可,即在约定的时间与地域范围内,专利权人也只许一个被许可人实施其专利,但专利权人自己亦有权实施该专利。

3. 普通许可,即在约定的时间与地域范围内,专利权人许可某人有权实施其专利的同时,保留许可除被许可人外第三人实施其专利的权利。

三、专利权的强制许可

(一)防止专利权滥用的强制许可

《专利法》第53条规定:"有下列情形之一的,国务院专利行政部门根据具备实施条件的单位或者个人的申请,可以给予实施发明专利或者实用新型专利的强制许可:(一)专利权人自专利权被授予之日起满三年,且自提出专利申请之日起满四年,无正当理由未实施或者未充分实施其专利的;(二)专利权人行使专利权的行为被依法认定为垄断行为,为消除或者减少该行为对竞争产生的不利影响的。"

（二）为了公共利益的强制许可

《专利法》第 54 条规定："在国家出现紧急状态或者非常情况时，或者为了公共利益的目的，国务院专利行政部门可以给予实施发明专利或者实用新型专利的强制许可。"第 55 条规定："为了公共健康目的，对取得专利权的药品，国务院专利行政部门可以给予制造并将其出口到符合中华人民共和国参加的有关国际条约规定的国家或者地区的强制许可。"

（三）交叉许可

《专利法》第 56 条第 1 款规定："一项取得专利权的发明或者实用新型比前已经取得专利权的发明或者实用新型具有显著经济意义的重大技术进步，其实施又有赖于前一发明或者实用新型的实施的，国务院专利行政部门根据后一专利权人的申请，可以给予实施前一发明或者实用新型的强制许可。"

四、专利侵权

（一）发明、实用新型的侵权

1. 专利权保护的范围。《专利法》第 64 条第 1 款规定："发明或者实用新型专利权的保护范围以其权利要求的内容为准，说明书及附图可以用于解释权利要求的内容。"

2. 技术特征的对比。通过进行相应技术特征对比判断是否构成对专利权的侵犯。（1）全面覆盖原则。只有当权利要求书中记载的全部技术特征都出现在被控侵权技术方案中，才成立侵权。（2）等同侵权原则。被控侵权技术方案虽未落入该专利要求书字面描述的范围，但是被控侵权方案与权利要求书所描述的技术方案实质相同。

（二）外观设计专利权的侵权

1. 判断产品的类别。《专利法》第 64 条第 2 款规定："外观设计专利权的保护范围以表示在图片或者照片中的该产品的外观设计为准，简要说明可以用于解释图片或者照片所表示的该产品的外观设计。"《最高人民法院关于审理侵犯专利权纠纷案件应用法律若干问题的解释》第8条规定:"在与外观设计专利产品相同或者相近种类产品上,采用与授权外观设计相同或者近似的外观设计的,人民法院应当认定被诉侵权设计落入专利法第五十九条第二款规定的外观设计专利权的保护范围。"第9条规定:"人民法院应当根据外观设计产品的用途,认定产品种类是否相同或者相近。确定产品的用途,可以参考外观设计的简要说明、国际外观设计分类表、产品的功能以及产品销售、实际使用的情况等因素。"若被控侵权产品与专利外观设计使用的产品二者不属于同类产品,则一般不构成侵权。

2. 判断的比较对象。《最高人民法院关于审理侵犯专利权纠纷案件应用法律若干问题的解释》第11条第3款规定:"被诉侵权设计与授权外观设计在整体视觉效果上无差异的,人民法院应当认定两者相同;在整体视觉效果上无实质性差异的,应当认定两者近似。"

3. 判断的主体。《最高人民法院关于审理侵犯专利权纠纷案件应用法律若干问题的解释》第10条规定:"人民法院应当以外观设计专利产品的一般消费者的知识水平和认知能力,判断外观设计是否相同或者近似。"

4. 判断的原则。《最高人民法院关于审理侵犯专利权纠纷案件应用法律若干问题的解释》第11条第1款规定:"人民法院认定外观设计是否相同或者近似时,应当根据授权外观设计、被诉侵权设计的设计特征,以外观设计的整体视觉效果进行综合判断;对于主要由技术功能决定的设计特征以及对整体视觉效果不产生影响的产品的材料、内部结构等特征,应当不予考虑。"

五、专利违规行为常见种类

(一)假冒专利

《专利法实施细则》第101条第1款规定了五类以非专利产品冒充专利产品、非专利方法冒充专利方法的违法行为,包括:(1)在未被授予专利权的产品或者其包装上标注专利标识,专利权被宣告无效后或者终止后继续在产品或者其包装上标注专利标识，或者未经许可在产品或者产品包装上标注他人的专利号；（2）销售前述（1）中所述产品；（3）在产品说明书等材料中将未被授予专利权的技术或者设计称为专利技术或者专利设计，将专利申请称为专利，或者未经许可使用他人的专利号，使公众将所涉及的技术或者设计误认为是专利技术或者专利设计；（4）伪造或者变造专利证书、专利文件或者专利申请文件；（5）其他使公众混淆，将未被授予专利权的技术或者设计误认为是专利技术或者专利设计的行为。根据《刑法》第216条的规定，假冒他人专利，情节严重的，构成假冒专利罪，处3年以下有期徒刑或者拘役，并处或单处罚金。至于其他情节较轻的假冒他人专利的行为，以及《专利法实施细则》第101条第1款第2至4项规定的假冒专利行为，将根据《专利法》第68条的规定，由专利执法部门责令改正、公告、没收违法所得，并可能被处以违法所得5倍以下的罚款。

（二）不规范标注专利标识

《专利法实施细则》第99条第1款规定，专利权人在其专利产品或者该产品的包装上标明专利标识的，应当按照国务院专利行政部门规定的方式予以标明。

（三）违反规定向国外申请专利

对于在中国完成的技术方案，如果要向外国申请专利，应当先报经专利行政部门进行保密审查，以核查该技术方案是否涉及国家安全或重大国家利益。如果违反上述规定向外国申请专利，将可能导致相应的中国专利申请在外国无法获得授权。更严重的是，如果专利申请涉及国家秘密的，则除上述后果外，该等未经审查的申请行为也将构成泄露国家秘密，将由所在单位、上级主管机关给予行政处分；情节严重的情况下将有可能涉嫌构成刑事犯罪。

六、不属于专利侵权的特别情形

不属于专利侵权的特别情形包括：

1.《最高人民法院关于审理侵犯专利权纠纷案件应用法律若干问题的解释》第5条规定："对于仅在说明书或者附图中描述而在权利要求中未记载的技术方案，权利人在侵犯专利权纠纷案件中将其纳入专利权保护范围的，人民法院不予支持。"

2.《最高人民法院关于审理侵犯专利权纠纷案件应用法律若干问题的解释》第6条规定："专利申请人、专利权人在专利授权或者无效宣告程序中，通过对权利要求、说明书的修改或者意见陈述而放弃的技术方案，权利人在侵犯专利权纠纷案件中又将其纳入专利权保护范围的，人民法院不予支持。"

3.《专利法》第75条第1项规定，专利产品或者依照专利方法直接获得的产品，由专利权人或者经其许可的单位、个人售出后，使用、许诺销售、销售、进口该产品的，不视为侵犯专利权。

4.《专利法》第75条第2项规定，在专利申请日前已经制造相同产品、使用相同方法或者已经做好制造、使用的必要准备，并且仅在原有范围内继续制造、使用的，不视为侵犯专利权。

5.《专利法》第75条第3项规定，临时通过中国领陆、领水、领空的外国运输工具，依照其所属国同中国签订的协议或者共同参加的国际条约，或者依照互惠原则，为运输工具自身需要而在其装置和设备中使用有关专利的，不视为侵犯专利权。

6.《专利法》第75条第4项规定，专为科学研究和实验而使用有关专利的，不视为侵犯专利权。

7.《专利法》第75条第5项规定，为提供行政审批所需要的信息，制造、使用、进口专利药品或者专利医疗器械的，以及专门为其制造、进口专利药品或者专利医疗器械的，不视为侵犯专利权。

8.现有技术抗辩规定在《专利法》第67条和《最高人民法院关于审理

侵犯专利权纠纷案件应用法律若干问题的解释》第14条。在专利侵权纠纷中，被控侵权人有证据证明其实施的技术或者设计属于现有技术或者现有设计的，不构成侵犯专利权。被诉落入专利权保护范围的全部技术特征，与一项现有技术方案中的相应技术特征相同或者无实质性差异的，人民法院应当认定被诉侵权人实施的技术属于《专利法》规定的现有技术。被诉侵权设计与一个现有设计相同或者无实质性差异的，人民法院应当认定被诉侵权人实施的设计属于《专利法》规定的现有设计。

9.基于公益的考量，侵权人可以仅支付费用而不停止侵权行为。《最高人民法院关于审理侵犯专利权纠纷案件应用法律若干问题的解释（二）》第26条规定："被告构成对专利权的侵犯，权利人请求判令其停止侵权行为的，人民法院应予支持，但基于国家利益、公共利益的考量，人民法院可以不判令被告停止被诉行为，而判令其支付相应的合理费用。"

七、专利权合规涉及的主要法律文件

1.《专利法》（2020年修正）

2.《全国人民代表大会常务委员会关于专利等知识产权案件诉讼程序若干问题的决定》（2018年10月26日公布）

3.《专利代理条例》（2018年修订）

4.《专利法实施细则》（2023年修订）

5.《最高人民法院关于知识产权法庭若干问题的规定》（2023年修正）

6.《最高人民法院关于涉及发明专利等知识产权合同纠纷案件上诉管辖问题的通知》（2022年4月27日公布）

7.《最高人民法院、国家知识产权局关于强化知识产权协同保护的意见》（2022年4月25日公布）

8.《最高人民检察院关于全面加强新时代知识产权检察工作的意见》（2022年2月28日公布）

9.《最高人民法院关于北京、上海、广州知识产权法院案件管辖的规

定》（2020年修正）

10.《最高人民法院关于审理侵犯专利权纠纷案件应用法律若干问题的解释（二）》（2020年修正）

11.《最高人民法院关于知识产权民事诉讼证据的若干规定》（2020年11月16日公布）

12.《最高人民法院、最高人民检察院关于办理侵犯知识产权刑事案件具体应用法律若干问题的解释（三）》（2020年9月12日公布）

13.《最高人民法院关于涉网络知识产权侵权纠纷几个法律适用问题的批复》（2020年9月12日公布）

14.《最高人民法院关于审理涉电子商务平台知识产权民事案件的指导意见》（2020年9月10日公布）

15.《最高人民法院关于审理专利授权确权行政案件适用法律若干问题的规定（一）》（2020年9月10日公布）

16.《最高人民法院关于技术调查官参与知识产权案件诉讼活动的若干规定》（2019年3月18日公布）

17.《最高人民法院关于审查知识产权纠纷行为保全案件适用法律若干问题的规定》（2018年12月12日公布）

18.《最高人民法院关于审理侵犯专利权纠纷案件应用法律若干问题的解释》（2009年12月28日公布）

19.《最高人民法院、最高人民检察院关于办理侵犯知识产权刑事案件具体应用法律若干问题的解释（二）》（2007年4月5日公布）

20.《最高人民法院、最高人民检察院关于办理侵犯知识产权刑事案件具体应用法律若干问题的解释》（2004年12月8日公布）

第二节　商标权合规

商标是商品的生产者、经营者或服务的提供者为了使自己的商品或服务与他人相区别而使用的一种独特标记。《商标法》第 8 条规定："任何能够将自然人、法人或者其他组织的商品与他人的商品区别开的标志，包括文字、图形、字母、数字、三维标志、颜色组合和声音等，以及上述要素的组合，均可以作为商标申请注册。"

一、商标的特征

（一）独占性

独占性是指商标注册人对其注册商标享有独占使用权，在商业中未经许可的所有使用，都将构成对商标专用权的侵害。

（二）时效性

商标的有效期为 10 年，自核准注册之日起计算。注册商标有效期满，需要继续使用的，商标注册人应当在期满前 12 个月内按照规定办理续展手续；在此期间未能办理的，可以给予 6 个月的宽展期。每次续展注册的有效期为 10 年，自该商标上一届有效期满次日起计算。期满未办理续展手续的，注销其注册商标。

（三）显著性

商标的显著性，体现为易于识别且独特。商标的构成要素包括文字、图形、字母、数字、三维标志、颜色组合和声音等，上述要素的组合应当有显著特征，便于识别，且随着商标长期连续使用，使消费者对其有一定的认识与依赖，能够将某商品和服务与其他商品或服务区别开来，从而获得显著性。

（四）财产性

商标权是一种无形资产，商标权可依法转让，具有经济价值。

二、不允许注册商标的情形

（一）禁止作为商标注册或使用的标志

1.《商标法》第10条第1款第1至5项规定保护特定标志，禁止其作为商标注册和使用。主要包括：我国国家名称、国旗、国徽、国歌、军旗、军徽、军歌、勋章，中央国家机关的名称、标志、所在地特定地点的名称或者标志性建筑物的名称、图形等；外国的国家名称、国旗、国徽、军旗等；政府间国际组织的名称、旗帜、徽记等；表明实施控制、予以保证的官方标志、检验印记；"红十字""红新月"的名称、标志。

2.《商标法》第10条第1款第6至9项规定禁止有损公序良俗等公共利益的标志作为商标注册和使用。主要包括：带有民族歧视性的标志；带有欺骗性，容易使公众对商品的质量等特点或者产地产生误认的标志；具有"不良影响"的标志。

3.《商标法》第10条第2款规定了县级以上行政区划的地名或者公众知晓的外国地名不得作为商标注册和使用及其例外情形。

（二）禁止作为商标注册但可以作为未注册商标或其他标志使用的标志

1.仅有本商品的通用名称、图形、型号的；仅仅直接表示商品的质量、主要原料、功能、用途、重量、数量及其他特点的；缺乏显著特征的。前述所列标志经过使用取得显著特征，并便于识别的，可以作为商标注册。

2.以三维标志申请注册商标的，仅由商品自身的性质产生的形状、为获得技术效果而需有的商品形状或者使商品具有实质性价值的形状，不得注册。

三、商标使用许可形式

商标使用许可形式包括：

1.独占使用许可，是指商标注册人在约定的期间、地域和以约定的方式，将该注册商标仅许可一个被许可人使用，商标注册人依约定不得使用该注册商标。

2.排他使用许可,是指商标注册人在约定的期间、地域和以约定的方式将该注册商标仅许可一个被许可人使用,商标注册人依约定可以使用该注册商标但不得另行许可他人使用该注册商标。

3.普通使用许可,是指商标注册人在约定的期间、地域和以约定的方式、许可他人使用其注册商标,并可自行使用该注册商标和许可他人使用其注册商标。

四、商标侵权情形

《商标法》第57条规定了七种商标侵权行为,包括:(1)未经商标注册人的许可,在同一种商品上使用与其注册商标相同的商标的;(2)未经商标注册人的许可,在同一种商品上使用与其注册商标近似的商标,或者在类似商品上使用与其注册商标相同或近似的商标,容易导致混淆的;(3)销售侵犯注册商标专用权的商品的;(4)伪造、擅自制造他人注册商标标识或者销售伪造、擅自制造的注册商标标识的;(5)未经商标注册人同意,更换其注册商标并将该更换商标的商品又投入市场的;(6)故意为侵犯他人商标专用权行为提供便利条件,帮助他人实施侵犯商标专用权行为的;(7)给他人的注册商标专用权造成其他损害的。

《商标法实施条例》第75条规定,为侵犯他人商标专用权提供仓储、运输、邮寄、印制、隐匿、经营场所、网络商品交易平台等,属于《商标法》第57条第6项规定的提供便利条件。第76条规定,在同一种商品或者类似商品上将与他人注册商标相同或者近似的标志作为商品名称或者商品装潢使用,误导公众的,属于《商标法》第57条第2项规定的侵犯注册商标专用权的行为。

五、商标侵权责任

(一)民事责任

侵犯商标专用权的民事责任主要有:停止侵害、排除妨害、赔偿损失和消除影响。

（二）行政责任

根据《商标法》第 60 条及第 61 条的规定，行政管理部门处理时，认定侵权行为成立的，责令立即停止侵权行为，没收、销毁侵权商品和主要用于制造侵权商品、伪造注册商标标识的工具，违法经营额 5 万元以上的，可以处违法经营额 5 倍以下的罚款，没有违法经营额或者违法经营额不足 5 万元的，可以处 25 五万元以下的罚款。对 5 年内实施两次以上商标侵权行为或者有其他严重情节的，应当从重处罚。销售不知道是侵犯注册商标专用权的商品，能证明商品是自己合法取得并说明提供者的，由行政管理部门责令停止销售。

（三）刑事责任

为了加大打击侵害商标权行为的力度，保护商标权人的合法权益，《刑法》规定了侵犯商标权的刑事责任。

1. 假冒注册商标罪

《刑法》第 213 条规定，未经注册商标所有人许可，在同一种商品、服务上使用与其注册商标相同的商标，情节严重的，处 3 年以下有期徒刑，并处或者单处罚金；情节特别严重的，处 3 年以上 10 年以下有期徒刑，并处罚金。

2. 销售假冒注册商标的商品罪

《刑法》第 214 条规定，销售明知是假冒注册商标的商品，违法所得数额较大或者有其他严重情节的，处 3 年以下有期徒刑，并处或者单处罚金；违法所得数额巨大或者有其他特别严重情节的，处 3 年以上 10 年以下有期徒刑，并处罚金。

3. 非法制造、销售非法制造的注册商标标识罪

《刑法》第 215 条规定，伪造、擅自制造他人注册商标标识或者销售伪造、擅自制造的注册商标标识，情节严重的，处 3 年以下有期徒刑，并处或者单处罚金；情节特别严重的，处 3 年以上 10 年以下有期徒刑，并处罚金。

六、驰名商标

根据《商标法》第 14 条的规定，认定驰名商标的主要因素有：（1）相关公众对该商标的知晓程度；（2）该商标使用的持续时间；（3）该商标的任何宣传工作的持续时间、程度和地理范围；（4）该商标作为驰名商标受保护的记录；（5）该商标驰名的其他因素。

（一）驰名商标的认定方式

1. 在商标注册审查、市场监督部门查处商标违法案件过程中，当事人认为自己的商标符合驰名商标标准的，商标局根据审查、处理案件的需要，可以对商标驰名情况作出认定。

2. 在商标争议处理过程中，当事人认为自己的商标符合驰名商标标准的，国家知识产权局根据处理案件的需要，可以对商标驰名情况作出认定。

3. 在商标民事、行政案件审理过程中，当事人主张自己的商标符合驰名商标标准的，最高人民法院指定的人民法院根据审理案件的需要，可以对商标驰名情况作出认定。

（二）驰名商标的特殊保护

1. 放宽驰名商标注册的显著性条件。缺乏显著特征的标志，依法不能注册为商标，但经过使用取得显著特征，并便于识别的，可以作为商标注册。缺乏固有显著特征的驰名商标可以注册。

2. 对未注册的驰名商标予以保护。《商标法》第 13 条第 2、3 款规定："就相同或者类似商品申请注册的商标是复制、摹仿或者翻译他人未在中国注册的驰名商标，容易导致混淆的，不予注册并禁止使用。就不相同或者不相类似商品申请注册的商标是复制、摹仿或者翻译他人已经在中国注册的驰名商标，误导公众，致使该驰名商标注册人的利益可能受到损害的，不予注册并禁止使用。"明确了未在中国注册的商标只要已经在中国驰名，而他人对该驰名商标进行复制、摹仿或者翻译，并在相同或类似商品或服务上进行使用，可能导致消费者对商品来源产生混淆的，也能受到《商标法》的保护，即该驰名商标所有者有权阻止他人使用，商标局对他人在相同或类似商品或服务上的注册申请不予核准。《商标法》第 32 条规定："申请商标注册不得损害他人现有的在先权利，也不得以不正当手段抢先注册他人已经使用并有一定影响的商标。"

3. 扩大驰名商标的保护范围。《商标法》第 13 条第 3 款规定："就不相同或者不相类似商品申请注册的商标是复制、摹仿或者翻译他人已经在中国注册的驰名商标，误导公众，致使该驰名商标注册人的利益可能受到损害的，不予注册并禁止使用。"

《商标法》规定，对恶意注册的，驰名商标所有人不受 5 年的时间限制。

七、商业标识的违规行为

1. 使用法律禁止使用的商标。

2. 冒充注册商标。在没有申请注册商标，或者商标申请还没有被核准注册时，企业在使用标识时不能擅自使用注册商标标记，否则将会被地方行政管理部门予以制止，限期改正，予以通报，或者处以罚款，罚款金额最高可以达到违法经营额的 20%。

3. 自行改变注册商标形式。企业在使用其已注册的商标时，不得自行改变注册商标、注册人名义、地址或者其他注册事项，否则可由地方行政管理部门责令限期改正，期满不改正的，可由商标局撤销其注册商标。

4. 使用驰名商标字样宣传。驰名商标只是行政机关或司法机关为处理商标纠纷，根据权利人请求，在确有必要的情况下所认定的法律事实。驰名商标不能作为企业曾经获得的荣誉进行宣传。即使在个案中认定为"驰名商标"，企业也不能在商品、商品包装或者容器等处，或者广告宣传、展览以及其他商业活动中使用驰名商标字样进行宣传，否则可由地方行政管理部门责令改正，并将被处以 10 万元以下的罚款。

八、商标权合规涉及的主要法律文件

1.《商标法》（2019 年修正）

2.《商标法实施条例》（2014年修订）

3.《商标印制管理办法》（2020年修订）

4.《规范商标申请注册行为若干规定》（2019年10月11日公布）

5.《驰名商标认定和保护规定》（2014年修订）

6.《最高人民法院关于审理商标民事纠纷案件适用法律若干问题的解释》（2020年修正）

7.《最高人民法院关于审理商标授权确权行政案件若干问题的规定》（2020年修正）

8.《最高人民法院关于商标法修改决定施行后商标案件管辖和法律适用问题的解释》（2020年修正）

9.《最高人民法院关于审理涉及驰名商标保护的民事纠纷案件应用法律若干问题的解释》（2020年修正）

10.《最高人民法院关于审理注册商标、企业名称与在先权利冲突的民事纠纷案件若干问题的规定》（2020年修正）

11.《最高人民法院关于审理商标案件有关管辖和法律适用范围问题的解释》（2020年修正）

12.《最高人民法院关于人民法院对注册商标权进行财产保全的解释》（2020年修正）

第三节　著作权合规

《著作权法》第62条规定："本法所称的著作权即版权。"著作权保护的对象被称为作品，是指文学、艺术和科学领域内具有独创性并能以某种有形形式复制的智力成果。

一、获得《著作权法》保护的条件

1. 具有独创性。独创性是指作品应由作者独立创造完成。

2. 具有可复制性。《著作权法》保护的是作品的思想和情感的表达形式，而不保护思想和情感本身。

3. 作品的表现形式属于文学、艺术和科学范畴。以下几类作品不是《著作权法》保护的对象：（1）法律、法规、国家机关的决议、决定、命令和其他具有立法、行政、司法性质的文件及其官方正式译文；（2）单纯事实消息；（3）历法、通用数表、通用表格和公式。以下作品为《著作权法》保护的对象：（1）文字作品；（2）口述作品；（3）音乐、戏剧、曲艺、舞蹈、杂技艺术作品；（4）美术、建筑作品；（5）摄影作品；（6）视听作品；（7）工程设计图、产品设计图、地图、示意图等图形作品和模型作品；（8）计算机软件；（9）符合作品特征的其他智力成果。

二、著作权的内容

（一）人身权

具体包括：（1）发表权，即决定作品是否公之于众的权利；（2）署名权，即表明作者身份，在作品上署名的权利；（3）修改权，即修改或者授权他人修改作品的权利；（4）保护作品完整权，即保护作品不受歪曲、篡改的权利。

（二）财产权

具体包括：（1）复制权，即以印刷、复印、拓印、录音、录像、翻录、翻拍、数字化等方式将作品制作一份或者多份的权利；（2）发行权，即以出售或者赠与方式向公众提供作品的原件或者复制件的权利；（3）出租权，即有偿许可他人临时使用视听作品、计算机软件的原件或者复制件的权利，计算机软件不是出租的主要标的的除外；（4）展览权，即公开陈列美术作品、摄影作品的原件或者复制件的权利；（5）表演权，即公开表演作品，以及用各种手段公开播送作品的表演的权利；（6）放映权，即通过放映机、幻灯机等技术设备公开再现美术、摄影、视听作品等的权利；（7）广播权，即以有线或者无线方式公开传播或者转播作品，以及通过扩音器或者其他传送符号、声音、图像的类似工具向公众传播广播的作品的权利，但不包括《著作权法》第10条第12项规定的权利；（8）信息网络传播权，即以有线或者无线方式向公众提供，使公众可以在其选定的时间和地点获得作品的权利；（9）摄制权，即以摄制视听作品的方法将作品固定在载体上的权利；（10）改编权，即改变作品、创作出具有独创性的新作品的权利；（11）翻译权，即将作品从一种语言文字转换成另一种语言文字的权利；（12）汇编权，即将作品或者作品的片段通过选择或者编排，汇集成新作品的权利；（13）应当由著作权人享有的其他权利。

三、著作权的保护期限

著作权的保护期限是指著作权受法律保护的时间界限。在著作权的期限内，作品受《著作权法》保护；著作权期限届满，著作权丧失，作品进入公有领域。

（一）人身权的保护期限

著作人身权中的署名权、修改权和保护作品完整权，是与特定的人身相联系的权利，不因人的死亡而消失。《著作权法实施条例》第17条规定："作者生前未发表的作品，如果作者未明确表示不发表，作者死后50年内，其发表权可由继承人或受遗赠人行使；没有继承人或受遗赠人的，由作品原件的所有人行使。"

（二）财产权的保护期限

1. 公民的保护期限。《著作权法》第10条第1款第5项至第17项规定的权利的保护期为作者终生及其死亡后50年，截止于作者死亡后第50年的12月31日；如果是合作作品，截止于最后死亡的作者死亡后第50年的12月31日。

2. 法人和非法人组织的保护期限。法人或者非法人组织的作品、著作权由法人或者非法人组织享有的职务作品，其发表权的保护期为50年，截止于作品创作完成后第50年的12月31日。

3.特殊作品的保护期限。视听作品，其发表权的保护期为50年，截止于作品创作完成后第50年的12月31日。

（三）邻接权的保护期限

1.出版者的版式设计权保护期为10年，截止于使用该版式设计的图书、期刊首次出版后10年的12月31日。

2.表明表演者身份、保护表演形象不受歪曲的保护期不受限制。表演者权中其他权利的保护期为50年，截止于该表演发生后第50年的12月31日。

3.录音录像制作者权的保护期为50年，截止于该制品"首次制作完成后"第50年的12月31日。

4.广播组织者权的保护期为50年，截止于该广播、电视首次播出后第50年的12月31日。

四、著作权许可使用的方式

1.普通许可，是指著作权人自己有权使用，也可以许可第三人在约定的期限和地域范围内使用该作品。

2.排他许可，是指除著作权人与被许可人外，不能再许可任何第三方在约定的期限和地域范围内使用该作品。

3.独占许可，是指著作权人仅将作品许可给一个被许可人使用，排斥包括著作权人自己在内的一切人在约定的期限和地域范围内使用该作品。

五、著作权侵权的表现形式

《著作权法》第52条和第53条规定的侵权行为包括：（1）未经著作权人许可，发表其作品的；（2）未经合作作者许可，将与他人合作创作的作品当作自己单独创作的作品发表的；（3）没有参加创作，为谋取个人名利,在他人作品上署名的;(4)歪曲、篡改他人作品的;(5)剽窃他人作品的;(6)未经著作权人许可,以展览、摄制视听作品的方法使用作品,或者以改编、翻译、注释等方式使用作品的,《著作权法》另有规定的除外;(7)使用他人作品,应当支付报酬而未支付的;(8)未经视听作品、计算机软件、录音录像制品的著作权人、表演者或者录音录像制作者许可,出租其作品或者录音录像制品的原件或者复制件的,《著作权法》另有规定的除外;(9)未经出版者许可,使用其出版的图书、期刊的版式设计的;(10)未经表演者许可,从现场直播或者公开传送其现场表演,或者录制其表演的;(11)其他侵犯著作权以及与著作权有关的权利的行为;(12)未经著作权人许可,复制、发行、表演、放映、广播、汇编、通过信息网络向公众传播其作品的,《著作权法》另有规定的除外;(13)出版他人享有专有出版权的图书的;(14)未经表演者许可,复制、发行录有其表演的录音录像制品,或者通过信息网络向公众传播其表演的,《著作权法》另有规定的除外;(15)未经录音录像制作者许可,复制、发行、通过信息网络向公众传播其制作的录音录像制品的,《著作权法》另有规定的除外;(16)未经许可,播放、复制或者通过信息网络向公众传播广播、电视的,《著作权法》另有规定的除外;(17)未经著作权人或者与著作权有关的权利人许可,故意避开或者破坏技术措施的,故意制造、进口或者向他人提供主要用于避开、破坏技术措施的装置或者部件的,或者故意为他人避开或者破坏技术措施提供技术服务的,法律、行政法规另有规定的除外;(18)未经著作权人或者与著作权有关的权利人许可,故意删除或者改变作品、版式设计、表演、录音录像制品或者广播、电视上的权利管理信息的,知道或者应当知道作品、版式设计、表演、录音录像制品或者广播、电视上的权利管理信息未经许可被删除或者改变,仍然向公众提供的,法律、行政法规另有规定的除外;(19)制作、出售假冒他人署名的作品的。

六、著作权合规涉及的主要法律文件

1.《著作权法》（2020年修正）

2.《实施国际著作权条约的规定》（2020年修订）

3.《著作权集体管理条例》（2013年修订）

4.《著作权法实施条例》（2013年修订）

5.《互联网著作权行政保护办法》（2005年4月29日公布）

6.《最高人民法院关于加强著作权和与著作权有关的权利保护的意见》（2020年11月16日公布）

7.《最高人民法院关于审理著作权民事纠纷案件适用法律若干问题的解释》（2020年修正）

8.《最高人民法院、最高人民检察院关于办理侵犯著作权刑事案件中涉及录音录像制品有关问题的批复》（2005年10月13日公布）

9.《最高人民法院关于审理非法出版物刑事案件具体应用法律若干问题的解释》（1998年12月17日公布）

第四节　商业秘密合规

根据《反不正当竞争法》第9条第4款的规定，商业秘密是指不为公众所知悉、具有商业价值并经权利人采取相应保密措施的技术信息、经营信息等商业信息。

一、商业秘密特征

1.秘密性。商业秘密必须是不为公众所知悉的信息，这是商业秘密的本质特征。

2.价值性。商业秘密能给权利人带来经济上的利益，包括现实的经济利

益以及潜在的经济利益。

3. 保密性。保密性是商业秘密所具有的本质属性。

4. 信息性，是指它是商业活动中的技术信息或经营信息。

5. 实用性。商业秘密必须是能够在经营中运用的，具有现实的或潜在的使用价值，客观上具有具体性和确定性的方案或信息。

二、商业秘密的种类

《最高人民法院关于审理侵犯商业秘密民事案件适用法律若干问题的规定》第 1 条列举了商业秘密种类，将其分为技术信息和经营信息。技术信息包括与技术有关的结构、原料、组分、配方、材料、样品、样式、植物新品种繁殖材料、工艺、方法或其步骤、算法、数据、计算机程序及其有关文档等信息。经营信息则包括与经营活动有关的创意、管理、销售、财务、计划、样本、招投标材料、客户信息、数据等信息；经营信息中的客户信息则包括客户的名称、地址、联系方式以及交易习惯、意向、内容等信息。

三、商业秘密的保护措施

根据《最高人民法院关于审理侵犯商业秘密民事案件适用法律若干问题的规定》第 6 条的规定，企业应采取如下保密措施：

1. 签订保密协议或者在合同中约定保密义务。

2. 通过章程、培训、规章制度、书面告知等方式，对能够接触、获取商业秘密的员工、前员工、供应商、客户、来访者等提出保密要求。

3. 对涉密的厂房、车间等生产经营场所限制来访者或者进行区分管理。

4. 以标记、分类、隔离、加密、封存、限制能够接触或者获取的人员范围等方式，对商业秘密及其载体进行区分和管理。

5. 对能够接触、获取商业秘密的计算机设备、电子设备、网络设备、存储设备、软件等，采取禁止或者限制使用、访问、存储、复制等措施。

6. 要求离职员工登记、返还、清除、销毁其接触或者获取的商业秘密及其载体，继续承担保密义务。

7. 采取其他合理保密措施。

四、侵犯商业秘密的行为

根据《反不正当竞争法》第9条第1款的规定，侵犯商业秘密的行为主要有四类：

1. 以盗窃、贿赂、欺诈、胁迫、电子侵入或者其他不正当手段获取权利人的商业秘密。

2. 披露、使用或者允许他人使用以前项手段获取的权利人的商业秘密。

3. 违反保密义务或者违反权利人有关保守商业秘密的要求，披露、使用或者允许他人使用其所掌握的商业秘密。

4. 教唆、引诱、帮助他人违反保密义务或者违反权利人有关保守商业秘密的要求，获取、披露、使用或者允许他人使用权利人的商业秘密。

五、商业秘密合规涉及的主要法律文件

1.《反垄断法》（2022年修正）

2.《审计法》（2021年修正）

3.《密码法》（2019年10月26日公布）

4.《反不正当竞争法》（2019年修正）

5.《电子商务法》（2018年8月31日公布）

6.《技术进出口管理条例》（2020年修订）

7.《中央企业商业秘密保护暂行规定》（2010年3月25日公布）

8.《最高人民法院、最高人民检察院关于办理侵犯知识产权刑事案件具体应用法律若干问题的解释（三）》（2020年9月12日公布）

9.《最高人民法院关于审理侵犯商业秘密民事案件适用法律若干问题的规定》（2020年9月10日公布）

> 示例

企业技术秘密、商业秘密管理办法

第一章 总则

第一条 为保障企业的合法权益,充分发挥作为企业重要资产的技术秘密、商业秘密的效益,鼓励员工不断创造并自觉维护技术秘密、商业秘密的积极性,根据企业实际情况制定本办法。

第二条 技术秘密、商业秘密是本企业拥有的知识产权的组成部分,是企业的重要资产。要在企业内牢固树立技术秘密、商业秘密的保护意识。要将技术秘密、商业秘密的管理贯穿研究开发、生产和经营的全过程。明确商业秘密的界定和保护。

第三条 企业内的相关文件、合同、记录等文献中出现的"专有技术""技术诀窍""技术秘密""经营管理诀窍""实际知识""实践经验"均是本办法中"商业秘密"的表达形式。

第二章 技术秘密、商业秘密的定义、确立和管理机制

第四条 本办法所称的技术秘密、商业秘密,是指由企业员工在职务范围内创造或履行职务产生的、经企业知识产权管理部门认定并采取了保密措施,只在企业一定范围内流传的、具有商业价值的所有信息或成果。这些信息或成果以各种纸质材料、照片、录像和计算机等数字存储设备为载体而能够为人所感知。具体包括:

(一)技术秘密。包括:企业现有的、正在开发或者构思之中的或经过技术创新确定不宜于申请专利的产品设计、制造方法、工艺过程、材料配方、实验数据、经验公式、计算机软件及其算法以及产品开发计划等;及其存在形式:资料和图纸、样品、手册文档、工具模具、计算机软件等承载物。

(二)经营信息。包括:企业的市场营销计划、广告宣传方案、销售方法、供应商和客户名单、客户的专门需求、未公开的销售服务网络以及企业

现有的、正在开发或者构思之中的经营项目等信息及其承载物。

（三）依据法律和有关协议对第三方负有保密责任的第三方商业秘密。

第五条 确定为技术秘密、商业秘密的信息及其承载物，归企业所有。

第六条 技术秘密、商业秘密的确定程序：

（一）由参与技术创新或经营管理的部门或员工就某一项或几项信息或成果，向企业知识产权管理部门申报。

（二）知识产权管理部门接到申报后采取：

1.指定参与者中一人专门保管成果或信息的承载物，可以采取加密措施。被指定人一般是项目或业务负责人或发明创造者本人。

2.向企业决策层汇报并提出是否构成技术秘密、商业秘密建议。必要时会同指定人员向企业决策层汇报。

3.企业决策层在接到知识产权管理部门的汇报后应立即作出是否确定为技术秘密、商业秘密的决定。

4.对于被确定为技术秘密、商业秘密的信息或成果，按照本办法第三章和第四章的有关规定具体落实管理措施。

5.技术秘密、商业秘密的确定遵循随时产生随时确定的原则，实行动态管理。

第七条 企业决策层负责技术秘密、商业秘密的整体工作。及时、高效地作出审核、批准、否决等工作，定期检查各部门的保密工作，作出奖惩决定。

企业下属部门的负责人负责本部门的日常技术秘密、商业秘密管理和保护工作。定期检查本部门的保密工作，配合支持知识产权管理部门履行企业技术秘密、商业秘密保护工作。

知识产权管理部门是企业技术秘密、商业秘密保护工作的职责机构，具体操作落实与协调商业秘密保护的各项工作，研究开发部门、信息系统管理部门、市场营销和行政档案管理部门按其职能分工负责日常商业秘密和保护工作。

企业全体员工是技术秘密、商业秘密保护的实施者。全体员工应当牢固树立知识产权意识、自觉维护企业的商业秘密。

第三章 技术秘密、商业秘密及其承载物的管理

第八条 根据本办法第六条的规定，被决策层确立为技术秘密、商业秘密的信息或成果，由知识产权管理部门确立密级和保密期限。密级划分的标准、保密期限的确立，要参考该信息或成果同企业业务的联系程度、与通行业务竞争的影响力度、是否为企业运营的关键等因素，由知识产权管理部门划定。商业秘密的申报人应当提供意见。

第九条 按照技术秘密、商业秘密需要保密的程度，参考第八条的标准，技术秘密、商业秘密分为三级：绝密、机密、保密。此外，对于不宜于对外的信息，由知识产权管理部门确立为内部使用的资料，参照本办法做好保密工作。

绝密，是指一旦泄露会使企业遭受严重危害和重大损失的信息或成果，包括：企业核心技术秘密、技术诀窍。

机密，是指一旦泄露会使企业遭受危害和较大损失的信息，包括：企业的产品模型及开发方法、产品开发、市场营销等各类工作计划、企业内部重要文件。

保密，是指一旦泄露会使企业遭受损失的信息，包括：产品销售情况、用户名单及其分布、用户需求信息、限于一定范围内阅读的企业内部文件等。

内部使用的信息或成果，是指一旦泄露会对企业业务产生一定不良影响的可能的信息或成果、只限于内部员工阅读的企业内部文件。

保密期限，一般分为三级：永久保密、长期（20年）和短期（5年）。密级和保密期限划定后，应在信息或成果的承载物上标注。

第十条 密级、保密期限确立后，被指定人及时整理该技术秘密、商业秘密的资料，收集整理所有消息或成果承载物，在确定没有其他拷贝或复制件的基础上，用统一外包装封装，加盖密级标记后交企业行政档案管理部门

保存，由此形成技术秘密、商业秘密档案材料。企业各部门指定专人负责技术秘密、商业秘密的资料及移交工作。

第十一条 保密资料由专人负责管理。企业档案管理部门对交接来的技术秘密、商业秘密档案材料，根据其密级和保密期限于档案卷宗封面加盖保密印章，登记、编号后统一放置保密资料专门存放处保存，并建立台账登记，重要的资料柜实行双钥匙制度。

企业各部门要设立保密资料柜，用于存放各部门经常运用的或暂时无法交存企业行政档案管理部门保存的技术秘密、商业秘密档案材料，该资料柜应由专人管理。

第十二条 绝密、机密级商业秘密档案材料的借阅，必须经企业知识产权负责领导批准；保密级商业秘密档案材料、内部使用文件资料的借阅，必须经知识产权管理部门负责人批准。资料的借阅应持借阅批准书到资料保管人员处办理借阅手续，确定借阅时间，使用后立即归还，不得延期，更不得交予他人使用。

第十三条 绝密和机密商业秘密档案材料的复印，必须经企业知识产权负责领导批准后，由原制作企业（如已存档由资料保管员）交复印室复印，未见企业知识产权负责领导批准意见，复印室一律不得复印。复印由专人负责，复印期间不得向他人泄露，复印后应当立即将复印稿和原稿交还申请复印人，废稿要立即销毁，不得留存或随意丢弃。

第十四条 商业秘密档案资料的传送，必须采取密封形式，由专人送达，接收人签字。采用邮寄办法的，必须采用挂号形式。商业秘密档案材料利用电子邮件传递时必须加密。

第四章 技术秘密、商业秘密的保障措施

第十五条 在本企业进行技术创新过程中，任何研发项目从立项之日起，围绕该项目的研发活动均进入技术秘密、商业秘密保护范围内，产生的任何信息或成果，不论最终产生的知识产权形式如何，均作为企业的技术秘密、商业秘密进行保护。

第十六条 对于在研发过程中被确定为技术秘密、商业秘密的信息,由于处在不断发展改进的状态下,其档案材料可以经企业知识产权主管领导批准后保留在本部门,但必须设专门存放处保存,保存于计算机的,必须对该设备进行数字加密,密码不得向任何无关该商业秘密的人透露。

研发中的阶段性成果,必须形成档案材料,依照保密措施保存,直到最终成果形成后,将各阶段成果形成的过程档案进行保存、销毁、解密等措施。

第十七条 对于开发完成的技术创新成果,除从本企业专利战略及经营实际出发需要公开的外,经过论证不适于申请专利的,将其完全纳入企业商业秘密保护范围内,做好商业秘密的确立、密级划分、建档、专门保存档案资料等工作。参与技术创新的有关人员,在开发项目进行中,应履行商业秘密的保密工作。

第十八条 企业所有员工有义务保护企业技术秘密、商业秘密的安全。

第十九条 员工在企业工作期间,因工作需要使用企业的技术秘密、商业秘密及其承载物,应按照要求的范围和程度使用,不得将实物、资料等擅自带离工作岗位,未经书面同意,不得随意进行复制、交流或转移含有企业技术秘密、商业秘密的资料。

第二十条 员工在参加任何级别的学术交流活动、产品订货会、技术鉴定会等会议或活动时,必须注意保护企业的技术秘密、商业秘密,用以交流的文档或资料事先要经过上级审查批准。

第二十一条 企业在对外发布新产品信息和广告时,要注意避免泄漏企业的技术秘密、商业秘密。重要的新产品发布会、广告文稿必须经企业主管负责领导审核批准后才可发布。

第二十二条 企业在接受外企人员的实习、合作研究、学习进修等工作时,对企业的技术秘密、商业秘密负有保密的义务。

第二十三条 员工因工作需要或其他原因(包括离职、辞职、退休、开除等)调离原工作岗位或离开企业,应将接触到的所有包含于职务开发中的技术秘密、商业秘密的数据、文档等的记录、模型、软磁盘、光盘及数字存储装置以及其他媒介形式的资料如数交回企业。

第五章　技术秘密、商业秘密效益发挥的保证措施

第二十四条　企业在对外的技术合作过程中，以技术秘密、商业秘密为标的或其他技术合同涉及技术秘密、商业秘密许可的，对于技术秘密、商业秘密的价值通过与合作方协商确定。需要进行第三方价值评估的，委托符合职业要求的中介机构完成，并通过合同约定严格的保密措施。明确双方的权利义务及合作方在合同未完全履行，泄露企业技术秘密、商业秘密时应承担的责任。

第二十五条　参与履行有关技术秘密、商业秘密的技术合同的企业员工，在合作中要对企业技术秘密、商业秘密进行保密，与合作方的接触、信息的交流只限于技术合作范围内。涉及的技术秘密、商业秘密只以合同限定的为准，相关技术秘密、商业秘密不在合同中的，不与合作方交流。

第二十六条　企业员工在主持或参与对外业务谈判时要遵守企业的保密纪律。涉及企业商业秘密的谈判，事先制定谈判提纲，该提纲经企业主管负责领导批准。

第二十七条　在技术合作中产生的技术成果，其知识产权形式的确定和归属由合同约定，凡约定技术秘密、商业秘密归属本企业的，应采取保密措施。

第五章　广告合规

第一节　概　述

广告信息传播是一种社会性的活动，在广告传播过程中会产生各种各样的社会关系。要使广告传播活动中的各种社会关系正常化，彼此间的活动要有利于构建社会主义和谐社会，就必须利用各种规范形式与规范手段对这种社会关系加以调整，对广告传播行为进行有效的控制。如果没有这种调整与控制，广告传播及其社会关系就会失范和混乱，从而对社会造成损害，因而广告合规管理就显得尤为重要。

一、商业广告的法律定义及参与主体

根据《广告法》第 2 条的规定，商业广告系指在中华人民共和国境内，商品经营者或者服务提供者通过一定媒介和形式直接或者间接地介绍自己所推销的商品或者服务的商业广告活动。

商业广告的参与主体主要有：（1）广告主，是指为推销商品或者服务，自行或者委托他人设计、制作、发布广告的自然人、法人或者其他组织；（2）广告经营者，是指接受委托提供广告设计、制作、代理服务的自然人、法人或者其他组织；（3）广告发布者，是指为广告主或者广告主委托的广告经营者发布广告的自然人、法人或者其他组织；（4）广告代言人，是指

广告主以外的，在广告中以自己的名义或者形象对商品、服务作推荐、证明的自然人、法人或者其他组织。

二、广告法规体系建设的特点

1.建成了层次分明、结构合理的广告法规体系。我国建成了以《广告法》为核心和主干，以《广告管理条例》为必要补充，以国家市场监督管理总局单独或会同有关部门制定的部门规章为具体操作依据，以地方性法规和地方规章为实际针对性措施，以广告行业规范为司法行政措施的重要补充的广告法规体系。

2.建立了门类齐全的广告法律规范。我国建立了一整套覆盖广泛、门类齐全的广告法律规范，使广告业的各个方面基本上实现了有法可依的局面。一方面，广告法律规范覆盖了绝大多数商品或服务和媒体，尤其是在医疗、医疗器械、药品、食品、酒类、烟草、房地产等重点商品或服务广告，以及户外、广播电视、互联网等重点媒体广告领域，建立了非常详尽的法律规则。另一方面，广告法律规范涵盖广告代理、广告设计制作、广告发布等广告经营活动的所有环节，并重点调整了广告主、广告经营者、广告发布者的关系，建构了较为完备的法律制度。

3.形成并调试了具有中国特色的广告监管体制。我国采取的是政府主导型广告监管体制，即以政府监管为主、行业自律为辅的广告监管体制。进入21世纪以来，在内外因素交织的作用下，国家开始主动或被动地回应社会的变化和需求，政府行政权力被纳入广告法规的框架下，广告管理逐步走上规范化、法治化轨道。

第二节 广告合规管理

一、广告内容合规准则

（一）广告内容的禁止性法律规定

《广告法》第9条规定，广告不得有下列情形：（1）使用或者变相使用中华人民共和国的国旗、国歌、国徽，军旗、军歌、军徽；（2）使用或者变相使用国家机关、国家机关工作人员的名义或者形象；（3）使用"国家级""最高级""最佳"等用语；（4）损害国家的尊严或者利益，泄露国家秘密；（5）妨碍社会安定，损害社会公共利益；（6）危害人身、财产安全，泄露个人隐私；（7）妨碍社会公共秩序或者违背社会良好风尚；（8）含有淫秽、色情、赌博、迷信、恐怖、暴力的内容；（9）含有民族、种族、宗教、性别歧视的内容；（10）妨碍环境、自然资源或者文化遗产保护；（11）法律、行政法规规定禁止的其他情形。第10条规定，广告不得损害未成年人和残疾人的身心健康。

《未成年人保护法》第50条规定："禁止制作、复制、出版、发布、传播含有宣扬淫秽、色情、暴力、邪教、迷信、赌博、引诱自杀、恐怖主义、分裂主义、极端主义等危害未成年人身心健康内容的图书、报刊、电影、广播电视节目、舞台艺术作品、音像制品、电子出版物和网络信息等。"

《残疾人保障法》第3条规定，残疾人在政治、经济、文化、社会和家庭生活等方面享有同其他公民平等的权利。残疾人的公民权利和人格尊严受法律保护。禁止基于残疾的歧视。禁止侮辱、侵害残疾人。禁止通过大众传播媒介或者其他方式贬低损害残疾人人格。

（二）特定行业广告内容的合规准则

1. 药品行业广告

麻醉药品、精神药品、医疗用毒性药品、放射性药品等特殊药品，药品类易制毒化学品，以及戒毒治疗的药品、医疗器械和治疗方法，不得作广告。前述规定以外的处方药，只能在国务院卫生行政部门和国务院药品监督管理部门共同指定的医学、药学专业刊物上作广告。

医疗、药品、医疗器械广告不得含有下列内容：（1）表示功效、安全性的断言或者保证；（2）说明治愈率或者有效率；（3）与其他药品、医疗器械的功效和安全性或者其他医疗机构比较；（4）利用广告代言人作推荐、证明；（5）法律、行政法规规定禁止的其他内容。

药品广告的内容不得与国务院药品监督管理部门批准的说明书不一致，并应当显著标明禁忌、不良反应。处方药广告应当显著标明"本广告仅供医学药学专业人士阅读"，非处方药广告应当显著标明"请按药品说明书或者在药师指导下购买和使用"。

推荐给个人自用的医疗器械的广告，应当显著标明"请仔细阅读产品说明书或者在医务人员的指导下购买和使用"。医疗器械产品注册证明文件中有禁忌内容、注意事项的，广告中应当显著标明"禁忌内容或者注意事项详见说明书"。

2. 保健食品广告

保健食品广告不得含有下列内容：

（1）表示功效、安全性的断言或者保证；

（2）涉及疾病预防、治疗功能；

（3）声称或者暗示广告商品为保障健康所必需；

（4）与药品、其他保健食品进行比较；

（5）利用广告代言人作推荐、证明；

（6）法律、行政法规规定禁止的其他内容。

保健食品广告应当显著标明"本品不能代替药物"。

3. 农药、兽药、饲料和饲料添加剂广告

农药、兽药、饲料和饲料添加剂广告不得含有下列内容：

（1）表示功效、安全性的断言或者保证；

（2）利用科研单位、学术机构、技术推广机构、行业协会或者专业人士、用户的名义或者形象作推荐、证明；

（3）说明有效率；

（4）违反安全使用规程的文字、语言或者画面；

（5）法律、行政法规规定禁止的其他内容。

4. 酒类广告

酒类广告不得含有下列内容：

（1）诱导、怂恿饮酒或者宣传无节制饮酒；

（2）出现饮酒的动作；

（3）表现驾驶车、船、飞机等活动；

（4）明示或者暗示饮酒有消除紧张和焦虑、增强体力等功效。

5. 教育、培训类广告

教育、培训广告不得含有下列内容：

（1）对升学、通过考试、获得学位学历或者合格证书，或者对教育、培训的效果作出明示或者暗示的保证性承诺；

（2）明示或者暗示有相关考试机构或者其工作人员、考试命题人员参与教育、培训；

（3）利用科研单位、学术机构、教育机构、行业协会、专业人士、受益者的名义或者形象作推荐、证明。

6. 房地产广告

（1）房地产广告，房源信息应当真实，面积应当标明为建筑面积或者套内建筑面积，并不得含有下列内容：

①升值或者投资回报的承诺；

②以项目到达某一具体参照物的所需时间表示项目位置；

③违反国家有关价格管理的规定；

④对规划或者建设中的交通、商业、文化教育设施以及其他市政条件作误导宣传。

此外，《房地产广告发布规定》第5条规定，凡下列情况的房地产，不得发布广告：①在未经依法取得国有土地使用权的土地上开发建设的；②在未经国家征用的集体所有的土地上建设的；③司法机关和行政机关依法裁定、决定查封或者以其他形式限制房地产权利的；④预售房地产，但未取得该项目预售许可证的；⑤权属有争议的；⑥违反国家有关规定建设的；⑦不符合工程质量标准，经验收不合规的；⑧法律、行政法规规定禁止的其他情形。

（2）发布房地产广告应该：①权证齐全，手续合法；②内容真实：房源信息真实、面积应当标明为建筑面积或者套内建筑面积，涉及内部结构、装修装饰的，应当真实、准确。

（3）房地产预售、销售广告必须载明的事项：①开发企业名称；②中介服务机构代理销售的，载明该机构名称；③预售或者销售许可证号。广告中仅介绍房地产项目名称的，可以不必载明上述事项。

（4）发布房地产广告合规的其他要求。

①价格：对价格有表示的，应当清楚表示为实际的销售价格，明示价格的有效期限。涉及房地产价格评估的，应当标明评估单位、估价师和评估时间。

②项目示意图：应当准确、清楚、比例恰当、使用建筑设计效果图或者模型照片的，应当在广告中注明。谨慎标注"实景图"，非实景图的应标注"效果图"或"模型图"；

③市政条件：房地产广告中涉及的交通、商业、文化教育设施及其他市政条件等，如在规划或者建设中，应当在广告中注明。

④贷款服务：房地产广告中涉及贷款服务的，应当载明提供贷款的银行名称及贷款额度、年期。

⑤物业服务：房地产广告中涉及物业管理内容的，应当符合国家有关规定；涉及尚未实现的物业管理内容，应当在广告中注明。

⑥就业升学：房地产广告中不得含有广告主能够为入住者办理户口、就业、升学等事项的承诺。

⑦封建迷信：房地产广告不得含有风水、占卜等封建迷信内容，对项目情况进行的说明、渲染，不得有悖社会良好风尚。

二、广告违规责任承担

对于发布违法广告的行为，根据《广告法》的规定，相关主体承担的民事、行政责任一般可概括为如下三类：

1. 行政处罚。政府主管部门认定广告主体存在违法发布广告情形的，根据违法情形的不同，采取责令停止发布广告、处以罚款、吊销营业执照等行政处罚。

2. 民事赔偿责任。因违法广告致使消费者的合法权益受到损害的，相关广告主体将面临可能的民事赔偿，该民事责任由广告主承担，但若广告经营者、广告发布者不能提供广告主的真实信息和联系方式，消费者也可以直接要求其先行赔偿。

3. 连带赔偿责任。关系消费者生命健康的商品或服务的虚假广告，造成消费者损害的，广告代言人与广告经营者、广告发布者、广告主承担连带责任。

三、合规应对建议

（一）严格遵照法律规定，注意广告用语合规

严格按照相关法律法规的规定，对拟发布的广告内容进行合法合规性审查，注意广告用语，审慎评估，以避免不合规的法律风险。具体而言：
（1）对于广告用语法律有明确禁止性规定的，在广告活动中一定要遵守法律的规定，不得使用国家级、最高级、最佳、顶级、极品等用语；不得使用各

类带有评比性质的排序或者综合评价的全国销量第一、市场占有率第一、市场主导品牌、消费者首选品牌、中国公认品牌等用语；（2）坚决避免虚假广告，广告必须真实、合法。产品质量或使用效果方面的结论或断言，应当有国家认可的质量检验机构的证明，使用承诺、保证、担保性语言、文字、应当有实际履行能力的证明等。

（二）事前预防，建立广告宣传的审查机制

事后补救不如事前预防，企业可以建立广告宣传的审查机制，完善合规管理措施，最大限度地防范风险，减少损失。具体而言：

1. 对广告主主体资格的审查。审查是否具备做某项内容广告的权利能力和行为能力，超出范围不得发布该广告。

2. 对广告内容及其表现形式的审查。审查广告的内容和表现形式是否违反《广告法》及其他相关法律法规的规定。

3. 对广告涉及的证明文件的审查。广告相关的各类证明文件应具有真实性、合法性和有效性。

4. 对广告整体效果的审查。例如，广告是否会导致消费者误解，是否会导致社会的不良评价等。

（三）配合调查，积极整改

根据《行政处罚法》第32条的规定，当事人有下列情形之一的，应当从轻或者减轻行政处罚：（1）主动消除或者减轻违法行为危害后果的；（2）受他人胁迫或者诱骗实施违法行为的；（3）主动供述行政机关尚未掌握的违法行为的；（4）配合行政机关查处违法行为有立功表现的；（5）法律、法规、规章规定其他应当从轻或者减轻行政处罚的。第33条第1款规定，违法行为轻微并及时改正，没有造成危害后果的，不予行政处罚。

故因发布的广告涉嫌违法被调查的，相关广告主体应立即停止发布涉嫌违法的广告、摆正态度、积极配合调查并及时进行改正，争取减轻处罚。

（四）开展广告合规培训，助力提升风险防控能力

企业可邀请广告合规专业人士围绕广告审查、广告内容合规提示、广

告内容负面清单、广告行为等方面，结合《民法典》《广告法》以及《个人信息保护法》等法律法规，对广告发布的合规风险防控等内容进行合规培训，以增强相应人员的法律合规意识和红线意识，从而进一步引导相关人员严格遵守相关法律规定，真正做到广告合规，助力提升广告风险防控能力。

四、广告合规涉及的主要法律文件

1.《广告法》（2021年修正）

2.《电子商务法》（2018年8月31日公布）

3.《广播电视管理条例》（2020年修订）

4.《药品管理法实施条例》（2019年修订）

5.《互联网广告管理办法》（2023年2月25日公布）

6.《房地产广告发布规定》（2021年修正）

7.《医疗广告管理办法》（2006年修正）

8.《药品、医疗器械、保健食品、特殊医学用途配方食品广告审查管理暂行办法》（2019年12月24日公布）

示例

企业广告管理办法

1.广告内容涉及的事项需要取得行政许可的，应当与许可的内容相符合。

2.广告使用数据、统计资料、调查结果、文摘、引用语等引证内容的，应当真实、准确，并表明出处。引证内容有适用范围和有效期限的，应当明确。表示广告中涉及专利产品或者专利方法的，应当标明专利号和专利种类。

3.广告业务经营应当依法订立书面合同，建立、健全广告业务的承接登记、审核、档案管理制度,公布其收费标准和收费办法,向广告主、广告经营者提供的覆盖率、收视率、点击率、发行量等资料应当真实。

4.针对医疗、农药、药品、兽药、医疗器械、保健食品等发布的广告应当查验有关证明文件,核对广告内容,对内容不符或者证明文件不全的广告,广告发布者不得发布。

5.未取得专利权的,不得在广告中谎称取得专利权。

6.禁止使用未授予专利权的专利申请和已经终止、撤销、无效地专利做广告。

7.大众传播媒介不得以新闻报道形式变相发布广告。通过大众传播媒介发布的广告应当显著表明"广告",与其他非广告信息相区别,不得使消费者产生误解。

8.广告应具有可识别性,能够使消费者辨明其为广告。除医疗、药品、医疗器械广告外,禁止其他任何广告涉及疾病治疗功能,并不得使用医疗用语或者易使推销的商品与药品、医疗器械相混淆的用语。

9.特殊行业广告用语不得相混淆。

10.严禁发布虚假广告。下列情形构成虚假广告:

(1)商品或者服务不存在的。

(2)商品的性能、功能、产地、用途、质量、规格、成分、价格、生产者、有效期限、销售状况、曾获荣誉等信息,或者服务的内容、提供者、形式、质量、价格、销售状况、曾获荣誉等信息,以及与商品或者服务有关的允诺等信息与实际情况不符,对购买行为有实质性影响的广告不得含有虚假或者引人误解的内容,不得欺骗、误导消费者。

(3)广告以虚假或者引人误解的内容欺骗、误导消费者的,构成虚假广告。使用虚构、伪造或者无法验证的科研成果、统计资料、调查结果、文摘、引用语等信息作证明材料的。

(4)虚构使用商品或者接受服务的效果的,以虚假或者引人误解的内容欺骗、误导消费者的其他情形使用。

11. 广告内容严禁含有下列内容：

（1）变相使用中华人民共和国的国旗、国歌、国徽、军旗、军歌、军徽；

（2）使用或者变相使用国家机关、国家机关工作人员的名义或者形象；

（3）使用"国家级""最高级""最佳"等用语损害国家的尊严或者利益，泄露国家秘密、妨碍社会安定，损害社会公共利益，危害人身、财产安全，泄露个人隐私；

（4）广告不得贬低其他生产经营者的商品或者服务；

（5）妨碍社会公共秩序或者违背社会良好风尚；

（6）含有淫秽、色情、赌博、迷信、恐怖、暴力的内容；

（7）含有民族、种族、宗教、性别歧视的内容；

（8）妨碍环境、自然资源或者文化遗产保护；

（9）法律、行政法规规定禁止的其他情形。

12. 以互联网为媒介发布广告应额外避免以下事项：

（1）提供或者利用应用程序、硬件等对他人正当经营的广告采取拦截、过滤、覆盖、快进等限制措施；

（2）利用网络通路、网络设备、应用程序等破坏正常广告数据传输，篡改或者遮挡他人正当经营的广告，擅自加载广告；

（3）禁止利用互联网发布处方药和烟草的广告；

（4）利用虚假的统计数据、传播效果或者互联网媒介价值，诱导错误报价，谋取不正当利益或者损害他人利益。

13. 药品类易制毒化学品、麻醉药品、精神药品、医疗用毒性药品、放射性药品等特殊药品不得制作和发布广告。

14. 医疗、药品、医疗器械广告不得有下列内容：

（1）表示功效、安全性的断言或者保证；

（2）说明治愈率或者有效率；

（3）医疗器械与其他药品、医疗器械或医疗机构比较；

（4）利用广告代言人作推荐、证明；

（5）涉及疾病预防、治疗功能；

（6）法律、行政法规规定禁止的其他内容。

医疗、药品、处方药广告应当显著标明"本广告仅供医药学专业人士阅读"，非处方药广告应当显著标明"请按药品说明书或者在药师指导下购买和使用"。

15.保健食品广告不得含有下列内容：

（1）声称或者暗示广告商品为保障健康所必需；

（2）与药品、其他保健食品进行比较；

（3）利用广告代言人做推荐、证明；

（4）表示功效、安全性的断言或者保证；

（5）利用科研单位、学术机构或者专业人士等名义作推荐；

（6）农药、兽药、饲料和饲料添加剂；

（7）法律、行政法规规定禁止的其他内容。

保健食品广告应当显著标明"本品不能代替药物"。

16.烟草广告不得含有以下内容：

（1）向未成年人发送烟草广告；

（2）烟草制品生产者或者销售者发布的迁址、更名、招聘等启事中，不得含有烟草制品名称、商标、包装、装潢以及类似内容；

（3）利用其他广告宣传烟草制品名称、商标及类似内容。

17.酒类广告不得含有以下内容：

（1）诱导、怂恿饮酒或者宣传无节制饮酒；

（2）出现饮酒的动作；

（3）表现驾驶车、船、飞机等活动；

（4）明示或者暗示饮酒有消除紧张和焦虑、增强体力等功效。

18.教育、培训广告不得含有以下内容：

（1）对升学、通过考试等作出明示或暗示的保证性承诺；

（2）明示或者暗示有考试命题人员等参与教育、培训；

（3）利用科研单位、学术机构、专业人士等名义作推荐；

（4）对未来效果、收益或者与其相关的情况做出保证性承诺。

19.房地产广告不得含有以下内容：

（1）招商等有投资回报预期的商品或者服务；

（2）应当对可能存在的风险以及风险责任承担有合理提示或者警示；

（3）房源信息应当真实、面积应当标明为建筑面积或者套内建筑面积；

（4）利用学术机构、行业协会、专业人士等名义作推荐；

（5）升值或者投资回报的承诺；

（6）以项目到达某一具体参照物的所需时间表示项目位置。

20.不得设置户外广告的情形：妨碍生产或者人民生活，损害市容市貌的；在国家机关、文物保护单位、风景名胜区等建筑控制地带设置的，或者县级以上地方人民政府禁止设置户外广告的区域设置的。

21.未经当事人同意或者请求，不得向其住宅、交通工具等发送广告，也不得以电子信息方式向其发送广告。以电子信息方式发送广告，应当明示发送者的真实身份和联系方式，并向接收者提供拒绝继续接收的方式。

第六章 劳动人事合规

第一节 概 述

企业合规涉及方方面面,是一个复杂的庞大系统。而在企业合规的所有工作中,劳动人事管理合规是根本和"抓手"。劳动人事合规关注企业内部管理活动的规范性。如果企业内部员工的自身权益无法得到保障,企业对外践行合规价值观将是无本之木,规范企业内部的管理活动不仅有助于防范内部合规风险,包括避免劳动仲裁、诉讼或劳动监察案件,更有助于防范其他业务领域的合规风险。

一、劳动人事法律规范及司法实践特点

劳动人事法律规范及司法实践的特点包括:(1)法规政策时间跨度长,如1951年公布实施的《劳动保险条例》等法律法规目前仍然有效;(2)涉及法规政策繁多,劳动人事用工的法规政策体系庞大,涉及部门较多;(3)涉及不同类别、不同层级的法规政策,散布在各类法律法规、规范性文件中;(4)各地适用口径差别大,各地对法律规定与司法解释,理解与适用时存在偏差。

二、劳动人事合规管理的必要性

1. 应对劳动法规政策不断健全及构建和谐劳动关系的客观需要。

2. 应对新时代劳动者新变化的客观需要。新时代劳动者法律意识不断增强，由被动维权变主动维权；就业意识转变，信息渠道增多，但归属感降低。

3. 应对劳动力供求关系新变化的客观需要。人口红利即低工资时代结束，劳动力市场供求关系改变，劳资关系的力量对比已经改变。

4. 应对社会环境新变化的客观需要。随着互联网技术在我国服务产业中得到深度应用，随之而来的是涌现出大量新型用工模式，如网约车司机、外卖配送员等，这些用工形态相比于传统用工更加灵活分散，可以跨越地域限制，其劳动控制通过算法驱动也变得更加隐蔽，因此，这也给以往用来判定劳动关系的理论（劳动关系二分法）带来了挑战。

三、劳动人事用工不合规需承担的责任

（一）民事法律责任

《劳动法》虽然属于社会法范畴，但很多劳动法律问题与《民法典》存在交集，其中员工人格权保护就对企业经营管理提出了新的挑战，因此在企业用工管理中，如侵犯劳动者隐私权和个人信息保护、人身自由和人格尊严权利保护等内容的，按照《民法典》的相关规定可能需承担停止侵害、排除妨碍、消除危险、消除影响、恢复名誉、赔礼道歉、侵权赔偿等民事责任。

（二）劳动法律责任

企业在实际用工过程中因用工不合规的行为，根据《劳动法》《劳动合同法》等的相关规定，会承担包括但不限于如下法律责任：（1）补发工资或最低工资差额；（2）支付带薪年休假或其他假期工资；（3）补发各类奖金或约定的福利；（4）支付加班费；（5）支付未签订书面劳动合同的2倍工资，应签未签无固定期限劳动合同的2倍工资；（6）支付劳动合同解

除或终止的经济补偿金；（7）支付违法解除或终止劳动合同的赔偿金；（8）在违法解除的前提下，与劳动者恢复劳动关系、继续履行劳动合同；（9）因医疗期满解除或终止劳动合同，符合法定条件时需支付医疗补助费；（10）因未依法缴纳社保导致劳动者的待遇损失；（11）支付工伤保险待遇，如停工留薪期工资、一次性伤残就业补助金；（12）支付竞业限制补偿金等。

（三）行政法律责任

企业在实际用工过程中因用工不合规的行为，根据《劳动法》《劳动合同法》等的相关规定，会承担包括但不限于如下行政法律责任：警告、责令改正、罚款、支付滞纳金、加付赔偿金等。

例如，用人单位克扣或无故拖欠劳动者工资报酬的，由劳动保障行政部门分别责令限期支付劳动者的工资报酬、劳动者工资低于当地最低工资标准的差额或者解除劳动合同的经济补偿；逾期不支付的，责令用人单位按照应付金额 50% 以上 1 倍以下的标准计算，向劳动者加付赔偿金。再如，用人单位向社会保险经办机构申报应缴纳的社会保险费数额时，瞒报工资总额或者职工人数的，由劳动保障行政部门责令改正，并处瞒报工资数额 1 倍以上 3 倍以下的罚款。骗取社会保险待遇或者骗取社会保险基金支出的，由劳动保障行政部门责令退还，并处骗取金额 1 倍以上 3 倍以下的罚款。

（四）刑事法律责任

企业在实际用工过程中因用工不合规的行为，根据相关法律规定，违法行为情节严重时需承担相应的刑事法律责任。

例如，用人单位强迫劳动和违反劳动安全卫生规范的行为有可能构成强迫劳动罪、重大责任事故罪。再如，根据《刑法》第 276 条之一第 1、2 款的规定，以转移财产、逃匿等方法逃避支付劳动者的劳动报酬或者有能力支付而不支付劳动者的劳动报酬，数额较大，经政府有关部门责令支付仍不支付的，处 3 年以下有期徒刑或者拘役，并处或者单处罚金；造成严重后果的，处 3 年以上 7 年以下有期徒刑，并处罚金。单位犯前述罪的，对单位判处罚金，并对其直接负责的主管人员和其他直接责任人员，依照前述规定处罚。

第二节　劳动人事合规管理

一、劳动人事合规重点领域的合规准则

企业设定具体的劳动人事合规方案需以现行劳动人事法规作为依据，现将劳动人事合规重点领域的合规准则梳理如下，供参考。

（一）非全日制用工

根据《劳动合同法》的相关规定，非全日制用工，是指以小时计酬为主，劳动者在同一用人单位一般平均每日工作时间不超过4小时，每周工作时间累计不超过24小时的用工形式。非全日制用工小时计酬标准不得低于用人单位所在地人民政府规定的最低小时工资标准。非全日制用工劳动报酬结算支付周期最长不得超过15日。

（二）劳务派遣

根据《劳动合同法》及《劳务派遣暂行规定》的相关规定，用工单位只能在临时性、辅助性或者替代性的工作岗位上使用被派遣劳动者。前述临时性工作岗位是指存续时间不超过6个月的岗位；辅助性工作岗位是指为主营业务岗位提供服务的非主营业务岗位；替代性工作岗位是指用工单位的劳动者因脱产学习、休假等原因无法工作的一定期间内，可以由其他劳动者替代工作的岗位。用工单位决定使用被派遣劳动者的辅助性岗位，应当经职工代表大会或者全体职工讨论，提出方案和意见，与工会或者职工代表平等协商确定，并在用工单位内公示。

用工单位应当严格控制劳务派遣用工数量，使用的被派遣劳动者数量不得超过其用工总量的10%。

（三）学生实习

根据《职业学校学生实习管理规定》的相关规定，实习单位应当合理确定岗位实习学生占在岗人数的比例，岗位实习学生的人数一般不超过实习单位在岗职工总人数的10%，在具体岗位实习的学生人数一般不高于同类岗位在岗职工总人数的20%。除相关专业和实习岗位有特殊要求，并事先报上级主管部门备案的实习安排外，实习单位应遵守国家关于工作时间和休息休假的规定，并不得有以下情形：（1）安排学生从事高空、井下、放射性、有毒、易燃易爆，以及其他具有较高安全风险的实习；（2）安排学生在休息日、法定节假日实习；（3）安排学生加班和上夜班。

（四）人力资源外包

根据《人力资源市场暂行条例》的相关规定，经营性人力资源服务机构从事职业中介活动的，应当依法向人力资源社会保障行政部门申请行政许可，取得人力资源服务许可证。经营性人力资源服务机构接受用人单位委托提供人力资源服务外包的，不得改变用人单位与个人的劳动关系，不得与用人单位串通侵害个人的合法权益。

（五）涉外用工

根据《外国人在中国就业管理规定》的相关规定，用人单位聘用外国人须为该外国人申请就业许可，经获准并取得《中华人民共和国外国人就业许可证书》后方可聘用。用人单位与被聘用的外国人依法订立劳动合同。劳动合同的期限最长不得超过5年。劳动合同期限届满即行终止，但按《外国人在中国就业管理规定》第18条的规定履行审批手续后可以续订。

二、劳动合同的订立、履行、变更、解除及终止

（一）劳动合同的订立

根据《就业促进法》的相关规定，劳动者依法享有平等就业和自主择业的权利。劳动者就业，不因民族、种族、性别、宗教信仰等不同而受歧视。

根据《劳动合同法》的相关规定，建立劳动关系，应当订立书面劳动合同。已建立劳动关系，未同时订立书面劳动合同的，应当自用工之日起1个月内订立书面劳动合同。用人单位与劳动者在用工前订立劳动合同的，劳动关系自用工之日起建立。用人单位自用工之日起超过1个月不满1年未与劳动者订立书面劳动合同的，应当向劳动者每月支付2倍的工资。

无固定期限劳动合同，是指用人单位与劳动者约定无确定终止时间的劳动合同。用人单位与劳动者协商一致，可以订立无固定期限劳动合同。有下列情形之一，劳动者提出或者同意续订、订立劳动合同的，除劳动者提出订立固定期限劳动合同外，应当订立无固定期限劳动合同：（1）劳动者在该用人单位连续工作满10年的；（2）用人单位初次实行劳动合同制度或者国有企业改制重新订立劳动合同时，劳动者在该用人单位连续工作满10年且距法定退休年龄不足10年的；（3）连续订立2次固定期限劳动合同，且劳动者没有《劳动合同法》第39条和第40条第1、2项规定的情形，续订劳动合同的。用人单位自用工之日起满1年不与劳动者订立书面劳动合同的，视为用人单位与劳动者已订立无固定期限劳动合同。有关无固定期限劳动合同的订立事宜，用人单位应注意结合当地的司法实践进行合规研判。

（二）劳动合同的履行

根据《劳动合同法》的相关规定，用人单位与劳动者应当按照劳动合同的约定，全面履行各自的义务。用人单位应当按照劳动合同约定和法律规定，向劳动者及时足额支付劳动报酬、缴纳社会保险费。用人单位拖欠或者未足额支付劳动报酬、未依法为劳动者缴纳社会保险费等的，劳动者可依法向劳动行政部门进行投诉处理亦有权解除劳动合同要求用人单位支付经济补偿。

（三）劳动合同的变更

根据《劳动合同法》的相关规定，用人单位与劳动者协商一致，可以变更劳动合同约定的内容。变更劳动合同，应当采用书面形式。变更后的劳动合同文本由用人单位和劳动者各执一份。

(四)劳动合同的解除、终止

关于劳动合同的解除,根据《劳动合同法》的相关规定,劳动合同的解除可以分为三类:(1)双方协商解除。在此过程中,需要注意提出协商解除的主体,不同的主体决定着是否需要支付经济补偿金。若是用人单位提出协商解除,则需要支付经济补偿金,反之,则不需要支付。协商解除无时间或程序要求,只要双方同意即可。(2)劳动者单方解除劳动合同。此类又分为劳动者通知解除和被迫解除两种情形。劳动者提前30日以书面形式通知用人单位,可以解除劳动合同。劳动者在试用期内提前3日通知用人单位,可以解除劳动合同。被迫解除合同主要以《劳动合同法》第38条规定的内容为标准,包括未缴纳社会保险、未及时足额发生劳动报酬、劳动合同无效等情形,达到此类情形的,劳动者享有解除权,劳动关系解除后需要用人单位支付经济补偿。(3)用人单位单方解除劳动合同。主要包括过失性辞退、非过失性辞退、经济性裁员三种情形。过失性辞退主要以《劳动合同法》第39条规定的内容为标准,包括不符合录用条件、严重违反规章制度、双重劳动关系等情形,达到此类情形的,用人单位享有解除权,劳动关系解除后无须支付经济补偿金。非过失性辞退和经济性裁员需要特别注意《劳动合同法》第40条(包括通知时间、医疗期满解除、不胜任解除和客观情况发生重大变化解除)、第41条(包括裁减的人数、提前说明情况以及规定情形)规定的解除操作流程,必须严格遵照执行,否则将构成违法解除。

此外,用人单位单方解除劳动合同,还应当注意事先将理由通知工会,听取工会意见,以免承担违法解除的风险。

劳动合同的终止事由包括:(1)劳动合同期满的;(2)劳动者开始依法享受基本养老保险待遇的;(3)劳动者死亡,或者被人民法院宣告死亡或者宣告失踪的;(4)用人单位被依法宣告破产的;(5)用人单位被吊销营业执照、责令关闭、撤销或者用人单位决定提前解散的;(6)法律、行政法规规定的其他情形。《劳动合同法实施条例》第21条规定,劳动者达到法定退休年龄的,劳动合同终止。

（五）经济补偿金、赔偿金支付

根据《劳动合同法》的相关规定，有关经济补偿金的计算年限和计算基数如下：经济补偿按劳动者在本单位工作的年限，每满 1 年支付 1 个月工资的标准向劳动者支付。6 个月以上不满 1 年的，按 1 年计算；不满 6 个月的，向劳动者支付半个月工资的经济补偿。劳动者月工资高于用人单位所在直辖市、设区的市级人民政府公布的本地区上年度职工月平均工资 3 倍的，向其支付经济补偿的标准按职工月平均工资 3 倍的数额支付，向其支付经济补偿的年限最高不超过 12 年。前述的月工资是指劳动者在劳动合同解除或者终止前 12 个月的平均工资。

用人单位违反《劳动合同法》规定解除或者终止劳动合同的，应当依照《劳动合同法》第 47 条规定的经济补偿标准的 2 倍向劳动者支付赔偿金。

（六）专项技术培训

根据《劳动合同法》的相关规定，用人单位为劳动者提供专项培训费用，对其进行专业技术培训的，可以与该劳动者订立协议，约定服务期。劳动者违反服务期约定的，应当按照约定向用人单位支付违约金。违约金的数额不得超过用人单位提供的培训费用。用人单位要求劳动者支付的违约金不得超过服务期尚未履行部分所应分摊的培训费用。用人单位与劳动者约定服务期的，不影响按照正常的工资调整机制提高劳动者在服务期期间的劳动报酬。

（七）竞业限制

根据《劳动合同法》的相关规定，用人单位与劳动者可以在劳动合同中约定保守用人单位的商业秘密与知识产权相关的保密事项。对负有保密义务的劳动者，用人单位可以在劳动合同或者保密协议中与劳动者约定竞业限制条款，并约定在解除或者终止劳动合同后，在竞业限制期限内按月给予劳动者经济补偿。劳动者违反竞业限制约定的，应当按照约定向用人单位支付违约金。

竞业限制的人员限于用人单位的高级管理人员、高级技术人员和其他负有保密义务的人员。竞业限制的范围、地域、期限由用人单位与劳动者约定，竞业限制的约定不得违反法律法规的规定。在解除或者终止劳动合同后，前述规定的人员到与本单位生产或者经营同类产品、从事同类业务的有竞争关系的其他用人单位，或者自己开业生产或者经营同类产品、从事同类业务的竞业限制期限，不得超过2年。

三、工作时间与休息休假

（一）工作时间

根据《劳动法》的相关规定，用人单位应当保证劳动者每周至少休息1日。用人单位由于生产经营需要，经与工会和劳动者协商后可以延长工作时间，一般每日不得超过1小时；因特殊原因需要延长工作时间的，在保障劳动者身体健康的条件下延长工作时间每日不得超过3小时，但是每月不得超过36小时。

用人单位安排劳动者加班的，应当按照下列标准支付高于劳动者正常工作时间工资的工资报酬：（1）安排劳动者延长工作时间的，支付不低于工资的150%的工资报酬；（2）休息日安排劳动者工作又不能安排补休的，支付不低于工资的200%的工资报酬；（3）法定休假日安排劳动者工作的，支付不低于工资的300%的工资报酬。

（二）工时制度

《关于企业实行不定时工作制和综合计算工时工作制的审批办法》第3条规定："企业因生产特点不能实行《中华人民共和国劳动法》第三十六条、第三十八条规定的，可以实行不定时工作制或综合计算工时工作制等其他工作和休息办法。"

（三）带薪年休假

根据《职工带薪年休假条例》《企业职工带薪年休假实施办法》的相关规定，职工累计工作已满1年不满10年的，年休假5天；年满10年不满20年的，年休假10天；已满20年的，年休假15天。国家法定休假日、休息日不计入年休假的假期。

用人单位经职工同意不安排年休假或者安排职工休假天数少于应休年休假天数的，应当在本年度内对职工应休未休年休假天数，按照其日工资收入的 300% 支付未休年休假工资报酬，其中包含用人单位支付职工正常工作期间的工资收入。用人单位安排职工休年休假，但是职工因本人原因且书面提出不休年休假的，用人单位可以只支付其正常工作期间的工资收入。

四、工资支付

劳动者在法定工作时间或依法签订的劳动合同约定的工作时间内提供了正常劳动的前提下，用人单位依法应支付的最低劳动报酬不能低于当地政府规定的最低工资标准。工资必须在用人单位与劳动者约定的日期支付。如遇节假日或休息日，则应提前在最近的工作日支付。工资至少每月支付一次，实行周、日、小时工资制的可按周、日、小时支付工资。

五、社会保险和住房公积金

根据《社会保险法》的相关规定，中华人民共和国境内的用人单位和个人依法缴纳社会保险费，有权查询缴费记录、个人权益记录，要求社会保险经办机构提供社会保险咨询等相关服务。个人依法享受社会保险待遇，有权监督本单位为其缴费情况。

根据《在中国境内就业的外国人参加社会保险暂行办法》的相关规定，在中国境内依法注册或者登记的企业、事业单位、社会团体、民办非企业单位、基金会、律师事务所、会计师事务所等组织依法招用的外国人，应当依法参加职工基本养老保险、职工基本医疗保险、工伤保险、失业保险和生育保险，由用人单位和本人按照规定缴纳社会保险费。与境外雇主订立雇佣合同后，被派遣到在中国境内注册或者登记的分支机构、代表机构（以下称境内工作单位）工作的外国人，应当依法参加职工基本养老保险、职工基本医疗保险、工伤保险、失业保险和生育保险，由境内工作单位和本人按照规定缴纳社会保险费。

根据《香港澳门台湾居民在内地（大陆）参加社会保险暂行办法》的相关规定，在内地（大陆）依法注册或者登记的企业、事业单位、社会组织、有雇工的个体经济组织等用人单位依法聘用、招用的港澳台居民，应当依法参加职工基本养老保险、职工基本医疗保险、工伤保险、失业保险和生育保险，由用人单位和本人按照规定缴纳社会保险费。

根据《住房公积金管理条例》的相关规定，单位录用职工的，应当自录用之日起30日内向住房公积金管理中心办理缴存登记，并办理职工住房公积金账户的设立或者转移手续。单位与职工终止劳动关系的，单位应当自劳动关系终止之日起30日内向住房公积金管理中心办理变更登记，并办理职工住房公积金账户转移或者封存手续。

六、特殊群体劳动保护

特殊群体劳动保护制度是指专门为女职工和未成年职工这两个特殊劳动群体设立的劳动保护法律制度。其中女职工特殊保护，是指在通常的劳动保护之外，根据女职工身体结构、生理机能特点以及生育子女的特殊社会作用需要而制定的，对于女职工的特殊的劳动保护；在我国，未成年职工，指的是年满16周岁，而未满18周岁的劳动者，未成年职工特殊保护，是指在通常的劳动保护之外，根据未成年职工的身体发育特点而在劳动过程中采取的特殊劳动保护法律制度。

女职工特殊保护应重点关注：禁止女职工从事特殊范围的劳动，如禁止安排女职工从事矿山井下、国家规定的第四级体力劳动强度的劳动和其他禁忌从事的劳动；在女职工特殊生理期间，经期、孕期、产期、哺乳期应根据相应法律规定，对女职工的"四期"进行保护，维护其合法权益；女职工劳动保护设施，如女职工比较多的单位应当按照国家有关规定，以自办或者联办的形式，逐步建立女职工卫生室、孕妇休息室、托儿所、幼儿园等设施，并妥善解决女职工在生理卫生、哺乳、照料婴儿方面的困难；女职工特殊保护权益的救济，女职工劳动保护的权益受到侵害时，有权向所在单位的主管部门或者当地劳动部门提出申诉。

未成年职工特殊保护应重点关注：最低就业年龄，如禁止用人单位招用未满16周岁的未成年人，文艺、体育和特种工艺单位招用未满16周岁的未成年人，必须依照国家有关规定，履行审批手续，并保障其接受义务教育的权利；禁止使用童工，用人单位在招用人员时，必须核查身份证，对不满16周岁的未成年人，一律不得招用；未成年职工劳动过程中的保护，如用人单位不得安排未成年工从事的劳动范围、定期进行健康检查、实行使用和保护等级制度、进行必需的职业安全卫生教育等费用均由用人单位承担。

七、劳动人事合规领域重点风险

（一）企业招聘过程中的风险

《就业促进法》第3条规定："劳动者依法享有平等就业和自主择业的权利。劳动者就业，不因民族、种族、性别、宗教信仰等不同而受歧视。"第62条规定："违反本法规定，实施就业歧视的，劳动者可以向人民法院提起诉讼。"如企业设定的招聘条件无正当合理理由，故意排除一类劳动者的择业权则将构成就业歧视，包括年龄歧视、地域歧视、性别歧视、宗教信仰歧视等。

此外，企业若未对拟录用员工与上家公司的劳动关系是否解除及拟录用员工的工作作风及人品等进行调查，可能导致出现双重劳动关系等风险。

（二）企业在合同签订过程中的风险

根据《劳动合同法》第82条的规定，企业自用工之日起与员工建立劳动关系并应自用工之日起1个月内与员工签订书面劳动合同，否则应向劳动者支付2倍工资。如劳动合同中缺失必备条款或者相关条款违反法律规定、排除劳动者权利，也存在导致劳动合同无法成立或劳动合同相关条款失效的风险。

此外，约定的试用期过长，不符合《劳动合同法》的规定，可能存在补发超过法定试用期的转正工资差额等风险。

（三）用工模式混淆的风险

未区分用工性质而一律签订劳动合同，导致出现不该承担的用工风险；企业使用灵活用工面临的风险，如因假外包、真派遣引发的劳动争议；企业使用新型用工方式，如平台用工、众包等未及时签订相应用工协议所产生的法律风险。

（四）劳动合同履行的风险

根据《劳动合同法》的相关规定，劳动合同变更（调岗调薪等）需履行协商一致的程序，企业如未经协商一致擅自执行变更合同，易导致产生劳动争议，企业执行变更劳动合同应以协商一致为基本原则，以单方调整为例外。

（五）员工管理的风险

扣款、罚款无合理制度作为依据，导致违规扣款，从而在劳动仲裁中出现不被支持的风险；岗位职责约定不清或未量化，导致无法考核，可能会导致企业以员工不胜任岗位为由不予以转正或辞退出现证据不足等风险；公司未明确设置具体可行的加班费标准，可能导致因约定不清，员工索要加班费的风险；无岗前培训，导致员工不清楚公司的规章制度等，可能给公司造成经济损失。

（六）工资发放过程中的风险

用人单位未及时足额支付劳动报酬，劳动者可以提出解除劳动合同并要求用人单位给付法定经济补偿金，尽管劳动合同解除系劳动者提出，但因用人单位违法行为导致，故仍存在给付经济补偿金的风险；如果恶意支付劳动报酬符合刑事追诉条件即构成拒不支付劳动报酬罪，用人单位及相关负责人还需承担刑事责任。

（七）工作时间和休息休假管理的风险

工作时间安排超出法定上限损害劳动者的身体健康时面临的风险；企业执行特殊工时制未获得劳动行政部门的许可或审批，遭受的风险；企业强制安排员工加班或安排加班未依法补休或支付加班费时面临的法律纠纷风险；企业未按法定标准安排员工休假导致员工要求支付未休假期工资补偿的风险等。

（八）职业病防治和劳动安全卫生执行的风险

《劳动法》规定，用人单位必须建立、健全劳动安全卫生制度，严格执行国家劳动安全卫生规程和标准，对劳动者进行劳动安全卫生教育，防止劳动过程中的事故，减少职业危害。用人单位必须为劳动者提供符合国家规定的劳动安全卫生条件和必要的劳动防护用品，对从事有职业危害作业的劳动者应当定期进行健康检查。如用人单位违章冒险作业，不提供劳动条件的情形，员工可以提出解除劳动合同并要求用人单位支付法定经济补偿金。

（九）社会保险费、住房公积金缴纳的风险

未办理社会保险费或住房公积金的企业开户登记遭受行政处罚的风险；在员工入职后，未为员工缴存社会保险费和住房公积金，或者缴费基数低于法定标准的风险；未及时办理缴存登记手续，如待员工试用期满后才缴纳社保和住房公积金。

（十）工伤、女职工等特殊群体劳动保护的风险

《劳动法》规定，国家对女职工和未成年工实行特殊劳动保护。禁止安排女职工从事矿山井下、国家规定的第四级体力劳动强度的劳动和其他禁忌从事的劳动。不得安排未成年工从事矿山井下、有毒有害、国家规定的第四级体力劳动强度的劳动和其他禁忌从事的劳动。《工伤保险条例》规定，工伤职工享受停工留薪期和依法享受各项工伤待遇。由于各类特殊劳动者所承担的是特殊风险和所遭遇的特殊伤害，相关劳动法规设置了强制性规则，用人单位有义务遵循，不得通过劳动合同、规章制度条款排除员工的法定权利。

（十一）劳动合同解除或终止的风险

用人单位单方规定或与劳动者约定法定解除条件以外的解雇条件；用人单位执行单方解除或终止劳动合同缺乏法定必要条件或无法举证证明解除的

事实理由；用人单位解除或终止劳动合同未履行法定程序；对于用人单位应当支付经济补偿金或代通知金的情形，用人单位未支付或未足额支付。

（十二）离职手续办理的风险

《劳动合同法》第50条第1款规定："用人单位应当在解除或者终止劳动合同时出具解除或者终止劳动合同的证明，并在十五日内为劳动者办理档案和社会保险关系转移手续。"如果单位未按上述规定时限办理的易导致员工提起索赔或举报的风险。

（十三）制定或修改规章制度的风险

规章制度的制定主体与员工签订劳动合同的主体不一致，该类情形在事发后产生争议时可能导致规章制度"张冠李戴"的风险。

规章制度的内容存在缺失或缺陷，常见情形包括：（1）涉及员工核心利益的事项，如薪酬福利、休假、工作时间与加班、职业危害防护、纪律处分、绩效评估、离职管理等缺乏明确的规定，导致发生争议时无依据可循；（2）公司现有规章制度对一些与劳动合同履行无关的事项设定义务；（3）规章制度的内容涉及排除劳动者法定权利或对劳动者过于严苛、存在不合理的规定；（4）规章制度内容有歧义导致发生争议时对用人单位做出不利的判断。

规章制度的制定程序不符合法律规定。《劳动合同法》第4条规定，用人单位制定或修改规章制度应当履行民主程序、公示或告知程序。

八、劳动人事用工重点风险合规应对

（一）加强内部合规管理，建立健全用工规章制度

要设立人力资源或者劳动关系管理专职部门或专职人员，结合外包法律顾问制度全面履行劳动合同管理职能，依据法律法规和政策，规范劳动合同签订、变更、终止流程，确保企业组织劳动关系的合法化、规范化、制度化。要完善企业用人管理内部规范，依据《劳动合同法》的规定，健全企业劳动人事管理规章制度，主要规章制度涉及招聘和入离职管理、薪酬激励管

理、考勤管理、企业商业道德准则、员工奖惩管理、员工绩效管理等相关规定、日常行为规范等。

另外，在制定、修改或者决定有关劳动报酬、工作时间、休息休假、劳动安全卫生、保险福利、职工培训、劳动纪律以及劳动定额管理等直接涉及劳动者切身利益的规章制度或者重大事项时，应履行民主程序及公示告知的义务，切实避免因劳动规章制度不具有法律效力而引发争议，确保劳动人事管理依法有据。

（二）根据用工形态及时签订相应合同、协议，避免承担责任

根据《关于维护新就业形态劳动者劳动保障权益的指导意见》的相关规定，企业应当依据用工的具体形态及时签署用工相应合同、协议。诸如：（1）符合确立劳动关系情形的，企业应当自实际用工之日起1个月内依法与劳动者订立劳动合同；（2）不完全符合确立劳动关系情形但企业对劳动者进行劳动管理的（如借调用工、劳务派遣、共享用工、非全日制用工等），企业与劳动者应订立相应书面协议，合理确定企业与劳动者的权利义务，以免产生争议或纠纷；（3）个人依托平台自主开展经营活动、从事自由职业等，双方亦应签署相应民事协议，明确双方权责利。

（三）加强背调、慎发 Offer，做好入职合规

发 Offer 要慎重，录用通知书并非录用环节必需文件，能不发则不发，即使要发送也应在体检合格后再发送，以免被认定为就业歧视。

认真核对劳动者提供的相关材料，如身份证、学历证明、健康证明、从业经历等。以上情况，需要劳动者提供有关的书面证明材料，企业应该保留和管理；发布招聘信息进行严格设计，避免出现男士优先、仅限男士等就业歧视的字眼。

（四）签署录用条件，加强试用期管理

依法确定试用期的期限，试用期应当与劳动合同期限相对且在同一劳动关系下，同一用人单位与同一劳动者只能约定一次试用期；设定明确的录用条件和岗位职责要求。在劳动者签订劳动合同时，同时签订《试用期录用条

件说明书》和任职岗位的《岗位说明书》；试用期碰上医疗期，合同中约定顺延条款"职工方在试用期内患病或者非因工负伤或者其他个人原因请假，未能正常上班的，试用期相应顺延"。

规范试用期考核流程，严格试用期定期考核和不定期考核。可以每月对试用期员工进行考核，月初确定考核指标，月末进行考核评价，对达不到考核要求的，保留证据，如需解除劳动合同切记应在试用期满前发出解除通知。

（五）做好劳动合同履行工作，全面履行单位应尽义务

建立、健全劳动安全卫生制度，严格执行国家劳动安全卫生规程和标准，对劳动者进行劳动安全卫生教育，防止劳动过程中发生事故，减少职业危害，同时用人单位应按照劳动合同约定提供劳动保护或者劳动条件；及时足额支付劳动报酬、发放福利待遇，不得拖欠、克扣员工工资，以免承担不利责任；及时、足额缴纳社会保险及住房公积金，依法依规全面履行单位应尽义务。

（六）合同履行变更应依法依规，避免单方调岗调薪

对于合同履行的合法合理变更，诸如调岗调薪，虽然是企业用人自主权的体现，但关于调岗、调薪等需在劳动合同或公司规章制度中体现。若未与员工进行协商达成一致，也未在劳动合同或公司规章制度中对调岗调薪等进行明确，而直接对员工进行调岗调薪，或者调岗后未及时同步变更劳动合同，导致实际工作岗位与劳动合同不符，可能会导致企业在劳动争议中处于不利地位。因此用人单位行使用工管理自主权时一定要注意在法律授权范围内进行，以免承担不利责任。

（七）健全人力资源评价及奖惩机制

企业应建立高效便捷、准确有效且与企业发展相适应的定期评价体系，通过健全的评价体系以确定不能胜任岗位工作的员工，并根据不同情况依法依规及时做出调整措施。同时，企业应建立良好的薪酬制度，合理化薪酬结构，如对于给企业带来技术创新、提高业务量、挽救企业财产等行为进行奖

励，以及制定明确的业务考核、考勤考核的惩罚标准，如降薪、降职等措施，奖惩结合提升员工工作效能。

（八）固定违纪证据，规范解雇流程

解雇过程中因解除事由不存在或证据不足、解除要件流程不完备、解除缺乏依据、被解除主体具备特殊性、程序欠缺等都极易导致违法解雇。故在实际用工过程中应注意固定员工的违纪证据，规范解雇流程，全周期合法的解雇流程应做好如下工作：确定解雇依据→收集违纪证据→确定解雇所依据的规章制度合法有效→评估解雇风险→将解雇理由通知工会→研究工会意见并将处理结果通知工会→向员工送达解雇通知→工作交接→结算工资、经济补偿（如有）等费用→出具离职证明→转移档案、社保。

（九）加强人事合规培训，做好合规日常检查

用人单位对各级管理者实施劳动人事合规培训是合规管理必不可少的内容，用人单位可邀请外部专家对包括劳动法律法规知识，常见的劳动风险案例及应对措施等进行专项培训，以加强和完善劳动合同管理，切实提高人力资源管理水平，构建和谐、稳定的劳动关系。

同时，人力资源部或合规部梳理日常合规风险点清单，定期和不定期对合规风险点进行排查，如入离调转手续资料是否合规齐全、劳动合同是否签订并有完整的台账等；不定期对员工行为进行检查，包括员工日常行为规范是否符合公司要求，是否存在收受贿赂等情况。对劳动人事合规管理的薄弱环节予以风险识别、提出改进方案并落地实施。

九、劳动人事合规涉及的主要法律文件

1.《妇女权益保障法》（2022年修订）

2.《职业教育法》（2022年修订）

3.《工会法》（2021年修正）

4.《安全生产法》（2021年修正）

5.《未成年人保护法》（2020年修订）

6.《劳动法》（2018年修正）

7.《社会保险法》（2018年修正）

8.《职业病防治法》（2018年修正）

9.《残疾人保障法》（2018年修正）

10.《就业促进法》（2015年修正）

11.《劳动合同法》（2012年修正）

12.《劳动争议调解仲裁法》（2007年12月29日公布）

13.《工伤保险条例》（2010年修订）

14.《劳动合同法实施条例》（2008年9月18日公布）

15.《职工带薪年休假条例》（2007年12月14日公布）

16.《劳动保障监察条例》（2004年11月1日公布）

17.《劳动人事争议仲裁办案规则》（2017年5月8日公布）

18.《女职工劳动保护特别规定》（2012年4月28日公布）

19.《企业职工带薪年休假实施办法》（2008年9月18日公布）

20.《劳动就业服务企业管理规定》（1990年11月22日公布）

21.《最高人民法院关于审理劳动争议案件适用法律问题的解释（一）》（2020年12月29日公布）

示例

员工手册（目录）

序　言

第一章　公司简介

第一节　公司概况

第二节　公司价值观

第二章　聘用及员工关系

第一节　聘用类型

第二节　招聘程序

第三节　入职程序

第四节　员工合同及信息管理

第五节　试用期

第三章　岗位管理

第一节　岗位、工作分配

第二节　调动

第四章　考勤及加班管理

第一节　出勤刷卡

第二节　工作时间

第三节　迟到、早退、旷工

第四节　考勤违纪处罚

第五节　加班管理

第六节　出差管理

第五章　薪酬福利

第一节　薪酬构成

第二节　年终奖

第三节　法定及公司福利

第六章　休假管理规定

第一节　年假

第二节　病假

第三节　事假

第四节　婚假

第五节　产假、陪产假和哺乳假

第六节　丧假

第七节　工伤

第八节　适用原则

第七章　绩效管理

第一节　绩效管理原则

第二节　绩效考核体系

第三节　绩效考核结果的应用

第八章　专利、发明和保密

第一节　专利权、发明奖励

第二节　保守公司商业秘密

第九章　离职管理

第一节　劳动合同的解除与终止

第二节　离职程序

第十章　员工行为规范及纪律处理

第一节　员工行为规范

第二节　违纪处罚一般原则

第三节　处罚程序

第四节　违纪行为

员工手册签收函（略）

第四编

律师合规业务开展

律师合规业务作为全面辅助企业合法合规运营的法律服务，随着企业规模的不断扩大，合规业务也呈现出全方位的需求，但传统律师业务总体上仍停留在诉讼为主、专业定位不清、业务杂乱、价值含量低的状态，大多数律师客观上难以为企业提供全生命周期、全方位的法律合规服务，由此导致了企业日益增长的合规管理需要和律师服务提供及服务质量之间的矛盾。

合规业务可以有效弥补律师业务的不足，符合律师制度的本意，符合时代发展要求，也更符合当下企业对法律服务的需要。首先，就合规管理作用而言，合规业务重在风险预防，能助力企业减少、规避风险，体现法律服务的意义，故合规业务能激发律师的服务动力。其次，就合规服务所需能力而言，合规业务需要律师养成多元化的系统性思维，不能只懂法律，还要懂业务，了解客户所在行业的知识，面对客户的不同需求能最大限度地加以满足，促使律师服务内容的宽度和深度匹配客户真实需求，展现律师服务价值。最后，就律师的个人成长而言，全生命周期的法律合规服务可以提高律师的专业服务能力，拓展律师的服务领域，开拓合规业务的新蓝海。

律师合规业务是以外部之力全面保障企业的稳健发展，可以在更高水平上满足企业快速增长的管理需求。律师合规业务不仅自身是重要的法律服务内容，而且是促进其他法律服务发展的重要引擎。通过合规业务与客户建立紧密地联系，了解熟悉客户，有助于深度挖掘客户其他法律服务需求，全方位拓展律师业务。同时，律师开展合规业务，需要形成穿透式的法律执业思维，建立刑民交叉、刑行交叉、诉讼非诉、诉讼执行等贯通式思维，因此合规业务更需要的是团队作业、相互赋能、彼此助力、共同协作，而非个别律师的单打独斗，这也有助于律师之间分工协作，提高律师队伍的整体服务能力。

企业合规业务一般蕴含"合公司之规""合行政之规""合刑事之规"三层含义。与之相对应，律师的合规业务一般包括如下服务内容：（1）合规管理体系建设；（2）合规认证；（3）合规调查；（4）合规评价；（5）合规培训；（6）合规应对；（7）合规不起诉；（8）商业合作伙伴合规管理；（9）合规咨询；（10）合规顾问。

第一章 合规管理体系建设

一、国际合规体系与国内合规体系

合规管理体系业务，是指律师帮助企业建立和完善合规管理体系业务。在律师合规业务中，合规体系业务是系统性最强的，相比之下其他合规业务是零碎的，属于合规体系业务的细分领域。

中国企业的合规之路是在走一条"国内合规"与"国际合规"并重的道路。律师在开展合规体系业务中，应根据企业合规的现状及发展趋势，有针对性地拓展相关业务。

（一）国际合规体系业务

重点客户是外贸出口企业、国内跨国企业、国外在华分支机构和外商投资企业。这些企业需要国内本土的合规律师，助力其打造企业合规计划。该等企业的合规体系业务主要是专项合规计划，如网络安全、数据管理、销售政策、采购管理、促销广告等。

（二）国内合规体系业务

重点客户是央企和地方国企。该等企业需落实相关法律规定及国资委的要求，打造全面合规管理体系。同时，根据监管要求和发展需要，也要建立重点领域专项合规，律师开展此类业务要坚持以监管政策为导向，有针对性地拓展合规业务。

二、合规管理体系建设业务流程概述

根据域内外相关合规管理实践，合规管理体系建设业务流程一般包括如下环节：（1）确立委托关系；（2）开展尽职调查、访谈；（3）梳理合规规则；（4）拟定《合规风险报告》；（5）拟定《合规管理体系建设工作方案》；（6）建立合规管理体系架构、内部运行流程；（7）合规义务收集与风险评估；（8）体系文件策划与编制辅导；（9）合规培训；（10）合规管理体系的运行和测试；（11）档案管理；（12）成果验收。

（一）确立委托关系

与客户签订专项法律服务合同，明确服务内容和服务范围。合规管理体系建设的服务期限较长，故法律服务合同签订期限建议为6个月至1年。方案需经过客户确认，构成专项法律服务合同的组成部分。方案必须清晰、明确，具有可执行性，交付物能够清晰界定。

例如：

1. 委托服务事项

（1）完善公司治理结构的建议；

（2）董监高合规职责；

（3）合规管理架构的搭建；

（4）合规管理部门的职责；

（5）合规岗位的设置；

（6）合规岗位的合规职责；

（7）合规管理制度的建设；

（8）合规运行机制的设计；

（9）合规保障机制的设计；

（10）合规培训内容的建议。

2. 律所交付成果

（1）公司组织架构搭建；

（2）制定公司合规管理制度；

（3）制定商业行为准则；

（4）制定合规管理规范；

（5）制定公司风险识别清单、重点管控清单、流程管控清单；

（6）合规培训计划；

（7）合规管理体系的运行和测试；

（8）合规管理信息化的改善；

（9）合规档案建立。

（二）开展尽职调查及访谈

1. 尽职调查的目的

了解公司的基本情况、风险管理情况、合规意识情况，对于建设合规管理体系的有利和不利之处。

2. 尽职调查的方式

与客户的法务部门（或者合规业务部门）对接，必要时与主要业务部门进行访谈。访谈后，或是指导公司就公司业务情况，如公司经常性业务、非经常性业务都有哪些，公司业务的细分情况出具书面文件；或是律师根据尽调清单、问卷、访谈笔录为公司做一份书面文件，由公司相关人员签字确认后，公司盖章确认。

3. 尽职调查的内容

（1）调取公司工商内档材料，简要了解公司的历史沿革；

（2）与公司董监高访谈，了解公司的治理结构，为明确董监高职责、嵌入合规管理负责人做准备；

（3）了解公司的管理架构，为合规管理组织的搭建提供依据和方案，为明确重点环节、重点人员做准备；

（4）与公司部分中层干部访谈，了解公司的业务，明确公司重点业务领域、主要业务模式，明确合规管理重点领域；

（5）了解公司主要利益相关者，明确合规风险的主要来源；

（6）简要了解公司的合规管理现状，公司各部门的合规意识，确定培训计划。

（三）合规规则梳理

根据客户的特点和类型，总结客户涉及的合规要素，梳理与客户行业、业务、所涉国家相关的公司合规规则、基础法律规定。

合规要素，是指根据利益相关者及其诉求和合规规则确定的，公司在经营过程中应当对自身行为做出约束，以回应利益相关者诉求，避免法律风险和声誉风险的领域。合规要素是某一领域合规义务的高度浓缩和总结。合规要素是合规的关键词，通过合规要素可以整理合规义务。合规要素通常包括以下内容。

1. 诚信合规

（1）反商业贿赂，其利益相关者为国家及公司竞争对手，其合规主要规则是刑法相关、反腐败规则及反不正当竞争法。

（2）礼品与邀请，其利益相关者为国家及公司竞争对手，其合规主要规则是刑法相关、反腐败规则及反不正当竞争法（单独细分领域，国际化要求）。

（3）赞助与捐赠，其利益相关者为国家及公司竞争对手，其合规主要规则是刑法相关、反腐败规则及反不正当竞争法。目前要高度重视，可能与不正当竞争相关，也可能涉及商业贿赂，涉外时有可能涉及不当的政治影响，类似商业贿赂行为。

（4）廉洁从业，其利益相关者为公司，其合规主要规则是刑法相关及反腐败规则。

（5）招投标合规，其利益相关者为国家及公司竞争对手，其合规主要规则是刑法相关、反腐败规则及反不正当竞争法、招标投标法等。

2. 反垄断与不正当竞争

（1）反垄断，其利益相关者为国家及公司竞争对手，其合规主要规则为反垄断规则。

（2）知识产权保护，其利益相关者为公司竞争对手，其合规主要规则是知识产权保护规则；其他不正当竞争行为，其利益相关者是公司竞争对手，其合规主要规则是反不正当竞争规则。

3. 利益冲突

（1）利益冲突，其利益相关者为公司及中小股东，其合规主要规则是利益冲突规则。

（2）关联交易，其利益相关者为公司及中小股东，其合规主要规则是关联交易规则。

4. 信息披露

其利益相关者为中小股东，其合规主要规则是信息披露规则。

5. 财务合规

（1）财务税收，其利益相关者为国家，其合规主要规则是财务税收相关规则。

（2）反洗钱，其利益相关者为国家，其合规主要规则是反洗钱相关规则。

6. 社区责任

（1）安全生产，其利益相关者为劳动者及社区，其合规主要规则是安全生产规则。

（2）环境保护（包括历史文化及野生动物保护），其利益相关者为国家及社区，其合规主要规则是环境保护规则。

7. 劳动者保护

其利益相关者为雇员，其合规主要规则是劳动法相关规则及国际劳工组织的一些规则。

8. 客户和消费者保护

（1）数据保护（主要考虑个人信息保护），其利益相关者为消费者及社会公众，其合规主要规则是数据保护、个人信息保护规则。

（2）产品和服务质量，其利益相关者为公司客户及消费者，其合规主要规则是产品质量规则。

（3）建设工程合规，其利益相关者为国家及社会公众，其合规主要规则是建设工程规则。

（4）公平交易，其利益相关者为公司客户、供应商及消费者，其合规主要规则是合同法规则及竞争法规则。

9. 金融安全

其利益相关者为国家及金融消费者，其合规主要规则是金融监管规则。

10. 跨境合规

（1）投资管制，其利益相关者为国家，其合规主要规则是投资管制规则。

（2）贸易管制，其利益相关者为国家，其合规主要规则是贸易管制规则。

11. 治理合规

其利益相关者为所有利益相关者，其合规主要规则是公司治理规则。

12. 商业合作伙伴管理

其利益相关者为所有利益相关者，其合规主要规则是商业合作伙伴管理规则。

通过对公司重点领域合规分析，如信息披露、市场交易、商业贿赂、安全环保、产品质量、劳动用工等；通过对公司主要业务类型分析，如一般贸易、特许经营、产品生产、投资并购、金融业务等，将主要业务类型与重点领域相结合，明确与客户业务相关的主要合规要素。

行业和公司类别分析，根据公司所处的行业，可以判断出该行业所涉及的主要合规领域。例如，从事工程建设的公司，其主要合规领域包括诚信合规所有合规领域、财务税收所有合规领域、社区责任所有合规领域、劳动合规和商业合作伙伴管理等合规领域。规模以上公司往往存在跨行业经营现象，因此，对行业应当进行细分，以找出各行业涉及的不同合规领域。若为上市公司的，还要遵循上市公司的主要合规规则，如公司治理、利益冲突、信息披露和财务合规等。

（四）拟定合规风险报告

根据尽职调查的发现，对标现行《合规管理体系 要求及使用指南》（GB/T35770—2022）及《中央企业合规管理办法》等政策法规标准，帮助企业了解目前的合规管理水平，全面掌握企业的合规管理工作现状，发现与标准、准则的差距，总结合规风险，拟定合规风险报告。

（五）拟定合规管理体系建设工作方案

合规尽职调查和访谈结束后，应当根据所在国家或地区的法律规定、监管要求和当地的文化习惯梳理合规规则，然后向委托企业出具合规管理体系建设工作方案（初稿），经企业董事会开会研究通过后，方可按照最终定稿的合规管理体系建设工作方案对企业合规管理体系进行全面建设。

（六）建立合规管理体系构架、内部运行流程

协助企业搭建合规管理体系及制定合规管理方针，体系应覆盖企业各业务领域、部门，贯穿全业务流程，一般包括如下内容：

1. 搭建合规管理体系业务领域；
2. 制定合规管理方针；
3. 明确合规管理责任制；
4. 梳理各业务流程环节；
5. 补充完善合规管理流程框架。

（七）合规义务收集与风险评估

协助企业梳理各环节适用的法律法规、标准及其他合规要求，并编制重要合规义务清单及合规性检查清单。建立合规义务识别机制，全面系统地梳理经营管理活动中存在的合规风险，指导各部门进行识别评估，并制定风险管控措施。

在具体项目中，将合规领域进行分级是比较好的方法，根据公司的不同情况，应当区分高风险合规领域、中等风险合规领域和低风险合规领域。区分的依据主要是两个：一个是公司所在行业通常的高风险领域，一个是公司未能有效开展合规工作的合规领域。对于高风险合规领域，应当全面设置合

规规则，全面落实管理体系要求；对于中等风险领域，要采取合规规则的补强措施；对于低风险领域，对风险管控的漏项进行分析，并逐步完善。通过梳理合规规则，总结客户涉及的合规要素，梳理与客户行业、业务所涉国家相关的公司合规规则、基础法律规定及尽职调查结果，初步总结合规义务。

合规义务的梳理方法是查找主要法律法规，分析出法律法规中的禁止性、义务性、效力性规范，形成书面的规范清单，以合规义务的表达方式，转换为主要合规义务，总结出主要合规义务清单。一般而言，国内法律规定包括两方面规则：一方面是关于利益相关者权利的规定，决定了合规领域被保护对象的具体权利内容；另一方面是对应的行政法规则和刑法规则，规定了合规的具体要求和相应的处罚后果。例如，《民法典》第111条规定了"个人信息权"受法律保护，《网络安全法》第76条对个人信息的概念进行了界定，《消费者权益保护法》《医师法》《居民身份证法》《刑法》《最高人民法院、最高人民检察院关于办理侵犯公民个人信息刑事案件适用法律若干问题的解释》等都规定了合规的具体要求和相应的处罚后果。这些规定，是数据保护合规领域的国内法律渊源。

在找出国内法律规定时，应当注意法律、立法解释、司法解释、行政法规、规章等不同层级规则的搜集。需要注意的是，法律、立法解释、司法解释通常涉及实体权力的规定，行政法规、规章通常涉及程序规则的规定。国际法律规则主要包括联合国、OECD、世界银行等国际组织的规则，以及在世界范围内具有影响的各国立法。

（八）体系文件策划与编制辅导

企业应当根据自身所在行业的相关法律规定、监管要求和当地的文化、商业交易管理以及本企业实际需要等，在律师指导下，制定合规管理体系策划文件：（1）策划合规管理体系文件架构；（2）辅导企业梳理各环节合规管理的相关要素及其过程文件；（3）转化编制成公司管理文件，诸如合规管理方针、合规管理制度及合规管理规范。

(九）合规培训

前述环节的合规工作完成后，应通过初始培训进行宣贯，导入合规理念，提升企业成员的合规意识和实操水平。有关此类培训的开展应当不少于三次。例如，针对领导层、董事会成员及高级管理人员培训，提升领导层的依法合规意识，使企业管理层作为合规的代言人，更好地去宣传合规；针对部门层、中层干部、管理人员培训，导入合规理念，提升中层管理人员的合规履职能力；针对全体员工进行合规文化培训，培育合规文化，提高全员合规意识，切实落实合规义务。

（十）合规管理体系的运行和测试

按照公司合规管理体系建设方案，协助公司合规管理部门成立和运作、合规管理文件颁布和实施，并形成运行测试报告。

合规管理体系的运行需成立公司合规管理部门，一般建议由董事会形成决议，而非由总经理直接决定，以示公司对开展合规管理工作的重视和决心；公开颁布实施合规管理工作文件，发文到各成员单位及各个部门，要求严格贯彻落实，自上而下筑牢合规工作的建设。

合规管理体系的测试，组织检查公司本级层面、成员单位层面、各部门业务流程内部控制的体系运行工作。通过访谈、观察、抽查等，形成运行测试报告，即使不能形成报告，也要有过程记录。定期分析合规管理体系的有效性，确定重大或反复出现的合规风险和违规问题，深入查找根源，完善相关制度，堵塞管理漏洞，强化过程管控。

（十一）档案管理

合规体系搭建过程中应注意加强档案管理工作，筑牢合规基石。

一是建立完善档案管理组织领导体系，加强对档案工作的领导、检查和考核，明确分工，责任到人，定期检查验收归档；二是明晰归档流程、制作应存档文件清单、确定重要存档文件模板以及加强档案管理的信息化建设工作；三是企业员工要积极参加档案管理工作，从日常业务工作做起，严格按照档案管理的要求，注重平时档案资料的积累和分类存放，形成合规档案齐抓共管的态势；四是专职档案管理人员要充分发挥其主观能动性，充分运用专业知识对各类档案资料协作整理验收，科学登记归档，力求档案管理更完善、更规范。

（十二）成果验收

成果验收是对合规管理体系建设情况的全面复盘和总结，合规成果的验收应重点考评如下因素：体系搭建是否完善，是否实现全员覆盖，合规数据库数据是否详实、内容是否全面、是否具有实操性，只有形成了全面、全员、全流程、全体系、可操作的合规管理体系，方可通过验收。

第二章　合规认证

实施合规管理体系认证的前提是企业已经建立了合规管理体系。目前，央企、国企在建设全面合规管理体系中所依据的是《中央企业合规管理指引（试行）》《中央企业合规管理办法》。为了进一步与国际接轨，企业在跨国经营过程中，如果企业的合规管理体系经过认证，会大大提高企业合规工作的效力和权威性。然而认证是需要有资质的权威第三方专业机构来进行的，一般性的咨询公司或机构没有资格从事此项工作。

目前国内对合规管理体系的认证工作之所以暂未大范围推广开来，主要原因有两个：一是虽然我国国家标准委员会更新了合规管理体系标准《合规管理体系　要求及使用指南》（GB/T 35770—2022），但是认证机构需要时间来消化理解合规管理体系标准；二是认证机构急需补充合规管理领域的专业人才。

目前我国合规管理认证的依据仍然是《合规管理体系　要求及使用指南》（GB/T 35770—2022），根据其规定合规认证基本程序为：寻找认证机构→申请认证→签订认证服务合同→初审→现场审核→认证审批→获得证书。

据此，我国企业如要进行合规管理体系认证，首先需建立合规管理体系，其次对标《合规管理体系　要求及使用指南》（GB/T 35770—2022）的标准将合规管理体系进行相应完善后才能申请专门机构认证，具体流程参考如下：（1）合规体系建设；（2）合规体系试运行3个月；（3）正式决定申请认证；（4）与认证机构签订合同；（5）接受预审；（6）接受初审；（7）接受现场审核；（8）整改；（9）完成整改；（10）通过审核；（11）获得证书。

合规管理体系认证的准备工作清单,包括但不限于如下文件:

(1)认证申请书及认证服务合同;

(2)企业营业执照等法律主体资格证明文件的复印件;

(3)企业相关业务的行政许可证明、资质证书等的复印件;

(4)企业建立合规管理体系的依据和标准;

(5)与企业合规管理体系相关的法律法规和标准清单;

(6)合规管理体系覆盖的范围;

(7)合规义务清单和合规风险清单;

(8)合规管理体系文件,如合规手册及必要的程序文件;

(9)合规管理体系已有效运行3个月以上的证明材料;

(10)在1年内未发生与企业有关的违规事件或案件的证明,以及往年违规事件或案件已处理完结的证明;

(11)企业多场所经营或业务分包的相关情况;

(12)企业的商业伙伴清单及关系说明;

(13)企业的利益相关方及利益冲突说明;

(14)其他与合规管理体系认证审核有关的必要文件。

律师事务所虽然不能作为合规认证的专业机构,但在合规认证的过程中律师可以接受客户的委托为客户合规认证全流程提供法律服务,配合客户,做好每一步、每一环节、每一程序、每一阶段的法律服务工作,协助客户顺利获取合规认证证书,以提升企业诚信合规经营的信誉度,为企业赢得更多商业机会,同时这也体现了律师的服务价值,实现双方的共赢。

第三章　合规业务

第一节　合规调查业务

合规调查业务主要有两类：一类是反舞弊调查，另一类是合规尽职调查。

一、反舞弊调查

反舞弊调查是指针对企业或员工的违法违规行为开展的调查和处理工作。调查对象是企业或员工的违规、违法甚至犯罪行为。主要包括：（1）涉嫌违规行为的调查；（2）涉嫌违法行为的调查；（3）涉嫌犯罪行为的调查。

企业在销售过程中的商业贿赂行为，是一类比较常见的违法行为，也属于《反不正当竞争法》调整的重要内容。根据《反不正当竞争法》第7条第3款的规定，经营者的工作人员进行贿赂的，应当认定为经营者的行为；但是，经营者有证据证明该工作人员的行为与经营者谋取交易机会或者竞争优势无关的除外。这种严格责任原则使企业承担了很大的合规风险。单位只有充分承担举证责任才能够免责，总体上企业举证难度较大，举证的核心是要证明员工行为与公司为了谋取市场竞争优势无关。

二、合规尽职调查

合规尽职调查是指针对企业执行合规义务和员工落实合规责任情况开展

的内部核查工作。与反舞弊调查不同的是，合规尽职调查不是对某个舞弊行为的调查，而是依据某项合规义务和管理要求启动的调查，所以合规尽职调查是企业管理中的内控要求。

合规尽职调查包含三个方面：（1）企业是否履行合规义务的调查，调查依据主要是行业监管法律法规；（2）业务伙伴合规状况的尽职调查，调查依据是企业内控制度；（3）员工合规职责履职情况的尽职调查，调查依据是主管机关关于企业合规管理责任要求，或者企业内部的合规管理要求。

三、合规调查业务的办案流程

合规调查业务的办案流程，简要概括如下：（1）确立委托关系；（2）开展尽职调查；（3）梳理合规规则；（4）出具合规调查报告；（5）出具处理意见，追究违规责任。

需要注意的是第五点，"出具处理意见，追究违规责任"是对违规行为性质进行分析，看是一般的违规违纪行为还是涉嫌犯罪的行为，并根据违规违纪行为的性质以及公司对违规行为处理的相关意见，协助公司对违规行为予以劳动纪律处理，或是追究民事责任或是进行刑事报案。

四、识别违规（舞弊）行为

识别违规（舞弊行为是一种典型的不合规行为）行为是追究合规责任的依据和前提，因此如何准确地对违规或舞弊行为进行识别和判定在整个合规调查过程中就显得尤为重要。

（一）舞弊行为的定义

舞弊行为定义一：管理部门、治理部门、雇员或者第三方单人或者多人通过欺骗手段获取不公正或者非法利益。

舞弊行为定义二：为了获得某种不正当或者不合法的经济利益而采取的故意欺骗、隐瞒事实或重要信息的行为。

简言之，舞弊行为是与职务（职权和职责）密切相关的行为；舞弊行为是为实现个人利益而损害公司（雇主）利益的行为；舞弊行为是一种主观上存在故意的侵害行为。

（二）违规（舞弊）行为种类

1. 侵占类

（1）盗窃有形资产（不动产，设备、原料、产品等动产）；

（2）侵占和挪用行为（包括资金）；

（3）侵犯知识产权、商业秘密。

2. 欺诈类

（1）雇员伪造学历、经历；

（2）报表和财务凭证舞弊；

（3）故意隐瞒、错报交易事项；

（4）虚假交易。

3. 腐败类

（1）受贿；

（2）行贿；

（3）内部腐败行为（与职级、收入调整相关）。

4. 利益冲突类

（1）获利事项转移给他人；

（2）从事竞业限制行为；

（3）非公允的关联交易；

（4）泄露商业秘密。

5. 损害公司利益类

（1）将公司交易事项转移给他人；

（2）非法使用公司资产，贪污、挪用、盗窃公司资产；

（3）虚构业务、记录虚假交易，使公司支付款项；

（4）故意隐瞒错报交易事项；

（5）泄露公司商业秘密、管理秘密。

6. 不当谋取公司利益类

（1）为不适当的利益而收益或者支出，受贿和行贿；

（2）出售不存在或者不真实的资产；

（3）从事违法、违规的经济活动；

（4）偷逃税款。

7. 财务舞弊

（1）伪造、变造交易凭证；

（2）故意错报、记录虚假交易，出具错误的财务报告；

（3）关联交易；

（4）不按照法律规定披露；

（5）利用会计政策的舞弊行为。

8. 其他舞弊行为

（1）损害商业信誉和商品声誉；

（2）利用计算机及其系统侵害公司利益。

（三）内部合规调查原因

1. 追责的维度

（1）舞弊行为涉及的商业知识和其复杂性带来了启动外部调查（经侦部门）的难度；

（2）舞弊行为追究的类自诉特征（自益性），要求开展主动的内部调查，大多数舞弊行为尚未到达外部调查的启动标准，如无法达到刑事立案标准，需要内部追责。

2. 控制的维度

（1）对舞弊行为的追责本身可能损害单位的形象，需权衡利弊；

（2）外部调查的不可控特征，常常导致背离追责的初衷；

（3）外部调查存在固有缺陷，难以做到劳动、民事、行政、刑事责任的协调配合。

（四）内部合规调查与外部调查的区别和联系

1. 内部调查是由人到案，外部调查是由案到人。

2. 内部调查是由单位自行组织的调查团队实施，外部调查是由党和国家的执法执纪人员实施。

3. 内部调查可采取的措施包括但不限于背景调查、审计调查、访谈、内控、IT 调查等，外部调查可采取刑事强制措施、讯问、搜查、扣押冻结、秘密侦查、技术侦查等。

4. 内部调查对证据的要求是一般证据要求，外部调查对证据的要求是法定的。

5. 内部调查追究责任的方式多样化，外部调查追究责任的方式为行政责任与刑事责任。

6. 内部调查后的证据可以作为外部调查的基础。

（五）内部合规调查的信息来源

管理者的发现、审计自查、内部投诉与举报、外部线索。

（六）启动合规调查

1. 线索分析，线索来源分析，合理性和可信度分析，线索提供者的动机和目的分析。

2. 启动调查的决策，决策人、决策形式，要有仪式感，要有决定的书面文件。

3. 对线索提供者的回复，了解，要求（对线索的真实性有限度地承担责任），不承诺。

4. 调查团队的组建，保密承诺、职责分工。

5. 调查计划与流程控制。

（七）内部合规调查团队的组建

1. 公司的董事、监事、高级管理人员和其他管理人员，保证团队的权威性，协调各部门合作调查。

2. 单独设立的监察部门。

3. 审计内控部门。

4. 聘请的审计机构。

5. 聘请的法律顾问。

6. 信息化部门。

上述相关人员组成一个工作组，相互分工、合作。调查团队及其职责：

1. 决策人：全面领导调查团队、随时作出决策。

2. 审计部门：从财务角度求证舞弊行为。

3. 业务部门：从业务角度求证舞弊行为。

4. IT部门：提供电子信息线索及证据。

5. 法律顾问：协助决策人进行调查项目的总体管理、分析、判断、证据完善、实施访谈。

（八）调查计划程序

1. 确定初步调查目标。

2. 前期访谈。

3. 与线索提供者的访谈（访谈前，要有准备，做好分析判断）。

4. 与业务部门的访谈。

5. 与相关联系人、证人的访谈。

6. 内部证据调查。

7. 外部证据调查。

8. 调查情况的阶段性总结。

9. 调整调查目标。

10. 与舞弊嫌疑人的访谈。

11. 追责决定。

12. 追责程序的启动。

（九）合规调查工作档案

1. 调查计划。

2. 线索。

3. 书证、物证等证据。

4. 访谈记录。

5. 录音录像资料。

6. 相关法律和制度。

7. 调查工作的阶段性总结。

8. 调查工作总结报告。

9. 调查工作开支记录。

（十）调查手段

1. 内部书证、物证搜集。

2. 财务资料的审计和整理。

3. 公开信息查询（信用信息查询系统，社交媒体信息）。

4. 其他信息查询。

5. 监控记录调取。

6. 暗访、实地勘察。

7. 电子邮件记录的调取。

8. 访谈。

值得注意的是合规调查访谈有效的访谈是终极手段，是合规调查中的中心环节。需要考虑因素：（1）访谈的目的是获取信息、线索及证据；（2）和谁谈、谁来谈、谁参加；（3）时间、地点；（4）通知访谈还是突击访谈；（5）谈话的气氛；（6）时长和主题。

（1）非正式访谈需要考虑的因素

非正式访谈需要考虑的因素包括：①访谈的目的是获取线索，而不是证据（启发式的访谈），访谈不一定必须签字；②从外围人员到较核心人员（循序渐进），访谈人应当具有良好的同事、朋友或者其他关系，无需无关人士参加；③时间、地点的选择越随意越好，以被访谈人舒适、无察觉为佳；④避免正式的通知，同时避免突击的感觉；⑤友好、亲昵；⑥无主题、拉家常。

（2）正式访谈知情人需要考虑的因素

正式访谈知情人需要考虑的因素包括：①访谈的目的是获取证据（印证式的访谈），不一定非要签字；②通过线索能够确认的知情人（有料者谈，无料者不谈），访谈人由法律人士主导，单位领导或者同事参加，以增加信用，增加权威；③相对封闭的空间，以防止隔墙有耳，但要保证自由的活动空间；④适当的通知；⑤宽松的气氛与适度的压力；⑥主题明确，时间控制。

（3）正式访谈舞弊嫌疑人需要考虑的因素

正式访谈舞弊嫌疑人需要考虑的因素包括：①访谈的目的是获得嫌疑人陈述；②舞弊嫌疑人的访谈人由法律人士主导，单位领导，其他核心调查人员参加；③封闭空间；④适当的通知；⑤紧张气氛与宽松谈话、威胁与压力；⑥主题明确，时间根据实际情况确定；⑦尊重，以保障公正性与客观性；⑧适度的沉默，诚心倾听；⑨访谈人的自我放松；⑩控制被访谈人的情绪与紧张的适时调整；保持认真倾听的态度；不承诺与有限度的承诺。

（十一）合规调查中各种信息的收集途径

1. 工商信息调查，全国企业信用信息查询系统，不能只关注第一页，要深度挖掘其关联公司、母公司、子公司、其他股东任职情况等，穷尽一切手段，分析相关关系。

2. 人民法院裁判网、失信被执行人信息查询。

3. 专利、商标查询。

4. 银行账户查询，特别是涉及违规事情发生阶段自己企业账户的情况。

5. 税务信息查询。

6. 社保信息查询。

7. 社交媒体，如微信、QQ空间。

从时间、地点、人物、事件、方式、后果，人财物、产供销对线索和证据进行分析认定。

（十二）违规（反舞弊）调查的工作界限

这是对调查行为本身的合法合规要求，注意以下三个原则：

1. 坚持无罪推定、疑罪从无。企业反舞弊调查与行政执法调查、刑事犯罪侦查不同，企业对调查对象无权采取强制措施，也无权要求其他单位或者个人协助调查，而是基于企业与调查对象之间的组织和劳动关系产生的约束力，所以调查工作应坚持无罪推定、疑罪从无的思想，一旦出现疑点很难查清的，要倾向于保护员工，而不能滥用权利随意进行调查处理，否则极易引起法律纠纷，损害企业形象。

2. 要保护调查对象的名誉权。反舞弊调查应当低调进行，在正式作出处理决定前对违法违规线索采取保密措施，不能外泄，否则对调查对象的声誉会带来负面影响。

3. 避免侵害个人隐私和财产权利。反舞弊调查要严格遵守《劳动法》《民法典》以及《刑法》等法律规定，企业不能因为内部调查就随意冻结调查对象的工资、扣押私人物品、搜查个人住宅等，这些都是违法行为，不能以调查之名加以侵害。

第二节　合规评价业务

国务院国资委《中央企业合规管理办法》第 27 条规定，中央企业应当定期开展合规管理体系有效性评价，针对重点业务合规管理情况适时开展专项评价，强化评价结果运用。第 28 条规定，中央企业应当将合规管理作为法治建设重要内容，纳入对所属单位的考核评价。因此，合规评价业务是指律师对企业的合规状况进行合规性评价的服务。

一、企业合规管理评价指标体系

（一）目标和原则

1. 合规管理目标：（1）依法治企；（2）合规经营。
2. 合规管理原则：（1）全面性；（2）责任性；（3）联动性；（4）客

观性；（5）独立性。

（二）合规管理职责

1. 党委或党组的合规管理职责。

2. 董事会的合规管理职责。

3. 经理层的合规管理职责。

4. 合规管理委员会的合规管理职责。

5. 合规管理负责人的合规管理职责。

6. 合规管理牵头部门的合规管理职责。

7. 审计监察部门的合规管理职责。

（三）合规管理重点内容

1. 重点领域：（1）市场交易；（2）安全环保；（3）产品质量；（4）劳动用工；（5）财务税收；（6）知识产权；（7）商业伙伴；（8）其他需要重点关注的领域。

2. 重点环节：（1）制度制定环节；（2）经营决策环节；（3）生产运营环节；（4）其他需要重点关注的环节。

3. 重点人员：（1）管理人员；（2）重要风险岗位人员；（3）海外人员；（4）其他需要重点关注的人员。

4. 海外投资管理：建立并运行海外合规经营的制度、体系、流程等。

（四）合规管理运行

1. 合规管理制度：（1）制定合规行为规范；（2）制定专项合规管理制度；（3）建立动态的外规内化机制。

2. 合规风险评估与预警：（1）合规风险识别；（2）合规风险评估；（3）建立合规风险识别预警机制；（4）合规风险预警。

3. 合规风险应对：（1）制订风险应对预案；（2）重大合规风险事件应对。

4. 合规审查：（1）制定合规审查制度；（2）对重大经营管理行为必须进行前置合规审查。

5. 违规问责：（1）制定违规问责制度；（2）建立并细化惩处标准；（3）畅通举报渠道；（4）合规调查；（5）违规追责。

6. 合规管理评价：（1）符合性；（2）有效性。

（五）合规管理保障

1. 合规考核评价：（1）建立并细化评价指标；（2）对所属单位合规职责履行情况的评价；（3）对员工合规职责履行情况的评价；（4）考核结果应用情况。

2. 合规管理信息化建设：（1）信息化水平；（2）实时在线监控和风险分析情况。

3. 合规管理队伍：（1）业务培训；（2）海外经营重要地区合规管理机构或配备专职人员情况；（3）重点项目合规管理机构或配备专职人员情况。

4. 合规培训：（1）法治宣传教育；（2）建立制度化、常态化培训机制。

5. 合规文化：（1）制定发放合规手册；（2）签订合规承诺书。

6. 合规报告：（1）建立合规报告制度；（2）合规风险事件分级管理情况；（3）年度合规管理报告。

二、合规评价业务的办理流程

律师在从事合规评价法律服务时，可以参照对应的合规标准对企业合规管理的现状描述，列出合规风险、可能导致的后果、评价、建议采取的整改措施，最后书写合规评价报告。

第三节 合规培训业务

合规培训，是指面向企业就合规形势、政策、事件及最新法律规定进行常态化的讲授，帮助企业员工增强合规意识，促进合规文化提升，提高合规管理水平。

合规培训作为一类业务，是企业合规管理的重要手段和工作内容，是确保合规管理质量的重要支撑。合规培训必须常抓不懈，对企业合规政策和要求进行系统化培训，提升企业合规文化。合规培训作为一类独立的律师业务，是企业合规管理中不可或缺的组成内容，要根据企业岗位进行划分，围绕企业合规义务、岗位合规职责、合规风险点以及合规管理措施进行全面、体系化的培训。

一、合规培训业务分类

根据培训方式、内容、对象、形式的不同，可划分为以下四类：

一是在培训方式上，既有面向个别企业的合规内训，也有面向企业群体的合规培训，还有面向不同行业、企业的合规培训。

二是在培训内容上，既有综合性合规知识培训，也有围绕某一主题的合规专项培训。

三是在培训对象上，既有面向企业管理干部的培训，也有面向普通员工的培训，还有面向某一业务领域员工的合规培训，以及面向律师同行的培训。

四是在培训形式上，既有线下的培训，也有线上的培训。

二、合规培训业务的办理流程

合规培训业务的办理流程包括：（1）确立委托关系；（2）设计培训课程；（3）针对不同对象细化培训内容；（4）提前制作合规培训课件和讲稿，并发送给客户确认；（5）进行合规培训，记录并回答听众的提问；（6）根据企业要求设置考卷，进行培训后的考试；（7）发放问卷调查，了解培训效果。

三、合规培训课程的设计

一是合规培训课程的设计需要考虑的因素，概括来讲一般有：（1）合规理念导入培训；（2）合规法律法规串讲；（3）合规管理体系建设和运行；（4）合规管理文件解读；（5）合规要素的讲解。

二是合规培训对象及培训重点事项需要考虑的因素，其中包括：（1）针对企业管理层，培训重点是合规与公司治理关系及合规与董事会责任关系；（2）针对合规岗位，法务人员及内审人员，培训重点是合规管理体系建设与合规管理流程；（3）针对其他关键岗位，培训重点是与业务紧密相关的合规要素；（4）针对全体员工，培训重点是普及基础的合规理念与公司现有的合规制度。

三是培训过程中，培训人员和培训对象之间要充分互动，解决培训对象的疑问，实现培训过程的互动、生动。注意把握以下几个原则：（1）将以案说法贯穿于合规培训全过程；（2）将答疑解惑贯穿于合规培训全过程；（3）将合规原理讲授贯穿于合规培训全过程；（4）培训不能只停留在讲解层面，要把合规原理讲透彻，要让企业员工从特殊到一般，能举一反三，强化合规意识。

第四节　危机应对业务

危机应对业务，是指企业面对行政执法、刑事执法调查或者社会舆论危机时，提供合法有效的应对，助力企业度过危机，减少经济和声誉损失的法律服务。

行政执法调查可能给企业带来行政处罚和行业内负面影响，刑事执法调查直接关系到企业的生死存亡，社会舆论危机直接关系到企业声誉和品牌形象，当下是网络媒体高度发展的时代，企业面临社会舆论风险也成倍增加。

危机应对能力是企业合规管理的重要工作，也是企业合规管理水平高低的直接体现。

一是为有效配合行政监管部门的执法调查，律师应协助、指导企业日常经营过程中注意做好如下工作：（1）建立重点经营领域和关键经营环节的应急管理制度和应急预案，如品牌公关、财务管理、采购销售、广告宣传、网络技术等；（2）定期对员工进行全方位合规宣贯、培训和危机应对演练，让员工了解相关的工作流程，锻炼面对危机时的应对能力；（3）加强应对工作的组织领导，充分发挥合规牵头部门的统筹协调功能，确保企业各项要求的迅速执行；（4）从执法调查结果中及时总结经验、吸取教训，完善公司合规管理机制。

二是为有效配合刑事执法调查，律师应协助、指导企业做好如下工作：（1）熟悉刑事调查程序，能够对调查工作进展作出预判；（2）面对执法调查时，做好客户指导，防止客户出现慌乱，稳定情绪，确保企业正常经营；（3）事先制订应对预案，做好内部安排与演练，确保调查应对有条不紊地进行；（4）确保合法合规应对调查，不作伪证、不毁灭证据；（5）做好应对工作痕迹留存，有效防范相关法律风险。

三是为有效应对舆论危机，律师应协助、指导企业日常经营过程中注意做好如下工作：（1）搞清事实：就是要在最短时间内搞清楚导致危机事件的案件事实，对媒体报道的真实性、合法性、全面性作出判断；（2）勇于面对：对确属企业自身问题引发的舆论危机要勇于面对，不要回避，对于有待确认的问题，要客观核实、及时反馈公众；（3）态度至上：态度真诚，本着解决问题的姿态去处理危机事件；（4）争取时间：在最短时间内回应公众的关注，尽快解决问题，化解危机。

四是合规监管应对业务的办理：（1）协助客户及时对外发布与合规监管有关的信息，包括被调查事件的客观事实、受到合规监管的情况、公司的处理态度、违规事实的处理情况等。（2）协助客户积极配合监管部门的调查工作，指导客户根据监管部门的要求进行整改。合规监管应对不能隐瞒事实，应实事求是，但对外发布的内容应事先权衡和评估，以免再给公司带来舆论危机事件。

第五节　刑事合规业务

　　刑事合规最显著的特点就是跨界性。刑事合规不属于任何单一的法学学科或立法门类，而是一个全新的交叉领域。刑事合规因与企业的刑事责任直接联系，因而首先是一个刑法学及刑事诉讼法学概念，但其所涉及范畴已超出了传统的刑事规范领域，甚至也不再是一个单纯的法学概念。刑事合规的实质是国家与作为社会组织的企业携手合作开展的旨在消除或限制企业内部致罪因素及其对孕育着利于犯罪机会的微观环境进行恰当管理的活动。企业制订和实施合规计划过程，也就是具体预防活动的组织和实施过程。刑事合规问题与公司法也存在较为密切的联系，尤其是其中的高管合规监管义务与责任的界定，对企业合规监管机制的设置与运行有直接的影响。企业合规的效果，深受企业内部治理结构的制约，因而刑事合规问题的展开，还需要企业治理理论的支持。从企业合规到刑事合规，既是国家治理法人犯罪观念与实践的质的飞跃，也是国家与犯罪现象作斗争，从"重事后惩罚，轻事前预防"向"惩罚并举、预防为主"制度化转型的显著标志。

　　刑事合规，作为各种形式的体现国家与企业合作预防犯罪政策导向制度设置的理论概括，其实质内容是将企业经营是否合规及其合规的努力程度，作为认定涉罪企业刑事责任的有无及轻重的核心要素的一套犯罪预防机制。于我国而言，刑事合规已不是一个业已超出传统刑事规范法学认知范畴的抽象概念，也不是可以等闲视之的域外立法和司法实践，而是当下正在着力推进的改革现实。自2020年3月最高人民检察院在4个省份的6个基层检察院开展企业合规改革试点以来，2021年3月，第二期试点的范围进一步扩大到10个省份的27个市级检察院、165个基层检察院。从企业合规改革试点的内容看，是将涉案企业是否承诺合规及其合规的实际效果，作为检察机关依法作出不批准逮捕、不起诉、变更强制措施等决定，以及提出宽缓量刑建议或者提出检察建议、检察意见的重要根据。也就是说,企业合规已经与涉案企业及高管的刑事责任追究发生了实质性联系,在性质上已属于典型的刑事合规。

在刑事司法方面,已经出现受犯罪指控的企业通过合规抗辩出罪的判例。原雀巢(中国)公司员工郑某等人为推销婴儿奶粉,非法收集婴儿家长信息,2016年10月31日,兰州市城关区人民法院一审判决郑某等人构成侵犯公民个人信息罪,郑某以自己的行为是公司行为为由提出上诉,其辩护人提出该案属于单位犯罪。2017年5月31日,兰州市中级人民法院作出二审终审裁定:"雀巢公司政策、员工行为规范等证据证实,雀巢公司禁止员工从事侵犯公民个人信息的违法犯罪行为,各上诉人违反公司管理规定,为提升个人业绩而实施犯罪为个人行为。"[1]

一、刑事合规业务的来源

刑事合规业务的来源包括:(1)涉嫌单位犯罪的企业;(2)单位负责人涉嫌职务犯罪的案件;(3)单位人员非职务犯罪案件;(4)单位作为被害人案件;(5)单位需要全面法律体检尤其是刑事合规体检业务;(6)特大刑事案件专项行动;(7)国家刑事合规法律发生变化;(8)司法机关等政府部门需求等。

二、检察机关办理刑事合规业务(合规不起诉)的流程

检察机关办理合规不起诉的流程包括:(1)检察机关制发刑事合规风险告知书;(2)涉案企业向检察院出具合规承诺书;(3)涉案企业向检察院出具专项合规计划;(4)第三方监管人监督涉案企业按照合规整改进行合规建设;(5)第三方监管人进入企业进行全面的尽职调查;(6)第三方监管人就企业制度制定环节、经营决策环节和生产运营环节进行全面监管;

---

[1] 参见甘肃省兰州市中级人民法院刑事裁定书(2017)甘01刑终89号,载中国裁判文书网,最后访问日期:2024年3月6日。

（7）第三方监管人就违规或者可能违规的人员和事件进行独立调查，并对涉案企业的自查自改进行监督；（8）第三方监管人协助涉案企业建立合规部；（9）第三方监管人协助企业进行员工培训及培训制度建设；（10）第三方监管人定期或不定期抽查企业所涉专项合规风险因素的业务；（11）定期就企业专项合规计划的执行情况进行检查和评估，并向检察院书面报告；（12）合规考察期满，第三方监管人督促或者协助涉案企业提交完整的合规自查报告；（13）第三方监管人对合规实施效果进行评价；（14）参加听证，向听证庭作涉案企业合规考察评估报告，并提供相应的证据，对检察院的处理建议发表意见；（15）经过验收合格的，检察院作出不起诉决定。

三、律师从事刑事合规业务（合规不起诉）的注意事项

第一，目前合规不起诉业务法律服务通常指在审查起诉阶段开展的，以帮助涉案企业申请适用企业合规试点和第三方机制，以协助涉案企业建立有效合规计划为宗旨。

第二，律师在办理合规不起诉业务时，应当注意审查涉案企业是否符合企业合规试点以及第三方机制的适用条件，及时征询涉案企业、个人的意见，以适当的方式向检察机关提出适用企业合规试点以及第三方机制申请。

第三，律师可以帮助企业制订合规计划，帮助涉案企业通过第三方组织审查。在帮助涉案企业适用企业合规试点和第三方机制的服务中，应督促涉案企业及其人员按照时限要求认真履行合规计划，避免涉案企业出现拒绝履行或者变相不履行合规计划。

第四，律师参加第三方组织，作为第三方组织构成人员的，在履行第三方监督评估职责期间以及在履行第三方监督评估职责结束后的一定合理时间内（一般为1年）不得违反规定接受可能有利益关系的业务。

> 示例

公司刑事合规整改计划
（以某互联网广告运营服务公司为例）

前言

对于公司而言，被纳入合规监管考察对象，意味着要对公司实施自上而下、自内而外的全方位多角度法律体检。

公司承诺，一、公司始终把依法合规、诚信经营摆到企业改革发展的突出位置，将建立合规管理规范体系，使公司依法依规治企的顶层设计更加完善、实施路径更加清晰；二、公司以维护企业利益和职工合法权益为根本，以规范企业和员工行为为主线，与《员工守则》等企业内部制度规定相衔接，建立风控管理体系，为企业和员工设定了需要坚持的诚信合规高线。

按照"坚持高线、坚守底线"的原则，突出问题导向，根据我国现行法律法规，并结合行业规则的有关要求，聚焦重点业务领域及可能引发重大民事、行政责任和刑事责任的风险行为，划出企业和员工开展业务、行权履职不可触碰和逾越的底线、红线，教育引导员工知敬畏、存戒惧、守底线，严格践行合规要求，坚决抵制违规行为，努力实现人人合规、事事合规。

第一部分　公司情况介绍（略）

第二部分　××业务流程综述（略）

第三部分　涉案情况简述

一、公安机关调查的案件情况（略）

二、案发后公司的积极配合刑事追诉，采取的补救措施（略）

第四部分　公司内部自查自纠

案发后，除配合办案部门的调查外，公司开展了一系列自查自纠活动，全方位多角度分析公司的风险问题。

一、问题的发现与整改工作的重要节点汇报（略）

二、公司剖析问题产生的原因

1. 线下审核制度流于形式，未尽到详尽的审慎义务。……

2. 线上巡检复查技术投入力度小，部分业务的监管难度大，导致上线落地页被篡改难以发现。……

3. 核心风险在于第三方合作管理的失控。……

第五部分　针对风险审查缺陷采取的整改措施

针对风控审查暴露出来的问题，公司采取了一系列的综合整改措施，其中既有制度层面的整改，也有实施层面的整改。……

第六部分　针对第三方合作管理失控采取的整改措施（略）

第七部分　针对数据安全漏洞采取的整改措施

公司基于业务领域、业务链路的自查经过，公司在数据合规、信息保护合规方面所存在的问题，主要可归结于如下的条块……

第八部分　针对治理结构缺陷采取的整改措施

公司的治理结构缺陷是公司整改过程中的难点，对于该部分整改，公司将以合规章程和商业行为准则为基础，建立完备的合规组织体系，重点解决以下问题：

第一，风控人员恪守职责，履行风控审查义务，通过建立风控人员管理制度，避免风控制度流于形式，将企业经营风险降到最低。

第二，建立重大事项合议制度，避免管理层对风控内容的过多干预。

第三，建立定期的合规培训制度，在企业内树立风险意识，引导企业文化向上。

……

第六节　商业合作伙伴合规管理业务

一、商业合作伙伴合规管理业务的办理流程

商业合作伙伴合规管理业务的办理流程包括：（1）确立委托关系；（2）签订专项法律服务合同，明确服务内容和服务范围，了解或启发客户合规期望，明晰目前存在的问题；（3）了解客户合作伙伴管理模式；（4）梳理与商业合作伙伴的交易文件并嵌入合规要求；（5）开展合规培训；（6）畅通投诉渠道。

二、商业合作伙伴合规管理业务注意事项

（一）针对已建立合规管理体系的企业

1. 熟悉和掌握客户的合规政策。

2. 对适用于商业合作伙伴管理的相关合规政策进行分解。

（二）针对尚未建立合规管理体系的企业

1. 了解其管理制度和管理模式。

2. 是否有针对商业合作伙伴的分级管理。

3. 不同类型商业合作伙伴的管理部门、管理方式和手段是否合适。

4. 商业合作伙伴的进入、考核、退出机制是否顺畅并提出优化建议。

（三）梳理客户交易文件嵌入合规要求

1. 签署《商业合作伙伴合规承诺》。

2. 在合同模板中加入合规条款。

3. 签署《合规协议》。

（四）商业合作伙伴合规承诺需要考虑的因素

1. 重点合规要素，如诚信守法、反贿赂、反腐败、公平竞争、信息保

护、知识产权、劳工标准、环境保护、财务与纳税等。

2. 商业伙伴的管理、监督、投诉与举报、奖惩、投诉与举报邮箱需要周期性打开查看。

3. 合同中合规条款的内容可以参照《商业合作伙伴合规承诺》进行简写。

对于商业合作伙伴管理需要按照合规规则改变客户交易习惯，明确约定合作伙伴如果存在重大违规行为需要承担的违约责任，且赋予公司合同解除权。

（五）商业合作伙伴管理法律服务的后续工作

1. 协助客户对商业合作伙伴开展合规培训，宣传客户的合规理念。

2. 畅通投诉渠道，接收有关对商业合作伙伴的投诉并进行处理。

（六）商业合作伙伴管理法律服务的延伸服务

1. 合规尽职调查。

2. 商业合作伙伴年度合规评估。

示例

供应商管理办法

一、范围

本管理办法适用于集团施工、货物、服务采购供应商管理的内容和方法。本管理办法适用于集团总部、集团所属企业的供应商管理。

1. 规范性引用文件（略）

2. 术语和定义：下列术语、定义和缩略语适用于本管理办法：

（1）供应商：为集团提供施工、货物和服务的法人、自然人、其他组织，包括货物供应商、施工或服务承包商。

（2）集中管理供应商：为集中采购业务提供施工、货物、服务的供应商。

（3）分散管理供应商：指为三级企业自采业务提供施工、货物、服务的供应商。

（4）供应商管理系统：集团统一规划建设的，用于供应商注册管理、供应商评价管理、供应商数据统计、分析与应用管理的信息化管理平台。

（5）合格供应商目录：集团为规范供应商资源，保证供应质量，建立与具有高质量产品及专业服务能力的供应商的深层合作关系，由招标集采中心、二级企业、三级企业，分类对供应商进行资格审核，将符合采购要求的供应商纳入合格供应商目录。合格供应商目录随供应商年审结果和供应商评价结果定期调整。

（6）供应商准入：对有意愿参与集团采购业务的供应商，进行资质、业绩审核、系统注册的过程。

（7）供应商评价：对供应商在采购、合同执行、使用等环节的实际表现进行量化评估的活动。

二、职责

1. 经营计划部

（1）本管理办法归口管理部门，负责编制和定期修订本管理规定，负责对本管理规定的实施情况进行监督与检查。

（2）负责对集团系统内所有供应商管理工作进行监督、检查和指导。

（3）负责集中管理所有供应商准入、评价、退出的核准。

（4）负责对供应商评价结果的检查和考核。

（5）负责对供应商管理结果应用情况的监督和检查。

2. 招标集采中心

贯彻落实集团供应商管理体系及制度，制定本中心供应商管理标准。

（1）负责建立和管理集团施工、货物、服务合格供应商库。

（2）负责指导建设、管理集团供应商管理系统。

（3）负责组织对供应商进行年度、月度评价，并发布供应商年度评价结果。

（4）负责供应商管理结果的应用，发布不良行为供应商名单并进行处理。

3. 二级企业

贯彻落实集团供应商管理体系及制度，制定本单位供应商管理标准。

（1）负责对所属三级企业的供应商管理工作进行指导、检查和考核。

（2）负责参与集团供应商评价，负责审核所属三级企业供应商评价结果。

（3）负责推广应用集团供应商管理系统，对所属三级企业系统使用效果进行指导、检查。

（4）负责监督、检查所属三级企业供应商管理结果的应用。

（5）负责汇总所属三级企业不良行为供应商名单报招标集采中心。

4. 三级企业

贯彻落实集团供应商管理体系及制度，制定本企业的供应商管理制度。

（1）负责应用供应商管理系统开展各项供应商管理工作，对供应商管理系统的优化提出建议。

（2）负责组织实施分散管理供应商准入、评价。

（3）负责配合招标集采中心开展集中管理供应商评价工作。

（4）负责严格落实供应商管理结果的应用。

（5）负责及时向二级企业反馈供应商不良履约行为。

三、管理活动的内容与方法

供应商管理应遵循"准入登记、量化评价、动态维护、结果应用"原则，着力构建一体化、标准化、信息化的供应商管理体系。

1. 供应商准入

（1）所有供应商均需首先在集团供应商管理系统注册后，方可参与具体采购项目。

（2）对于集中管理供应商的准入审核工作，由招标集采中心根据集中管理合格供应商目录中各专业领域供应商的盈缺情况定期组织开展，符合准入标准的供应商纳入集中管理合格供应商目录，参与相应专业领域的采购业务。

（3）分散管理供应商由所属二级企业制定准入标准，三级企业定期开展准入工作，对符合标准的供应商纳入本企业分散管理合格供应商目录。

（4）供应商准入审核内容应涵盖企业基本信息、可交易产品或服务类别、供应商生产经营资质证书、业绩及其证明材料等方面，招标集采中心、三级企业以及其他负责供应商资格审核的组织或单位应严格审查供应商提供的资质证明材料，确保材料真实有效，并据此划分供应商所属专业领域。

（5）招标集采中心、三级企业应定期组织供应商准入，保证准入工作的计划性、严肃性。严禁先采购后准入。

（6）供应商准入实行年审制，遵循"谁准入，谁年审"原则，年审应对供应商基本信息、生产经营资格保持能力、可供应产品/服务类别、新增业绩等内容进行核实，招标集采中心、三级企业根据年审结果每月更新集中管理合格供应商目录和分散管理合格供应商目录。

（7）合格供应商的权利和义务。（略）

（8）集中管理合格供应商的权利

①参与集团相应专业领域集中采购业务。参与集中采购目录内招标采购的供应商还需符合招标文件规定的资质要求。

②参与集团相应专业领域自行采购业务。同等条件下，优先选用集中管理合格供应商。

③集团相关制度、文件规定的其他权利。

（9）分散管理供应商的权利

①参与批准准入二级企业所属三级企业的自行采购业务。

②参照各二级企业"供应商管理细则"中的相关规定。

③集团相关制度规定、文件的其他权利。

（10）合格供应商的义务

①遵守集团供应商管理相关制度规定，真实提交企业资质证明材料，按时参加年审，积极配合集团供应商评价工作。

②负责任地参与集团采购业务，只针对批准准入的专业领域进行报价。对于采购需求表述不清楚不完整的情况，应及时与采购单位进行核实，做到报价准确、完整，不随意报价。

③无正当理由不弃标，严格执行合同约定，对提供产品或服务质量负责。

④集团相关制度、文件规定的其他义务。

2. 供应商评价管理

（1）招标集采中心组织二级企业及相关单位制定施工、货物、服务供应商评价指标及标准。

（2）供应商评价遵循"谁使用，谁评价"的原则。各使用单位通过集团供应商管理系统，对与本单位有合同关系的供应商，进行定量与定性、实时与定期考核评价。考核评价结果将作为采购寻源的重要依据。

（3）供应商评价管理主要包括供应商资质评价、采购环节评价、合同执行评价、质保期内使用效果评价等方面。

（4）供应商资质评价是指对供应商规模、生产经营资质等级、质量管理水平、技术水平、财务状况、专利、业绩水平等方面设置评价指标及标准，考核供应商综合实力。

（5）采购环节评价是指在采购参与度、配合度、中标次数等方面设置评价指标及标准，考核供应商采购参与积极性及满足使用需要前提下的成本控制能力。

（6）合同执行评价是指在产品/服务质量、交付及服务、工程进度等方面设置评价指标及标准，考核供应商合同履约能力及问题处理能力。

（7）质保期内使用效果评价是指对重大工程或重要设备/备件投入使用后，在合同约定质保期内，设置相关评价指标，考核施工、货物或服务是否达到承诺的使用效果及寿命。

（8）质保期内使用效果评价最晚在质保期满后 1 个月内完成。建议对于重大工程或重要设备/备件在使用过程中如发现异常，应及时评价，详细记录存在问题及处理方式，报招标集采中心和经营计划部备案。

（9）供应商综合评价结果为各评价指标的加权平均数，以百分计，根据评价得分将供应商分为优秀供应商、合格供应商和待改进供应商三级：

①优秀供应商：得分为100—90分（含）

②合格供应商：得分为90—60分（含）

③待改善供应商：得分低于60分

（10）将优秀供应商中得分排名靠前的供应商推选为集团年度卓越供应商，享受倾斜采购、优先结算、减免年费等优惠政策，在集团组织召开的供应商大会中予以通报表彰。

（11）对于待改善供应商，评价单位应帮助供应商找准问题，引导改进。若连续两年被评为待改善供应商或同一年内被多个评价单位均评定为待改善供应商，则暂停交易权限，直至供应商提出整改方案获得评价单位认可后恢复。

3.供应商风险管理

（1）在重大项目采购活动前，为防范和控制供应商变化和不合格供应商带来的风险，需要提前收集供应商全面和实时的信息，采取相应措施，必要时可通过第三方调查相关企业商业信誉和资信状况，第三方调查所发生的费用由最终使用企业承担。

（2）对新进入的供应商发生第一次交易，使用单位应及时进行重点跟踪、考核、评估，并及时将结果反馈到二级企业或招标集采中心，并在供应商管理系统中记录，在集团范围内共享，保证新进入的供应商符合集团的管理要求，降低供应风险。

（3）三级企业定期收集整理因设备质量引发的设备缺陷信息，为供应商评价提供事实依据，对后续采购决策提供参考。

（4）对单一货源供应商，应积极寻找新的供应商或找到替代产品。

4.供应商不良行为管理

（1）供应商不良行为是指供应商在为集团提供产品和服务过程中，存在诚信、质量以及其他违法违约的行为。包括以下情况：

①存在弄虚作假、围标、串标行为；

②存在商业贿赂行为；

③有严重不良履约行为，包括但不限于拖延供货、提供假冒伪劣产品、售后服务不及时等；

④提供的产品或服务出现严重质量问题或造成安全事故的；

⑤招标采购中标供应商无正当理由不订立合同，或在签订合同时提出附加条件的；

⑥同一投标人在一年内存在两次以上无效投诉的；

⑦招标集采中心、二级企业在供应商管理实施细则中定义的不良行为；

⑧其他违法违约情况。

（2）供应商不良行为信息来源

①国家有关行政执法部门、司法机构或行政监督部门发布；

②行业权威部门发布；

③评标委员会或采购部门依据法律法规作出的认定；

④责任双方共同认可的事实；

⑤经查实的投诉举报。

（3）供应商不良行为处理方式

①警告；

②通报；

③暂停交易资格；

④罚没投标保证金、已缴纳服务费等；

⑤列入黑名单。

（4）对于列入黑名单的供应商，集团公司及各企业不得与之进行业务往来（应按照合法形式）。特殊情况下，由供应商需用单位提出申请，二级企业批准，报招标集采中心和集团经营计划部备案后，可临时解除限制。

（5）对于出现不良行为的供应商，要履行相应程序进行处罚。处罚期内的供应商不参与供应商评价分级。处罚期满后，供应商须提交整改报告以及相关资质材料并申请恢复相应权限，经招标集采中心或二级企业审批后，恢复其参与采购业务的权限。

5. 供应商管理结果应用

供应商管理结果主要应用在集团各企业采购活动中，包括以下情况：

（1）供应商登记注册使用集团统一的供应商管理系统，供应商信息在集团范围内共享，供应商参与不同采购主体的采购活动时不需要重复登记注册。

（2）将供应商评价结果引入采购评审环节，供评标委员会或采购部门评审时参考。

（3）各采购主体在供应商准入审核时界定的专业领域内与供应商开展采购活动。

（4）各采购主体必须在供应商管理系统中已登记生效的合格供应商目录内发布采购信息。

（5）对于综合评价结果优秀排序靠前的供应商，采购主体应主动告知采购信息，并在同等情况下优先选择。

6. 监督与考核

经营计划部负责对各单位供应商管理工作进行日常监督和定期检查。

违反本管理办法规定有下列情形之一的，对当事人给予批评教育，情节严重的追究有关当事人和单位主要负责人的责任，触犯国家有关法律法规的移交司法机关处理：

（1）未按照规定办理供应商入库，或未按照规定方式考核供应商的。

（2）串通或协助供应商伪造资料或提供虚假资料的。

（3）对供应商存在不良行为，知情不报的。

（4）在供应商管理过程中，玩忽职守、营私舞弊和收受贿赂的。

（5）私自将相关信息更改、销毁或泄露的。

（6）其他违反本管理办法规定的。

7.检查与考核

（1）归口管理部门按本管理办法条款，组织管理办法执行情况检查。

（2）考核依据：执行集团相关考核管理规定。

（3）考核时间：每年年末。

（4）考核部门：经营计划部。

第七节 合规咨询业务

合规咨询业务分为三类：一是综合合规咨询业务；二是专项合规咨询业务；三是行业合规咨询业务。

综合合规咨询业务是指企业需要全面梳理合规风险，或者需要建立健全合规管理体系而提出的咨询需求，这是企业全面加强合规管理的基础。合规咨询业务的内容是广泛的，涉猎内容丰富，工作量和工作难度较大，对律师的服务能力要求极高，因此需要专业律师团队作业、相互赋能、彼此助力、共同协作。

专项合规咨询业务是指当企业生产经营某一业务领域、经营环节或某一专门事项出现合规风险及防范对策的需求，如企业针对销售管理、采购管理、数据管理或者品牌管理等工作的咨询。专项合规咨询业务主要集中于某一个专项合规问题，咨询内容相对单一，但比较深入，提供的咨询意见更具体、深入和专业，所以提供专项合规咨询业务需要在某一专业领域拥有丰富知识和合规实操经验的律师担当处理。

行业合规咨询业务涉及针对某一行业合规问题的咨询，提供咨询的律师需要深耕该行业，且在该行业中拥有丰富的专业知识和合规实操经验，方能及时、高效、准确地解决客户咨询问题。行业合规咨询业务与国家对行业的监管政策和动向紧密关联，有助于行业合规发展。

合规咨询业务的委托主体可以是企业，也可以是行业主管部门或者研究机构。

第八节　合规顾问业务

合规顾问业务的视野延伸至企业经营管理的前端，顾问服务的内容就要拓展至及时发现法律合规风险并提出防范建议，顾问服务的作用就要更好地助力企业夯实合规管理基础。

企业法律服务需求的特征主要体现在需求的全面性和长远性。

全面性需求是指企业对法律服务的需求涵盖了经营的各层级、各条线、各环节。各层级指的是企业各级干部员工，包括企业高管人员、中层管理干部和普通员工。各条线指的是企业各经营领域，如房地产公司的商业地产、住宅、物业、投融资领域等。各环节是指企业的决策、生产、销售、采购、知产、财务、品宣、法务、审计监察等环节。

长远性需求，是指企业需要从个别的经营问题上升为一般的规则制度，以符合持续健康发展的需要。比如，从合同审查上升为合同模板设计；从个别的管理措施上升为规章制度的制定；从个别的制度机制上升为合规管理制度体系；从合规岗位和团队建设上升为合规管理组织架构的完善；从业务产品的开发上升为业务模式的完善等。

合规顾问业务还具备系统性、预防性和独立性特点，可以更好地满足企业需求和时代发展。

法律合规顾问业务注意事项：

1. 服务工作实行台账管理，防止内容遗漏。

2. 主动提出客户管理改进建议，将精细化、精准化法律服务渗透到常年顾问服务全过程。

  3. 定期梳理合规问题，形成书面的合规管理建议。

  4. 定期形成法律合规风险评估报告，为客户决策提供参考。

  5. 服务全过程要确保留痕和有据可查。

图书在版编目（CIP）数据

企业合规操作实务/毕玥，薛文革主编；韦玮，王庆英，朱岩副主编.—北京：中国法制出版社，2024.4
ISBN 978-7-5216-4180-6

Ⅰ.①企… Ⅱ.①毕…②薛…③韦…④王…⑤朱… Ⅲ.①企业法—中国 Ⅳ.① D922.291.91

中国国家版本馆 CIP 数据核字（2024）第 032712 号

责任编辑：黄丹丹　　　　　　　　　　　　　　　封面设计：杨鑫宇

企业合规操作实务
QIYE HEGUI CAOZUO SHIWU

主编/毕玥　薛文革
副主编/韦玮　王庆英　朱岩
经销/新华书店
印刷/保定市中画美凯印刷有限公司
开本/710毫米×1000毫米　16开　　　　　　印张/22.25　字数/212千
版次/2024年4月第1版　　　　　　　　　　　2024年4月第1次印刷

中国法制出版社出版
书号 ISBN 978-7-5216-4180-6　　　　　　　　定价：78.00元

北京市西城区西便门西里甲 16 号西便门办公区
邮政编码：100053　　　　　　　　　　　　　传真：010-63141600
网址：http://www.zgfzs.com　　　　　　　编辑部电话：010-63141812
市场营销部电话：010-63141612　　　　　　印务部电话：010-63141606

（如有印装质量问题，请与本社印务部联系。）